农产品质量安全社会共治体制与制度支撑研究

陈彦彦 著

科学出版社

北京

内 容 简 介

近年来,农产品质量安全情况虽然得到了显著改善,但供给数量在农业产业体系中始终处于主导地位,社会对农产品质量安全的关注仍然明显不够。农产品质量安全监管难的原因,有小规模生产的因素,有不法者的趋利因素,有产业转型中利益主体趋多且利益关系复杂的因素,也有监管体制不顺和监管不到位的因素,但是归根结底在于监管体制单一导致制度制定及落实的不完善。本书从社会共治视角讨论我国农产品质量安全监管问题,梳理我国农产品质量安全监管体制存在的不足,论证我国农产品质量安全监管体制从单一向社会共治演进的逻辑内涵,并通过问卷调查,实证分析我国农产品质量安全社会共治模式下实现有效监管的相关主体作用机制及制度需求,从理论构想及实践逻辑视角提出社会共治监管体制的制度构成与现实保障路径。

本书的读者主要包括政府部门食品、农产品质量行政管理人员,以及涉农院校教师、科研人员等。

图书在版编目（CIP）数据

农产品质量安全社会共治体制与制度支撑研究/陈彦彦著. —北京：科学出版社, 2019.6
ISBN 978-7-03-061511-4

Ⅰ.①农⋯ Ⅱ.陈⋯ Ⅲ.①农产品–质量管理–安全管理–研究–中国 Ⅳ.①F326.5

中国版本图书馆 CIP 数据核字(2019)第 108574 号

责任编辑：李 迪 / 责任校对：郑金红
责任印制：吴兆东 / 封面设计：刘新新

科学出版社 出版
北京东黄城根北街 16 号
邮政编码：100717
http://www.sciencep.com

固安县铭成印刷有限公司 印刷
科学出版社发行 各地新华书店经销

*

2019 年 6 月第 一 版 开本：720×1000 1/16
2021 年 3 月第二次印刷 印张：11
字数：213 000
定价：98.00 元
(如有印装质量问题，我社负责调换)

作者简介

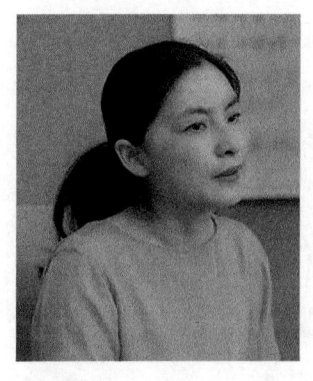

陈彦彦，女，1970年11月出生，教授，博士。主要从事农业政策与法制、思想政治教育理论研究。在《中国行政管理》《农业现代化研究》《学术交流》等期刊发表学术论文20余篇，著有《农产品质量安全法律制度研究》学术专著1部。现任黑龙江八一农垦大学马克思主义学院院长。

序

靠什么保障农产品质量安全？

长期以来，农产品质量安全问题困扰着消费者，困扰着政府及其相关部门，也困扰着生产者。对消费者而言，看起来品相很好的蔬菜、果品可能是农药残留超标的，肉类可能是添加了激素或者注水的，农产品的外观与品质可能没有任何关联，再有经验的市民也难以从外观上判断农产品的质量。政府承担着确保农产品质量安全、保障消费者健康的职责，颁布了一系列文件，设立了专门的机构，确立了严格的市场准入标准，投入了大量的行政资源，这一系列举措在实现农产品质量安全目标方面取得了显著成效，但是面对我国农产品生产呈现出的生产者众多和产业链复杂的特性，按照第三次全国农业普查数据，我国有 2.3 亿农户，根据国家市场监督管理总局的统计，截至 2018 年 8 月月底，我国有 212 万家农民专业合作社，农产品质量安全监管体系难以覆盖如此众多的生产经营主体。对生产者而言，伪劣农产品充斥市场，优质农产品难以获得优价，市场的信息不对称现象突出，不合格的农产品也影响了广大农户的利益。

无论是农产品质量安全，还是食品质量安全，无疑都是社会治理问题，每一个人都是农产品质量安全的利益相关者。因此，保障农产品质量安全，必须依靠社会共治，既要明确监管部门的职责，又要有对生产者行为的约束制度，还要明确消费者的参与机制。

无论是在政府部门的监管，还是在全社会的治理参与方面，政府的主导职责都是毋庸置疑的。我国从改革开放以后，针对农产品质量存在的问题，《中华人民共和国农产品质量安全法》赋予监管部门相应的职权、监管手段和责任。政府也实施了各种覆盖整个农产品生产过程（产地环境监测、投入品管理、生产过程中的监督抽查、市场准入门槛到农产品市场销售）的监管措施。这些措施，对于保障农产品质量安全发挥了非常大的作用。

同时，《中华人民共和国农业法》《中华人民共和国农产品质量安全法》《中华人民共和国畜牧法》《中华人民共和国渔业法》等法律和《农药管理条例》《兽药管理条例》《饲料和饲料添加剂管理条例》等行政法规也赋予农产品生产者一系列的农产品质量安全保障责任，如农产品生产记录制度和养殖档案制度、投入品合理使用制度、农产品质量安全标准制度等。这些制度，对于约束生产者行为，防止不当的生产经营行为损害农产品质量起到了重要作用。

陈彦彦教授所著的《农产品质量安全社会共治体制与制度支撑研究》，从历史变迁的纵剖面、当前现状的横切面和国内外比较全景概览的三维角度为读者呈现了一幅立体的农产品质量安全社会共治研究的图景。

首先，从历史的角度回顾农产品质量安全监管的制度变迁是必要的。我国的农产品质量安全，经历了分部门、分环节、分产品的监管，到农业部门和食药部门的统一监管，尽管农产品质量安全水平有所提升，但农产品质量安全事件还时有发生，监管的效果并不理想，监管失灵现象偶尔显现。其中，监管力量与农产品生产格局不适应、质量安全标准不完善、监管手段落后、处罚力度不足和信息不对称，是导致监管失灵的重要原因。针对这些问题及其成因，需要从调整管理体制着手，有针对性地完善农产品质量安全监管体制，构建符合我国农产品生产经营特点的监管体系。但基于农产品生产经营的特殊性，过度依靠监管体系改进并不能充分实现农产品质量安全目标，社会共治是实现农产品质量安全目标的必然路径。该书从我国农产品质量安全监管体制的演进过程着手，反思监管失灵的原因，可以得出监管是实现农产品质量安全目标的必要条件但不是充分条件的重要结论。大部制改革可以在一定程度上优化监管资源、明确监管职能，但仍需调整监管理念，从利益关系平衡、客体导向和部门协调等角度，为农产品质量安全的社会共治奠定基础。

其次，基于社会共治的思路，解析当前我国农产品质量安全问题形成的原因，从利益相关者角度分析不同主体参与农产品质量安全社会共治的必要性与可行性，并通过实证研究分析农业生产者在共治体系中的主体地位，是该书的重要学术创新。就农产品质量安全社会共治的必要性而言，该书对质量安全追溯体系、规模化生产方式主导、专项整治行动三方面进行分析与讨论。农产品质量安全追溯体系是实现农产品质量安全目标的重要制度安排，而该制度目标的实现依赖于相关条件的满足。一是需要有适应农产品产业链特点的监管体系。质量安全追溯体系的建立是为了及时发现安全隐患，对发现的安全问题及时溯源到问题的产生节点。因为农产品的产业链复杂，客观上需要有与之相适应的纵向一体化的监管体系，多部门分环节的监管方式人为地割裂了产业链的各个环节，导致质量安全隐患产品有了规避监管的通道。二是需要建立完善的基础数据和资料体系，包括生产者的投入品来源、使用方式等在生产记录中的记载，农产品经营者的进货检验记录和产品分类识别体系，以及销售商关于销售的农产品的货源、渠道、生物生产方式等的记录和标注，上述所有数据和资料需要在确定的平台上及时体现。三是负有义务的生产经营主体违反相应义务，包括没有履行生产记录、进货检验等义务及虚假记载或提供虚假信息的追责体系。因此，作为保障农产品质量安全目标的重要追溯制度，需要政府、农业投入品的供给者、农产品生产者、农产品经营者的共同参与。

规模化生产往往被视为解决有限监管资源和过大监管对象之间矛盾的灵丹妙药。事实上，规模化生产的技术进步、对品牌价值的追求、纵向一体化的经营方式都在一定程度上提升了农产品的质量水平，也降低了监管成本。但技术进步本身的风险、为降低生产成本而导致的化学投入品的过度使用又从另一方面产生了农产品质量安全的新的问题。更为重要的是，我国以小农户为主体的农产品生产格局将长期存在，将农产品质量安全的目标实现完全寄托于规模化生产，并不能从根本上解决消费者的农产品质量安全保障问题。

"专项整治"是我国非常有特色的治理模式。在不同的时期，政府的关注、某些突发事件或者某个领域的重大问题，往往会诱发政府启动专项整治活动。例如，城市市容环境专项整治、互联网金融专项整治、食品安全专项整治、扫黄打非专项整治、价格秩序专项整治、校园安全专项整治、酒驾专项整治等。农产品质量安全和食品安全问题是全社会高度关注的话题，直接考验着政府的公信力和应急处理能力。专项整治，可以通过最大限度地整合治理资源，在短时间内取得显著成效，对解决食品安全问题发挥了重要作用，彰显了政府对消费者健康的高度关注，也对不法生产者形成了强大的威慑，但同时，专项整治的短期化局限总是存在。农产品质量安全问题，以及整个食品安全问题的形成，有其复杂的原因和背景，根源还是在于不法生产经营者不当的趋利动机和治理体系的不规范。因此，要从根本上解决这类问题，必须通过制度和机制对生产经营者的行为进行规范，通过全社会的共同参与，形成对不合格农产品的剔除机制和优质农产品的市场通道。

在农产品质量安全领域关于社会共治的概念和理念已经形成了共识，但仅停留在概念和理念上并不能解决问题。农产品质量安全社会共治的理论、实践需求和可操作的制度设计是学者和政府的重要使命。该书以种植户的农药施用行为为线索，通过实证研究，分析农户作为生产经营主体在农产品质量安全保障中的社会共治主体作用，形成了有一定理论和实践价值的研究发现。例如，政府、市场、媒体、消费者、合作组织等相关主体都会对种植户的农药使用行为产生影响，政府的影响占主导地位，各相关主体对政府的监管行为起到了辅助和引导、监督的作用。单一的处罚等强制性措施对种植户是否重视药残现象是不起主要作用的，多主体参与的指导、培训、宣传、学习等手段对种植户的影响明显。这些研究发现回应了农产品质量安全社会共治的必要性，明确了政府的角色和职能，提出了多元主体参与农产品质量安全治理的空间和方式，因此值得在制度设计层面予以关注。

农产品质量安全，以及食品安全，不仅仅是中国的问题，也是世界各国面临的共同问题。农产品贸易的全球化也使得此类问题具有全球范围的普遍性特征。尽管中国的农产品质量安全问题是镶嵌在中国的农产品生产方式转型、农业以小规模经营为主和农业的产业链条断裂等特殊背景下的，但国外的农产品质量安全社会共治的经验，仍然是我国完善社会共治体系可以借鉴的重要资源。该书对以美国、日本为代表的多部门监管，以欧盟为代表的单一部门监管，以及以加拿大为代表的综合监管等监管体制进行梳理，从管理体制、制度保障、生产经营者的主体责任、社会共治体系、技术标准和认证体系等多方面对其农产品质量保障路径进行归纳，概括出以法治建设为基础、以政府监管为主导、以多方主体参与为保障的综合治理体系，这一综合治理体系是其他国家保障农产品质量安全的共同经验的结论，对于完善我国的农产品质量安全保障体系很有启发。

在学理分析、问题解析、实证检验和国外实践总结的基础上，该书提出了从单一的行政监管到社会共治的系统化的问题解决路径，进而以问题为导向提出了以社会共治为目标的保障农产品质量安全的制度设计，从运行管理制度、服务保障制度、法律责任制度三个方面提出了完善制度的建议，并提出了共治目标实现的保障措施。

我非常荣幸能够提前拜读陈彦彦教授的这本专著，书中提出的观点、思路及研究方法给了我很多启发。农产品质量安全问题及食品安全问题具有高度的复杂性、敏感性，解决这些问题需要学者的理论创新、政府的体制适应、社会各方面的共同关注。农业生产经营方式和农村社会结构的转型，引发农产品质量安全问题的原因也会随之变化，解决问题的措施和方法也需要随之调整。总体上看，监管体制的完善、社会参与的深化和生产经营者责任意识的提高，都对农产品质量水平提升起到越来越重要的积极作用。不论何时，消费者的农产品和食品健康问题都是不可忽视的。我们共同期待，每一个消费者都不再受质量缺陷农产品的困扰。

任大鹏

2019 年 1 月 18 日于中国农业大学

前　言

　　农产品质量安全是一个国家或地区经济社会发展水平的重要标准之一。近年来，农产品质量安全情况虽然得到了显著改善，但供给数量在农业产业体系中始终处于主导地位，社会对农产品质量安全的关注仍然明显不够。作为食品的主要源头，农产品生产环节较多，经营主体数量庞杂且布局分散，监管难度大，与之相适应的监管能力建设一直未能有效跟进。总结农产品质量安全监管难的原因，有小规模生产的因素，有不法者的趋利因素，有产业转型中利益主体趋多且利益关系复杂的因素，也有监管体制不顺和监管不到位的因素，但是归根结底在于监管体制单一导致制度制定及落实的不完善，具体表现为：政府监管职能过多、农产品质量安全监管制度设计不足、监管压力日益突出等。农产品质量安全的保障，需要"社会他律"向"行业自律"转变、自发的利益导向和市场机制有效结合，更需要政府部门监管责任与生产主体责任的落实来最终实现。

　　基于此，本书尝试从农产品质量安全监管体制变革的理论分析出发，研究农产品质量安全从政府部门单一监管到多元主体社会共治的体制选择，本研究从社会共治视角讨论我国农产品质量安全监管问题，梳理了我国农产品质量安全监管体制存在的不足，基于公共治理理论、利益相关者理论、博弈论等论证了我国农产品质量安全监管体制从单一监督向社会共治演进的逻辑内涵，在分析农产品质量安全监管的主要形态及其在不同监管体制下所呈现的联动状态和运行绩效的基础上，通过问卷调查，实证分析我国农产品质量安全社会共治模式下实现有效监管的相关主体的作用机制及制度需求，在分析主要发达国家农产品质量安全监管模式特点和经验教训的基础上，从理论构想及实践逻辑视角提出社会共治监管体制的制度构成与现实保障路径。本研究的主要内容包括以下几个方面。

　　（1）当前我国农产品质量安全问题中，监管体制的不完善直接影响到了政府监管职能的调整和优化。农产品质量安全监管体制改革的第一步是完成机构的整合、职能的划转，而问题的有效解决必须有一系列的制度保障跟进。农产品质量安全问题的社会性决定了解决的关键在于对现行监管体制的调整和优化。突破监管体制的根本途径是通过协调好多元主体的利益关系，进一步调整和优化政府相关职能，重视客体导向原则在食品安全关系调整中的作用，确定基于各方利益协调的农产品质量安全目标，构建农产品质量安全社会共治格局。

（2）我国农产品质量安全社会共治的现实需求。在以政府监管部门为主体的单一监管体制下，农产品质量安全各主要监管形态基本上独立运作，相互之间缺乏有机结合，使得各自的缺陷均无法弥补，优势也难以充分发挥，导致监管低效。随着治理体制由单一监管逐步向社会共治转型，政府、种植户、生产经营主体、消费者、媒体、专家及科研院所、行业组织等多主体共同参与农产品质量安全治理过程，使单一监管体制下各主体之间的关系发生了根本改变，在社会共治体制下，各监管形态之间有迫切的协同需求，可以通过相互结合形成混合治理，实现农产品质量安全监管过程中各环节的有效沟通，提升监管绩效。

（3）我国农产品质量安全社会共治的实证分析。通过分析农产品质量安全社会共治中相关主体对种植户农药施用行为的作用机制，对政府、生产经营主体、消费者、合作组织、媒体等在农产品质量安全监管中的职能及其效果进行识别。政府组织农药施用培训、对农产品农药残留进行检测、宣传施药行为控制、处罚违规施药行为等，对于种植户考虑选择施用农药、关注施药安全间隔期及重视农药残留有较好的引导作用，但在控制种植户过量施药行为上的作用较为有限。而生产经营主体自律意识、消费者购买行为、市场机制等恰好能够限制种植户的过量施药行为，普及质量安全知识，增强质量意识，实现农产品质量安全社会共治是弥补政府行为有限性的重要途径，可以提高政策法规自身的适用性和执行过程的有效性。

（4）农产品质量安全社会共治的内涵提升。从单一监管到社会共治的转变提升，并非简单的名词转换或技术升级，需要实现从"管控"到"服务"治理理念的转变，从"单向一元"到"多维平行"权力运行逻辑的转变，从维护社会稳定到关注公众需求治理目标的转变，从"碎片化管理"到"整体性治理"运行机制的转变这四个维度的内涵提升。通过对治理理念和价值目标的重新界定，对生产经营主体、第三方机构、媒体、消费者等主体的纳入，对功能定位和运行机制的转变，构建一个以增强生产、经营主体自律意识为基础，以优化政府监管方式为保障，以加强社会监督力量为协同，以信息技术为手段的多元协同型农产品质量社会共治系统。

（5）农产品质量安全社会共治的制度设计与保障措施。一个科学的社会共治体系应由治理主体、行为、责任及制度等要素有机构成，应回答实践中的四个问题：一是如何进一步培育社会监管主体；二是如何实现政府监管行为、方式的转变；三是如何明确和界定社会共治中各主体的法律责任；四是如何建立和健全农产品质量安全社会共治制度，进一步确立农产品质量安全社会共治的制度化保障机制。

本研究为黑龙江八一农垦大学博士科研启动项目"流通领域农产品质量安全监管问题研究（课题编号：XDB201816）"的阶段性成果。诸多学者对农产品质量安全问题的研究成果是本研究得以顺利进行的基础，不论本书是否引用，在此一并表示感谢。

长久以来，对农产品质量安全问题的关注和思考，是一名普通消费者的心愿，更是一名理论研究工作者的社会责任。

陈彦彦
2019年6月3日

目 录

1 引言 ·· 1
  1.1 本研究的学术背景、目标及研究意义 ·· 1
    1.1.1 研究背景 ·· 1
    1.1.2 研究目的 ·· 2
    1.1.3 研究的理论与实践意义 ·· 3
  1.2 国内外研究现状综述 ·· 4
    1.2.1 国外研究现状综述 ·· 4
    1.2.2 国内研究现状综述 ·· 8
    1.2.3 国内外研究现状述评 ·· 13
  1.3 主要研究内容、创新点与方法 ·· 14
    1.3.1 主要研究内容 ·· 14
    1.3.2 研究方法 ·· 15
    1.3.3 创新点 ·· 16
    1.3.4 技术路线 ·· 16

2 农产品质量安全社会共治的相关概念与理论基础 ································· 18
  2.1 农产品的概念与分类 ·· 18
    2.1.1 农产品的概念 ·· 18
    2.1.2 农产品的分类 ·· 20
  2.2 农产品质量安全 ·· 21
  2.3 农产品质量安全监管体制与社会共治 ·· 22
    2.3.1 监管体制 ·· 22
    2.3.2 农产品质量安全监管体制 ·· 22
    2.3.3 社会共治 ·· 23
    2.3.4 农产品质量安全社会共治 ·· 24
  2.4 农产品质量安全监管理论 ·· 24
  2.5 利益相关者理论 ·· 25
  2.6 公共治理理论 ·· 26
    2.6.1 治理的概念及特征 ·· 26
    2.6.2 公共治理的基本内涵 ·· 27
    2.6.3 农产品质量安全监管的公共治理理论逻辑 ······························ 27

    2.7 本章小结 28
3 **农产品质量安全监管体制演进的理论分析** 29
   3.1 农产品质量安全监管体制演进 29
      3.1.1 以卫生部门为主导的监管体制：1979～1998 年 30
      3.1.2 多部门分段监管体制：1998～2012 年 30
      3.1.3 两部门分工负总责的统一监管模式：2013 年至今 31
   3.2 农产品质量安全监管的困境 32
      3.2.1 社会共治体系没有形成 32
      3.2.2 法律法规和标准缺失 33
      3.2.3 法律法规惩罚力度不足 35
      3.2.4 缺少有效的信息体系 36
   3.3 农产品质量安全大部制改革的特点 37
      3.3.1 机构整合，监管资源优化 37
      3.3.2 职能整合，解决职能交叉 37
      3.3.3 权力整合，监管职权集中 38
      3.3.4 大部制改革后仍需要思考的主要问题 38
   3.4 以职能调整推进农产品质量安全的体制创新 39
      3.4.1 平衡多元主体的利益关系 40
      3.4.2 发挥客体导向原则的作用 40
      3.4.3 重视各方主体利益的共同协调 40
   3.5 本章小结 41
4 **农产品质量安全社会共治的现实需求分析** 42
   4.1 追溯体系构建式监管——农产品质量安全的全程监管 42
      4.1.1 质量追溯体系概述 43
      4.1.2 我国农产品质量追溯体系监管现状 45
      4.1.3 质量追溯体系在农产品质量安全监管中的作用分析 45
      4.1.4 质量追溯体系建设存在的主要问题 47
   4.2 以规模农业为主导的组织化监管 49
      4.2.1 组织化监管中的"规模农业" 49
      4.2.2 以规模农业为主导的组织化监管提升农产品质量安全的路径 50
      4.2.3 以规模农业为主导的组织化监管对农产品质量安全的潜在不利影响 51
      4.2.4 组织化监管对农产品质量潜在风险的修正 53
   4.3 "专项整治"式监管 55
      4.3.1 "专项整治"式监管的概念与特征 55

  4.3.2 "专项整治"式监管的产生背景 ·················· 55
  4.3.3 "专项整治"式监管的局限 ·················· 56
  4.3.4 "专项整治"式监管的未来 ·················· 62
 4.4 农产品质量安全监管形态在不同监管体制下的绩效分析 ·················· 63
  4.4.1 质量追溯式过程监管在单一监管体制下的绩效体现 ·················· 64
  4.4.2 规模经营组织化监管在单一监管体制下的绩效体现 ·················· 66
  4.4.3 规模经营组织设计与质量可追溯体系的协同 ·················· 68
  4.4.4 社会共治体制下两种监管形态的有效协同 ·················· 69
 4.5 本章小结 ·················· 69

5 基于种植户农药施用行为的农产品质量安全社会共治的主体作用分析 ·················· 71
 5.1 研究概述 ·················· 71
  5.1.1 研究背景与理论假设 ·················· 72
  5.1.2 方法的选择 ·················· 72
  5.1.3 分析模型构建 ·················· 73
 5.2 数据来源与结果分析 ·················· 73
  5.2.1 数据来源 ·················· 73
  5.2.2 调查问卷的构成 ·················· 74
  5.2.3 结果分析 ·················· 76
 5.3 分析结论与建议 ·················· 81
  5.3.1 分析结论 ·················· 81
  5.3.2 相关建议 ·················· 82
 5.4 本章小结 ·················· 82

6 国外农产品质量安全社会共治的经验及启示 ·················· 83
 6.1 政府在农产品质量安全社会共治中的作用 ·················· 83
  6.1.1 农产品质量安全监管体制 ·················· 83
  6.1.2 农产品质量安全的法律法规 ·················· 85
  6.1.3 农产品质量安全社会共治的制度体系 ·················· 87
 6.2 农产品质量安全社会共治中生产经营主体的责任 ·················· 92
  6.2.1 通过法律规制生产经营主体履行社会责任 ·················· 92
  6.2.2 通过公共政策促进企业履行社会责任 ·················· 92
  6.2.3 通过制定标准及与非政府组织合作引导企业履行社会责任 ·················· 93
  6.2.4 生产经营主体的自我管理 ·················· 93
 6.3 农产品质量安全监管中的公众参与 ·················· 95
  6.3.1 加强公众参与监管的机构建设 ·················· 95
  6.3.2 完善公众参与监管的信息公开 ·················· 95

6.3.3　发挥行业协会的监督作用 ……………………………… 96
6.3.4　明确消费者组织的监督职能 …………………………… 96
6.4　国外农产品质量安全社会共治的经验总结 ……………………… 97
6.4.1　理顺监管体制 ……………………………………………… 97
6.4.2　完善的法律法规 …………………………………………… 97
6.4.3　强调全程监管 ……………………………………………… 99
6.4.4　强化生产经营主体的社会责任意识 …………………… 99
6.4.5　完备的农产品质量安全治理体系 ……………………… 99
6.4.6　健全的农产品质量安全技术标准 …………………… 100
6.4.7　农产品质量安全认证体系日趋规范 ………………… 101
6.5　对我国的启示 ………………………………………………………… 102
6.5.1　加强农产品质量安全监管中的法治建设 …………… 102
6.5.2　行政、司法监管之外的第三方监管 ………………… 102
6.5.3　协调监管职能，提升行政监管层次 ………………… 103
6.5.4　细化法律对权利、义务和责任的科学配置 ………… 103
6.5.5　发展非政府行为体参与农产品质量安全治理的制度体系 … 103
6.6　本章小结 ……………………………………………………………… 105

7　农产品质量安全社会共治的实现条件与路径构建 …………………… 106
7.1　从"单一监管"到"社会共治"的内涵转换 ………………… 107
7.1.1　核心理念的转变 ………………………………………… 107
7.1.2　监管目标的转变 ………………………………………… 108
7.1.3　沟通方式的转变 ………………………………………… 109
7.1.4　研究内容的转变 ………………………………………… 110
7.2　把握社会共治的社会需求 ………………………………………… 110
7.2.1　公共行政理论演进的需要 ……………………………… 110
7.2.2　社会转型中多元主体的需要 …………………………… 111
7.2.3　克服单一监管弊端的需要 ……………………………… 111
7.3　加快社会共治的内涵式提升 ……………………………………… 112
7.3.1　转变治理理念 …………………………………………… 112
7.3.2　拓展消费者参与渠道 …………………………………… 113
7.3.3　创新智慧化农产品质量安全信息服务网络 ………… 114
7.3.4　实现功能转换，构建多元治理新模式 ……………… 115
7.4　本章小结 ……………………………………………………………… 115

8　农产品质量安全社会共治的制度设计 ………………………………… 117
8.1　农产品质量安全社会共治的设计依据 …………………………… 117

        8.1.1 第三方监管主体严重缺失 ··· 118
        8.1.2 监管压力缓解难度大 ·· 118
        8.1.3 责任界定模糊 ··· 118
    8.2 农产品质量安全社会共治制度的初步设想 ·· 119
        8.2.1 农产品质量安全社会共治的主体构成 ·· 119
        8.2.2 农产品质量安全社会共治的政府行为 ·· 121
        8.2.3 农产品质量安全社会共治的责任确定 ·· 121
    8.3 农产品质量安全社会共治的制度构成 ·· 122
        8.3.1 农产品质量安全社会共治的运行管理制度 ·································· 123
        8.3.2 农产品质量安全社会共治的服务保障制度 ·································· 125
        8.3.3 农产品质量安全社会共治的法律责任制度 ·································· 128
    8.4 本章小结 ··· 130
9 农产品质量安全社会共治的保障措施 ·· 131
    9.1 优化政府监管职能 ··· 131
        9.1.1 转变政府监管职能，进行行政委托 ··· 131
        9.1.2 完善法律法规，加强行政指导 ·· 132
        9.1.3 加强农产品安全教育，推行行政奖励 ·· 133
    9.2 强化生产者主体责任 ·· 134
        9.2.1 明确农产品生产主体责任，构建新型农业经营主体 ····················· 135
        9.2.2 完善主体登记制度，强化追溯体系 ··· 136
        9.2.3 构建农产品质量安全信用体系，强化行业责任意识 ····················· 136
    9.3 加强第三方监管 ·· 137
        9.3.1 培育第三方独立认证和检测机构 ·· 137
        9.3.2 推动第三方组织介入保障 ··· 138
        9.3.3 发挥媒体舆论监督治理作用 ·· 140
        9.3.4 消费者举报监督 ··· 140
    9.4 本章小结 ··· 141
10 结论 ·· 142
    10.1 主要研究结论 ·· 142
    10.2 进一步研究方向 ··· 144
参考文献 ··· 146
附录 种植户的农药施用及制约因素调查问卷 ·· 153
后记 ·· 156

1 引　　言

1.1 本研究的学术背景、目标及研究意义

1.1.1 研究背景

食品安全问题是近年来全球性的社会问题，而农产品质量安全是其源头和基础，不仅涉及保障国家安全和社会稳定，也与每个人的切身利益紧密相连，控制农产品质量安全已经成为全世界共同面临的严峻现实。自 20 世纪 90 年代开始，我国政府高度重视农产品质量安全工作，从现阶段国情出发有针对性地提出了发展"高产、优质、高效、生态、安全"农业的目标，也连续出台和实施了一系列政策法规及措施，开创了数量安全与质量安全并重的农业发展新阶段。2015 年，《中华人民共和国食品安全法》（以下简称《食品安全法》）明确指出，食用农产品的质量安全管理应遵守《中华人民共和国农产品质量安全法》的规定，但是食用农产品的市场销售、有关质量安全标准的制定、有关安全信息的公布和《食品安全法》对农业投入品作出规定的，应当遵守《食品安全法》的规定。2010 年，我国安排 6.8 亿元财政支持农产品现代流通综合试点建设工作，以改善农产品质量安全现状；农业部在《2011 年农产品质量安全整治工作重点》中明确表示，加大农产品质量安全领域违法犯罪行为的打击力度，积极推进农产品准出准入制度建设，加强农产品质量安全监管长效机制建设。2013 年 12 月召开的中央农村工作会议指出，农产品是食品安全的源头，必须把农产品质量抓好；2014 年，商务部等 13 个部门又联合发布了《关于进一步加强农产品市场体系建设的指导意见》，以求进一步完善农产品市场体系；2016 年，农业部制定了《2016 年农产品质量安全监管工作要点》，提出要坚持执法监管和标准化生产"两手抓""两手硬"。特别是提出"无公害食品行动计划"并实施以来，农产品质量安全水平明显提高，但农产品违法生产行为依然大量存在，从苏丹红到毒韭菜、从三聚氰胺到毒生姜，从农田到餐桌，情况非常严重，一方面直接或者间接对国民的生命健康造成伤害，另一方面严重影响了我国农产品的信誉和国际贸易，同时破坏了人们正常的生活和有序的经济秩序，甚至涉及民众对政府的信任。

经过多年的探索和实践，我国在农产品质量安全监管领域已经取得很大进展，但问题依然很严重，其根本原因之一是农产品质量安全监控不到位，尽管各地进行了改革试点工作，但实践效果不是特别理想。由于农产品属于信任品范畴，依

靠市场机制这只"无形的手"无法有效地控制农产品质量安全，通过制度手段规范引导相关主体共同参与监管是建立高效的农产品质量安全治理体系的保障。农产品作为生活必需品，不仅易腐、易变质，还有较强的季节性和区域性，有毒农药的使用、土壤不同程度污染、添加剂过量使用及有害化学物质等的使用，甚至包括供应链参与主体的不诚信行为等一系列因素都直接严重影响农产品质量安全，致使农产品的生产和流通环节均面临挑战。为了确保农产品质量安全目标的实现，国家对农产品生产、流通、消费各环节进行全方位监管，通过各种措施强化监管效果，特别是运用法律手段坚决打击违法犯罪行为，起到了很好的震慑和教育作用，确保农产品从农田到餐桌的安全。因此，必须从参与供应链各环节的各个主体着手来提高农产品质量安全，降低质量安全事件发生的概率。

农产品质量安全治理的核心是监管体制问题。我国长期以来贯彻一个环节由一个部门监管的原则，具体采用"分段监管"为主、"品种监管"为辅的方式，并明确了监管职能，强化了监管责任，但实际效果不尽如人意。2013年成立的国家食品药品监督管理总局，已终结了农产品多部门监管的局面。由于食品百分之八九十来源于农产品，农业是大头，农产品通过加工才产生食品，如何协调好食品安全监管和农业安全监管及确立适合我国国情的监管模式是解决农产品质量安全问题的关键。作为食品的主要源头，农产品生产环节较多，经营主体数量庞杂且布局分散，监管难度大，与之相适应的监管能力建设一直未能有效跟进。总结农产品质量安全监管难的原因，有小规模生产的因素，有不法者的趋利因素，有产业转型中利益主体趋多且利益关系复杂的因素，也有监管体制不顺和监管不到位的因素，但是归根结底在于监管体制单一导致制度制定及落实的不完善，确保农产品质量安全，需要"社会他律"向"行业自律"的转变、自发的利益导向和市场机制有效结合，更需要政府部门监管责任与生产主体责任的落实来最终实现。农产品质量安全是法律、文化、科技、管理等要素共同作用的复杂、系统的社会管理工程，最终形成社会各主体有序参与、良性互动、理性制衡、有力监督的共治格局，才能不断消除农产品质量安全的深层次制约因素，建立有效的社会共治的制度保障机制，构建政府、社会、市场联动机制确保农产品质量安全。

本研究关于农产品质量安全社会共治的选题正是在此形势与背景下确立的，是本人近几年学习、思考的成果凝练，也是本人前期研究成果的进一步扩展和探索。本研究将为农产品质量安全社会共治制度的建构提供具有实际价值的理论建议。

1.1.2 研究目的

本研究立足我国农产品质量安全监管体制由单一监管向社会共治体制转型的

大背景，以质量追溯体系建设、规模化生产经营等监管手段为依据，全面、系统地探讨社会共治视角下农产品质量安全监管的体制演进逻辑、体系构成与制度需求，并在各学者研究的基础上，继续拓展这一领域的研究视野，推动农产品质量安全监管体制由单一监管体制向社会共治体制转型。对我国农产品、食品安全监管的体制完善路径进行分析，有针对性地提出社会共治制度体系与路径选择的框架和构想，最终构建有中国特色的农产品质量安全社会共治监管网络。

农产品质量安全社会共治关系主要包括三个要素：主体（参与共治关系的当事人）、客体（权利和义务共同指向的对象）和内容（权利和义务），要解决的问题有四个方面：为什么要社会共治（共治的原因）？由谁参与社会共治（共治的主体）？共治什么（共治的客体）？如何实现社会共治（共治的方法）？本研究正是从三个要素和四个问题入手进行分析，研究的目的主要有以下几方面。

一是厘清农产品质量安全社会共治制度的理论基础。通过与相关概念的比较，界定农产品质量安全、农产品质量安全监管体制、农产品质量安全监管形态、农产品质量安全社会共治等核心概念的含义，探讨农产品质量安全由单一监管体制走向社会共治的体制演进逻辑，分析实施农产品质量安全社会共治制度保障的理论依据。

二是厘清农产品质量安全社会共治的现实需求。分析我国农产品质量安全主要监管形态在单一和共治不同监管体制下的运行现状，梳理我国农产品质量安全主要监管形态的运行样态和协同绩效，厘清农产品质量安全社会共治的现实需求。

三是提出构建我国农产品质量安全社会共治制度的思路。通过主体、行为、责任及制度等要素讨论科学合理的农产品质量安全社会共治法律体系的构成。从简政放权、强化执法责任、引入社会力量参与等视角探讨推进我国农产品质量安全社会共治的基本路径。

四是提出我国农产品质量安全社会共治制度的框架和主要内容。以农产品质量安全控制制度、奖励制度、黑名单制度、信息公开制度、公益诉讼制度、媒体法律责任等为实现农产品质量安全社会共治提供制度保障。

1.1.3 研究的理论与实践意义

（1）理论意义：一是以管理学、政治学的基本理论和政府监管体制创新的视角有机结合，通过分析农产品质量安全实践中的主要监管形态在两种体制下的绩效，讨论社会共治框架下的制度需求及体系构成，既是对农产品质量安全保障制度化和监管体制科学化的有力拓展，又是对制度变革和政府监管创新在层次上的丰富，同时为完善农产品质量安全社会共治制度提供理论依据；二是在产生农产品质量安全问题的诸多因素中选择种植户农药施用行为作为定量分析的切入点，把作为生产经营主体及消费主体的种植户与政府、消费者、社会组织、媒体、专家等一并纳入农药施用行为这一关注点，将社会共治中政府主导、生产经营主体自律、其他主体积极监督的运行机制纳入同一框架和语境中讨论，并运用贝叶斯推理方法及模型作为分析工具，是对农产品质量安全监管的深入研究。

（2）实践意义：一是有利于动员社会力量，提高政府监管资源的利用效率。一直以来，政府作为农产品质量安全单一管控主体的劣势日益凸显，通过社会共治，能够充分激发社会力量，使生产经营主体、农产品协会、消费者协会、涉农科研机构、政府监管部门、媒体组织等多元主体共同参与，通过责、权、利等的有效分工，平等协作，互惠互利，共同加强对农产品质量安全的治理。二是选取了黑龙江省5个地区10个典型农业生产县的水稻、大豆、蔬菜种植户，通过分析农药施用行为的440份调查问卷，微观论证政府在农产品质量安全监管中的主导作用，以及生产经营主体的自律作用和其他相关主体的监督作用，有助于政府把握治理方向，维持治理秩序，大力扶植社会组织，保障其他主体在社会共治中的权力行使，推动农产品质量安全治理走向社会本位。

1.2　国内外研究现状综述

1.2.1　国外研究现状综述

1. 关于农产品安全问题认识的研究

国外对食品安全监管问题的研究比较早，也比较成熟。农产品安全问题最初关注的是数量问题。联合国粮食及农业组织（FAO）等在1974年提出，食品安全就是保证任何人在任何时候都能得到为了生存和健康所需要的足够食品。爱德华·萨乌马（FAO前总干事）在1983年提出，食品安全是指在任何情况下食品的供给都是充足的，并且人们有能力买到满足生存需要的食物。从20世纪80年代开始，国外学者关注食品的焦点从数量供给转为质量及安全等方面，涉及对食品市场中的消费、分配及与环境保护的关系等的研究。目前，国际普遍认可FAO与世界卫生组织在《保障食品安全与质量：强化国家食品控制体系指南》中的界定：食品安全涉及一些危害要素，它们可能会令食品伤害消费者健康。这些要素是否必须予以消除，绝无讨论余地。20世纪60年代初，Pillsbury公司进行了对危害分析和关键控制点（HACCP）体系的研究，这一体系目前仍然被许多国际组织广泛认可。Cooper和Dobson（2007）用恩格尔模型估计了中国城市居民家庭食品消费的"质量-收入"弹性，指出所有大类食品质量需求的收入弹性均大于零，这说明随着收入水平的提高，城市居民家庭倾向于购买更高质量的农产品。

2. 关于农产品质量安全监管必要性的研究

学术界普遍认为，政府对食品安全的监管是调节市场机制失灵的有效手段，政府应该是公众利益的代言人。Ritson 和 Mei（1998）提出，风险信息的不对称性、食品安全的公共物品属性使得食品安全的社会成本增加，因此市场经济几乎不可能提供最适宜的食品安全。Antle（1995）对不同食品安全政策的选择及其成本和效率进行了系统分析，着重分析了涉及食品安全政策背后的经济学原理。Hanson 和 Heasman（2004）、Caswell（1998）、Khalid（2016）通过大量的实证研究发现，食品安全治理（规制）政策是经过不同利益相关者基于对食品安全治理重点与绩效的不同评价标准，进行充分的利益考量与博弈，最终达到基本均衡所产生的结果，这些利益相关者包括政府、企业、农场主、消费者、纳税人等。食品安全监管政策的选择是消费者、生产商、政府等利益团体博弈的均衡解。但是，也有学者有不同的观点，Bringezu 等（2016）认为，虽然政府不断制定新的政策，但并不意味着政府的监管能够必然地规范市场，同时存在监管权限模糊等问题，但适当的行政监管对食品安全的保障和消费者利益的维护是必要的。

3. 关于农产品质量安全监管方式的研究

国外学者对食品安全政府监管的方式、方法、手段等进行了比较全面的研究，形成了一套有效的理论和实证的研究体系，并取得了丰硕的研究成果。Whittle（1954）最早分析了抽样检查对生产者行为的影响。著名经济学家阿罗指出，食品安全治理的可行性及具体方式必须以成本-收益法对治理效益的评价结果为基础。欧美研究人员提出，如果市场失灵，政府应采取的监管方式如下：发布行政法规和命令，进行处罚和奖励、诉讼，发放各类生产许可证、进行消费者安全教育和信息提供等。Holleran 等（1999）对信息不对称产生的影响进行了研究，并对执行相关保障食品安全制度而产生的额外支出及由此产生的对个人的勉励进行了分析。Antle（1995）将信息不对称称为"不对称不完全信息——仅对消费者信息不完全"和"对称不完全信息——生产者和消费者双方信息都不完全"。

对于政府监管具体行为方式的研究，Henson 和 Heasman（2004）与 Hrabrin（2016）认为，政府食品安全监管的方式主要有制定法律法规、发布行政指令、通过发证实施市场准入监管、赏罚相关市场行为。而且，因为具体国情不同，各国政府采取的监管措施也存在差异。例如，英国政府采取"尽职调查"（due diligence）措施，即要求食品链上端生产加工企业接受食品链下端食品销售者的调查，供应链内的巨大压力，尤其是退出压力，迫使其满足相应的供货条件，供给安全可靠的食品。而澳大利亚政府则推崇"协作监管"（co-regulation），即在食品安全监管体系中纳入政府、企业、消费者、社会组织等多元主体，以整体合力来对食品安全问题实施共同监管。Unnevehr 和 Jensen（1996）的研究表明，生产者自行对产品进行认证的成本很高，因此政府需要建立公共认证平台，通过确立标签和分级制度向消费者传递产品质量安全的信号，或是通过制定标准来提升产品质量。Antle（1995）全面分析了食品安全监管的成本和收益，认为直接评估监管的成本和收益都存在较大难度，只能间接进行评估。

4. 关于社会共治理论及其在食品安全监管领域的运用研究

Schmitter（1979）认为，应在国家与社会之间建立有序、稳定、制度化的合作关系，通过合作与协商代替竞争与排斥，解决社会冲突和失序。Ansell 和 Gash（2008）等认为合作治理包括 6 个方面的内容，即针对公共政策或公共管理问题，合作由政府等公共机构发起，治理主体包括利益相关的公共和私人部门、利益无关者（这些主体直接参与决策过程而不仅仅是公共机构的顾问），协商的公共舆论空间组织化运作并要求共同参与，协商目的在于达成共识，采取共同决策。国外学者强调，政府从传统监管到社会共治，是政府释放了管理空间，是由处罚不安全生产行为转变为预防不安全生产行为。各个社会主体与政府之间的关系主要有两种模式：第一种是政府通过提供私人不具备的公共物品来鼓励公民合作，如提供基础设施、服务平台、技术推广等，这种模式为互补型。第二种是政府参与社区日常活动，通过塑造社区成员身份进而获得他们的信任与认同，从而增强社会共治效果，这种模式为嵌入型。

国外学者对社会共治及食品安全社会共治问题的研究比较早，经历了从社会发展的实践经验逐步提升到理论研究层面的过程。1988 年，Migdal 通过研究政府与社会共治及公私合作伙伴的关系后提出，政府与社会存在合作与互补的关系，双方是相互影响、适应及创造的。1995 年，Evains 在以 Migdal 为代表的研究基础上通过研究社会共治理论并对其进行归纳分析后认为，社会共治指政府与社会、公共与私人之间的界限不明确，通过一定的制度安排将政府嵌入社会或者让公民参与公共服务，最终实现社会共治。Skelcher 等（2005）指出，通过信誉机制的建立，可以形成一种不必由政府过多管理且具有独特的高品质、高价格市场均衡的农产品市场质量安全状态。近 20 年来，以 Stoker 和 Gerry（2002）为代表提出的一种名为"合作治理"的新治理理论得到发展，该理论旨在将包括政府在内的多个利益相关者聚集在一个公共舆论空间，公共和私人部门的界限变得模糊，通过协商达成共识来形成决策。

5. 关于食品安全社会共治中的相关者责任

这部分的研究认为，企业的生产自律、政府的市场监管及消费者的认知和需求表达同样影响食品安全。例如，Beekman（2008）和Matsuo（2013）认为，为生产者、消费者等相关主体提供充分信息、进行安全卫生教育是政府监管的重要内容。

Barling和Lang（2003）建议，政府通过食品安全政策的规划，使管理者对食品安全监管系统为其带来的潜在收益加深认知，政府监管应该主要是为生产者、消费者等相关主体提供充分信息，进行安全卫生教育；另外，食品从业者及消费者获得了什么样的知识和行为习惯是衡量监管者业绩的主要标准。

Niall等（2005）认为，食品企业提高产品质量的动机可以分为两大类：一是企业内部动机，即为了降低成本、提高利润；二是外部动机，即与交易成本有关的动机。Niall等（2005）进一步提出，不同国家和地区的食品企业提高食品安全的动机是不同的，如有效扩大或保持出口市场；恢复消费者对曾出现问题的食品行业的信任；增强食品行业在国内外市场中的竞争力等。

Schneider（2016）指出，企业对安全食品的供给动机受企业管理战略的影响，其中组织学习、公司文化、规制类型、强制力度、利益相关者的影响等是起决定性作用的因素。Reardon和Berdegue（2010）提出，企业应建立和实施一系列自己的食品标准来确保质量与安全。除此之外，企业特征、企业战略目标、制度环境及产品、市场特征也是决定性因素。Abhilash和Singh（2009）、Ntow等（2006）等通过对肯尼亚和印度、巴基斯坦出口果蔬产品的小农户进行研究，发现公共部门与私人部门合作有利于满足市场对于食品安全的需要，同时也能够保护供应链中小农户的地位。

Wilson和Tisdell（2001）研究发现，小农户通过有组织的集体行动，与超市、速食店等高端市场建立稳定联系等方式可以有效地保障食品的安全性。Fairman和Yapp（2005）指出，英国中小型食品企业在有关企业自律和规范的相关法案约束的情况下，能够自主地保障食品安全。Carica等（2007）认为，一方面，市场驱动和食品安全管制迫使加工企业实施食品安全管理，另一方面，食品售前投入品的各种标准和售后惩罚措施也迫使加工企业实施食品安全管理。Starbird（2000）指出，企业如果保障了食品安全，可以从市场中得到巨大的潜在收益，因为企业既避免了可能受到的各种惩罚，又因为承担了食品安全保障责任而提高了企业的社会声誉。

国外学者主要对消费者对于食品安全的总体认知、消费者食品购买行为的影响因素及消费者对于食品安全问题的反应进行了研究。Brewer和Rojas（2008）通过对419位消费者的调查，发现了影响消费者对食品安全认知的四种主要因素，并进一步指出不同消费者对其的关注度也不尽相同。Wakeford 等（2016）的研究显示，食品安全的关注度与年龄及收入水平成正比。Ajzen（2005）通过研究证明，消费者的亲身经历会影响其对于食品安全的认知，其受到不安全食品侵害的经历会为其更加理性地消费选择积累经验、教训；另外，他们还发现媒体也会在很大程度上影响民众的消费选择，且电视的影响力更大。Matsuo（2013）将影响消费者食品安全认知的因素分为内部因素和外部因素两类，并通过多元回归模型验证了日本消费者更为相信利用外部因素来规避和减少食品安全风险这一假设。至于消费者对于食品安全问题的反应，Stoker（2006）等认为，不断变化的消费习惯弱化了人们，特别是年轻消费者对食源性疾病的认识，因此，他们特别强调对食源性疾病的病症及病源缺乏认识也将阻碍消费者正确消费行为的选择。Larry（2014）、Stoker（2006）通过研究发现，消费者对于政府监管措施的认知程度越高，越能够安心食用美国食品药品监督管理局评定的食物。

1.2.2　国内研究现状综述

我国学者对于农产品安全中政府管理问题的研究起步较晚，直到最近几年才逐渐将重点由对农产品安全监管体系的研究，转向对政府监管失灵等的研究上。我国学者在 20 世纪 90 年代中期开始关注社会共治理论，并接受了以 Migdal 为代表的学者提出的政府与社会共治、公与私合作伙伴关系等理论。在我国，虽然目前食品药品安全社会共治的研究处于起步阶段，但建立食品药品安全社会共治体系已经是一项理论共识，主要成果可归结为以下几类。

（1）关于政府在农产品质量安全监管中的职能定位研究。由于政府治理行为最主要的表现形式是行政监管，因此目前很多学者从行政监管的角度出发研究政府在农产品质量安全风险治理中的职能。要充分发挥政府在农产品质量安全监管中的职能，各个管理部门应该明确责任和分工，按照国家授权的原则监督农产品生产（秦富和张莉琴，2003）；政府在农产品质量安全供给中有两项重要工作，一是提高生产者的质量安全生产能力，二是激发生产者的质量安全生产动力。同时，政府可以借鉴西方发达国家在农产品质量安全监管方面的成功经验，要重视部门之间的职责分工，部门内部的机构设置，以及纵向、横向的协调合作，这样可以克服我国在农产品质量安全监管体系中存在的某些缺陷。目前，我国根据国情成立了国家食品药品监督管理总局、消费者协会、国家市场监督管理总局等政府部门，全面负责食品安全的管理，大大提高了对食品安全监管的有效性（闫碧玮，2015）。

崔卓兰和宋慧宇（2011）及孙法军（2004）指出，由于我国以往对食品安全问题缺乏重视，加上缺乏食品安全监管资源，政府干预措施有限，导致食品安全监管的有效性降低，最终可能导致"政府失灵"。杨扬和范馨（2012）、薛建良和李培武（2015）指出，我国与西方发达国家不同的是，以分散生产为特点、数量庞大的个体小农户是我国农产品生产的主体，如果农民合作组织发展不完善，会提高政府对于农产品生产环节的监管成本，增加监管难度；由于监管部门经费不足和人力缺乏，无法保证农产品安全监管的效果，食品安全监管在我国部分农村地区可能会出现盲区。因此，卢良恕（2003）提出，农产品安全监管工作需要政府多部门通力协作，齐抓共管，是一项长期、复杂的系统工程（秦富和张莉琴，2003）。陈彦彦（2008a）、颜海娜和聂勇浩（2009）、刘小峰等（2010）认为，政府采取动态、弹性的监管策略比采取静态的监管策略更能有效地预防和控制农产品生产存在的风险，政府应当减少监管部门的数量，将监管权限适当集中，更加明确地划分监管部门之间的权限，使部门之间更容易协调，同时完善食品安全法律和法规体系，这样可以最大限度地预防农产品生产者的机会主义行为。

（2）关于农产品质量安全监管中的手段。目前，众多研究者在对农产品质量安全生产行为进行监管的手段方面有以下几种看法。周德翼和杨海娟（2002）认为要加强行政监管，他们强调，政府要确保法律和法规的科学、全面及可操作，依法保证农产品安全，明确各监管环节中各利益相关者的利益。朱淀等（2014）认为要加强安全检测：目前，中国政府已经出台了很多法规、文件等，禁止使用高毒农药，提倡农场生产中减化肥、减农药、减杀虫剂，该行动已经开始在全国展开。但由于化肥、农药、杀虫剂的施用效果快且明显、成本低，并且目前农产品市场还没有达到以质论价的程度，农户减少农药、化肥等的施用会降低收益，从而导致实际生产中使用禁用农药的现象仍然存在，农产品质量安全受到严重影响，人们的身心健康受到严重损害。所以，要加强安全检测的力度，尽量避免不安全农产品流入市场。周峰和徐翔（2008）、刘录民等（2009）提倡加大处罚力度，认为我国与西方发达国家的食品安全监管体系相比，我国处罚违反农产品安全法规方面的行为的力度较小，然而自由裁量幅度过大，造成政府控制农产品安全生产风险的有效性差。通过分析政府规制与农户生产行为之间的关系得知，政府要防治农产品安全风险，既要制定相关法律、法规和政策来规范农户的农产品安全生产，又要防范农户在农产品生产中的道德风险行为。所以，政府加大对有不规范生产行为的农户的处罚力度、增加农户的违规成本，也是保障农产品安全的手段之一。李莹等（2011）提出应增加行政补贴，政府应该在财政上给予那些遵纪守法的农户适当的补贴，在政策上加以扶持，农户可能会自愿遵守安全农产品的生产标准，自觉抵制不法和不道德农产品生产行为，愿意支出生产安全农产品产生的额外成本。

（3）关于政府监管失灵原因的研究。江永清和徐辉（2009）将政府监管失灵的原因归结为体制改革和管制机制制度供求失衡、政府和企业关系复杂、管制政策执行难、中央和地方利益分配失衡等。王可山等（2007）认为，政府监管失灵的原因在于管制者对管制目标的偏离，政府的能力局限对政府管制产生了不利影响。雷百战等（2008）认为，政府监管失灵是由管理机构设置的缺陷造成的，多部门联合管理可能会降低政府管理农产品质量安全的效率，"1+1>2"的效果未必出现。周开宁和黄永涛（2010）认为，政府干预的"失灵"是由法律及法规体系建设滞后、农产品安全标准的协调机制和农产品安全信用体系不完善、政府干预机制缺乏协调性和连续性、农产品安全的执行过程缺乏规范化、执法处罚力度不够、社会监督和问题处理机制缺位、有关引导农产品产业发展特别是农产品科技创新能力方面的产业政策欠缺等方面造成的。

（4）关于政府监管法律层面的研究。孙伟和张正竹（2011）认为，应尽快建立专门的农产品安全监管部、行业诚信档案，实施农产品质量安全追溯制度等。孙波（2003）对我国现行质量监管立法进行了系统研究，认为我国产品质量立法定位有所偏差，公法和私法混为一谈的做法是计划经济的反映。华振国和陈素华（2005）认为，在立法模式的选择上，采用综合模式，与现行消费者政策相悖，不利于消费者权益的保护，导致行政执法的偏颇和缺陷。从执法实践层面提出我国执法对于生产领域和流通领域的界限不清晰，使得监管职能的分工不明确，导致违法者规避法律，未受到应有的严厉处罚。程言清（2006）建议建立食品安全信用评估体系，对食品生产商强制实行定期的安全信用等级评估。少数学者从保护消费者食品安全权的角度出发，认为处于弱势地位的消费者需要政府采取相关措施对其权益进行保护。陈彦彦（2008b）认为，法律应该普遍把"食品安全权"承认为公民基本权利，从《中华人民共和国侵权责任法》上开始予以保护。该部分研究尽管对立法、执法、司法都有涉猎，但总体比较浅显、不系统，对法律体系的构建不具体、对行政执法的管制不严格、对司法处理的思路不明确。

（5）关于政府监管的完善思路研究。卢代富（1996）认为，农产品质量认证制度和监督检查制度是加强农产品质量安全管理的两项主要措施。李井平和李光德（2005）以制度经济学为研究基础，讨论了政府在我国农产品质量安全中的管制作用，认为对负内部性的规制是我国农产品质量监管的重点。王永发（2007）认为，不同的生产经营主体，如农户、生产企业、农民专业合作组织、批发市场等，应依据法律授权和相关规定分别承担相应的农产品质量安全管理义务和责任。郑国龙和陈美珠（2007）认为，各级有关部门要加强领导，创新农产品质量安全监管，切实提高农业综合生产能力、增强农产品市场竞争力。宋晓波和问清泓（2008）对我国产品质量监督的制度进行研究，并提出一些适合我国国情的整改方案。各学者对该部分的理论研究，主要为配合政府政策的颁布，可操作、行之有效的对策不多。

（6）关于监管体制的研究。刘振伟（2002）、郑凤田和赵阳（2003）认为，为了改变多个部门各自为政的现象，我国应整合涉及农产品质量安全的农业、技术监督、卫生、工商、环保等部门，设立一个集执法、监督及监测三项职能于一体、功能健全、运转高效的农产品安全控制管理机构，机构组成应该包括农产品质量安全监管相关部门的成员、生产者及专家代表，机构独立负责协调食物健康与营养安全问题、独立对农产品安全质量管理负全责。也有学者提出相反的建议，如周荣荣（2003）认为，农产品质量安全涉及农业、工商管理、环保、质量技术监督等多个部门，是一项多领域、多部门的系统工程，各个部门应该按照有关法律法规及部门职责分工，协同工作，各司其职，全程控制"从农田到餐桌"的质量，使我国农产品质量安全管理水平得到较大提高。赵燕等（2006）认为，我国要借鉴国际先进的食品安全监管模式来完善我国的监管模式，监管理念及技术设备的更新有助于我国农产品安全监管队伍的壮大和科技水平的提高。

在食品安全治理机制创新理念上，各学者观点可以归纳如下：我国的食品安全监管应重视公众及众多社会主体的作用，鼓励第三方参与食品安全治理，倡导食品安全社会共治，食品安全监管模式应从威权管制转向合作治理模式。在食品安全治理制度创新上，部分学者认为，食品安全治理应引入强制责任保险制度，运用声誉机制，借助消费者的力量使企业放弃潜在的不法行为，积极探索食品安全的社会治理之道。在食品安全治理实践创新上，探索新的食品安全问题治理之道、解决我国的食品安全问题是十八大提出的一项重要目标。《中共中央关于全面深化改革若干重大问题的决定》提出要"创新社会治理体制""改进社会治理方式""……发挥政府主导作用，鼓励和支持社会各方面参与，实现政府治理和社会自我调节、居民自治良性互动"。综上所述，食品安全的治理除行政规制和司法控制外，还需要建立和创新发展由所有利益相关者（包括政府、企业、消费者和非政府组织等）参与的食品安全治理的机制。

（7）关于农产品质量安全社会共治的研究。从体系建构视角讨论社会共治。这部分研究成果从强调社会团体独立于政府的作用转移到社会团体与政府的合作关系，在社会共治体系中各行为主体作为平等伙伴，通过动态协调方式推动食品安全的有效治理。邓正来（1999）提出政府与社会存在合作与互补的关系。顾昕和王旭（2005）认为，社会共治理论的核心是讨论政府与社会之间的相互制约和相互合作，强调二者相互依存发生作用。李姿姿（2008）认为，从社会管理发展到社会共治的实质是从由上而下的管理模式转变为上下结合、国家与社会相结合的治理模式。刘飞和孙中伟（2015）认为，国家向社会释放和自身再造是食品安全社会共治的前提；社会的发育与成长是食品安全社会共治的基础；而国家、市场与社会之间的协调是食品安全社会共治的关键。徐景和（2013）从宏观监管角度出发，论述了食品安全的法制监管、公司内部监管、市场监督和群众舆论影响。彭亚拉（2014）提出，复杂的公共问题需要社会共治，对食品安全问题要达成治理的效果，需要形成社会共治的框架和格局，凝聚社会力量，共同努力完成这一复杂的社会工程。

从制度建构视角讨论食品安全社会共治。宋华琳（2008）、刘亚平（2011）、李新春和陈斌（2013）、李想和石磊（2014）认为，应该去除中国食品药品安全监管体系的弊端和减小繁重的执法负荷；要解决食品药品安全中的群体性败德行为、管制失效和行业信任危机，需要政府管制、提升检测水平和实施惩罚性措施。赵翠萍（2012）认为，在食品安全治理进程中，政府监管固然重要，但是企业的自律及民众对食品安全的正确认知也不可或缺，因此，构建政府、企业和消费者共同参与的相关者责任体系是保障食品安全的有效途径。王永发（2007）提出，应让农户、生产企业、农民专业合作组织、批发市场等不同生产经营主体，根据法律授权和相关规定，分别承担相应的农产品质量安全管理义务和责任。

从非制度建构视角研究食品安全社会共治。这部分研究成果认为，食品药品安全保证是社会的公共责任；食品药品安全缺陷检测、召回和规制等正式制度不健全，从而造成食品药品生产加工各环节不能得到有效监管；正式制度的监管不仅要监管产品，还应当要求与企业相联系的各个交互组织之间共同努力，对法律所允许的免于监管的环节进行非正式制度的控制。例如，吴元元（2012）认为，食品安全的社会共治需要从声誉机制等非正式制度安排上建立约束机制来形成社会治理框架。张曼等（2013）认为，社会共治是一种推动社会多元主体参与到国家管理的治理理念，强调的是充分发挥企业、媒体、消费者、第三方监管力量等主体的责任意识，增强企业自律及优化政府监管方式。

从第三方介入视角研究食品安全社会共治。这部分研究关注新媒体等第三方力量作为国家治理手段在社会共治中的作用，强调在大数据背景下对食品安全的精准规制。例如，郑策等（2015）认为，社会共治思想将有助于中国政府及其他各方参与者整合和利用现有资源，建立起有力有效的多方主体参与、多种要素发挥作用的食品安全综合治理机制，新媒体将在食品安全治理中发挥越来越大的作用。华园静和闵丹（2015）认为，应加强第三方的监管力度，借用其由下至上的信息传播方式，补充行政监管的不足，进而建立和完善我国的食品安全社会共同治理模式。王永强和管金平（2014）认为，打破食品安全信息的政府垄断，建立信息充分公开、全社会共享的食品安全信息体系，是使食品安全问题得以好转的根本途径。

1.2.3 国内外研究现状述评

总体来看，国外学者对农产品质量安全问题的研究主要集中在食品安全的大框架下。从研究方法上看，主要立足全过程监管的角度，从以理论研究为主向以实证研究为主倾斜，并且意识到农产品质量安全制度安排需要考虑各方利益主体的互动，在实际应用研究中，已形成"从田头到餐桌"的全程监管理念，通过实施"危害分析和关键控制点"等预防性措施，逐步形成了社会共同合作监管格局。在食品安全社会共治领域，我国可以借鉴欧美发达国家成熟的制度和做法。然而，我国与西方发达国家国情不同，西方学者是在经济发达、企业自律意识强、消费者认知水平高的基础上研究食品安全社会共治理论和模式的，其理论框架是西方政府规制理论。

综观目前国内学者的研究状况，主要侧重于借用西方理论解释中国情境下的问题，缺乏对理论的思考和推进，尽管建立食品药品安全社会治理体系是一项理论共识，但国内学者对食品药品安全社会共治的探讨还处于起步阶段，该部分的理论研究主要针对食品安全领域。从作为食品源头的农产品质量安全视角探讨社会共治体制下的监管形态演进及体系构成、实施路径等理论问题明显不足，政策导向方面的宏观、中观提议太多，行之有效的微观制度非常欠缺；理论分析和实证分析中未建立系统的分析方法，未能找到持续改进监管工作绩效的基本依据和路径。

综上，大量的有关农产品安全监管体制及制度构建方面的研究为本研究提供了借鉴，一些研究的不足使本研究有可拓展的空间。对国内外学者相关文献的梳理发现：①从研究对象来看，对于农产品质量安全监管体系的研究较充分，而对于农产品质量安全监管体制的研究较少；既有研究多是从政策研究的角度来探讨农产品安全监管中的政府行为，而缺乏对政府农产品安全监管职能及监管路径的经验分析。②从研究基础来看，信息不对称理论是众多文献研究农产品质量安全问题的理论基础，除此之外还包括外部性、市场失灵等，但研究往往基于单个理论，综合性研究尝试较少。③从研究视角来看，既有研究在分析农产品质量安全监管中的政府行为时多缺乏明确的考察单位，从而不能从最基本的生产经营单位——种植户的角度去理解监管行为的逻辑；农产品质量安全监管机制是以政府为主体的单一监管体制，存在的弊端使其必然要走向多主体协同治理，但对于两种体制演进逻辑的研究较少。④从对农产品质量安全相关行为主体的研究来看，基于某一个行为主体的研究较多，而以制度保障为切入点将各相关主体纳入同一分析框架，对农产品质量安全监管中制度供给与需求的深入剖析较少。

1.3 主要研究内容、创新点与方法

1.3.1 主要研究内容

本研究主要包括七部分的内容，共计10章。

第一部分：第1章，引言。运用归纳与综合分析法，通过对研究背景的讨论，阐述本研究的目的在于从农产品质量安全监管的一般规律出发，结合我国农产品质量安全监管工作实际及未来发展方向，分析我国农产品质量安全监管实际和农产品质量安全社会共治体制演进的逻辑框架，以期拓展我国农产品质量安全监管体制科学化的分析领域，丰富政府监管创新和制度变革的层次，同时为完善农产品质量安全社会共治制度提供理论依据。

第二部分：我国农产品质量安全监管体制演进的基础理论研究，即第2章。任何问题的研究和解决都离不开相关基础理论与方法的支撑，本章将公共治理理论、利益相关者理论、农产品质量安全监管理论等做一简单介绍，并对农产品、农产品质量安全、监管体制、社会共治、农产品质量安全社会共治的内涵进行阐述，为后续研究的展开做好铺垫。

第三部分：农产品质量安全社会共治的理论逻辑与实证分析，即第3~5章。此部分分析我国农产品质量安全监管体制的发展与变革在理论上的逻辑演进路径；以我国农产品质量安全主要监管形态在不同监管体制下运行的绩效体现，讨论单一监管向社会共治演进的实践需求；以分析影响种植户农药施用行为的主体因素调研数据为切入点，多层面剖析我国农产品质量安全的社会共治是理论演进与实践发展的必然。

第四部分：农产品质量安全监管体制的国外经验与启示，即第6章。在分析主要发达国家农产品质量安全监管体制特点的基础上，以美国、欧盟、日本等国家和地区农产品质量安全监管体制的运行特点、经验教训为讨论基础，分析其对我国农产品质量安全社会共治监管体制构建及制度支撑的有益启示与可借鉴之处。

第五部分：农产品质量安全社会共治的实现条件分析，即第7章。从单一监管到社会共治并非简单的名词转换或技术升级，是从"维护社会稳定"到"满足公众需求"治理目标的转变，通过对治理理念和价值目标的重新界定，对生产经营主体、第三方机构、媒体、消费者等主体的纳入，对功能定位和运行机制的转变，构建一个以增强生产经营主体自律意识为基础，以优化自上而下的政府监管方式为保障，以加强自下而上和横向互动的社会监督力量为协同，以信息技术为手段的多元协同型农产品质量安全社会共治系统。

第六部分：农产品质量安全社会共治的制度设计与保障措施，即第8、第9

章。农产品质量安全社会共治体系是参与农产品质量安全治理的主体、行为、责任及制度等要素的有机结合。此部分阐述了主体体系、行为体系、责任体系及制度体系,构成了一个科学合理的农产品质量安全社会共治体系。社会共治路径的现实选择是进一步培育社会监管主体;如何实现政府监管行为、方式的转变;明晰农产品质量安全社会共治主体各自的法律责任;深入完善农产品质量安全社会共治制度,建立农产品质量安全社会共治的制度化保障机制,是实现农产品质量安全监管模式转换必须解决的问题。

第七部分:结论,即第10章,此部分对全文进行总结,概括出本研究的主要结论。

1.3.2 研究方法

本研究分为两个阶段进行,第一阶段主要是通过资料和文献检索,了解国内外相关领域的研究现状,从而确定本研究的主体框架;第二阶段是在第一阶段研究的基础上,以种植户生产过程中的农药施用行为及影响因素为切入点,在农产品质量安全相关主体治理现状方面进行问卷调查,对调查得到的资料汇总整理,形成文字、图表,通过实证分析,提出农产品质量安全管理体制由单一向社会共治演进的制度安排和对策建议。

本研究采用的主要方法如下。

1. 理论分析方法

要建立和完善我国农产品质量安全社会共治制度,首先必须借助理论分析方法。农产品质量安全监管体制问题,一直以来广受关注,学者一致认为单一监管体制是导致农产品质量安全问题屡禁不绝的主要原因之一,进而建议实现监管体制由单一向共治转变,这个建议基本得到学界认同,但对于为什么要选择社会共治鲜有理论和实践层面的探讨。本研究主要以公共治理理论、社会共治理论等为分析工具,分别对我国农产品质量安全监管体制、社会共治相关主体、农产品质量安全主要监管形态进行讨论,找出我国农产品质量安全体制演进的逻辑依据与现实问题,为我国农产品质量安全监管体制演进提出制度化建议。

2. 历史分析方法

为掌握我国农产品质量安全监管体制的发展规律,本研究以我国农产品质量安全管理体制的历史变迁为主线,在历史发展的框架下分析不同背景和不同时期出现的农产品质量安全管理体制的运行特点。

3. 系统分析方法

农产品质量安全问题是一个复杂的系统，本研究中的农产品质量安全社会共治作为治理体制的演进只是其中一个子系统。在农产品质量安全管理系统中，社会共治监管体制既具有相对的独立性，又时刻处于整个农产品质量安全管理体系中。因此，需要充分考虑农产品质量安全管理体制与农产品质量安全管理体系中其他内容之间的互作关系，提出可操作性强、符合我国农产品质量安全监管实际的制度建构模式。

4. 比较分析方法

针对农产品质量安全管理问题，本研究重点选择了在相关理论与实践上都取得成功经验的几个典型的发达国家和发展中国家，分别对这些国家的农产品质量安全管理，尤其是体制构建与制度保障进行了比较，从而提出适合我国具体国情的农产品质量安全社会共治体制的制度保障措施。

5. 实证分析方法

建立和完善我国社会共治制度的目的在于将其应用于实践，通过积极的制度保护手段和被动的法律救济手段解决实际问题。因此本研究采用问卷调查方式，对实践中政府部门自上而下的监管手段产生的实际效应和多元主体共同参与所产生的影响进行了深入细致的分析，为农产品质量安全社会共治体制实施的制度构建和实践路径提供实践佐证。

1.3.3　创新点

一是拓展了农产品质量安全监管体制转换的逻辑演进和实证分析视角，厘清了社会共治模式对单一治理模式的替代，无论在理论上还是在实践中社会共治是管理体制创新的必然。

二是突破了社会共治过多关注食品安全监管范围的研究，从网络分析视角对农产品质量安全监管体制的形成及其演变过程进行系统梳理，对大部制改革背后政府层级系统、部门设置、相互关系、系统效用和效能进行深入探究，厘清单一监管体制向社会共治演进的理论依据。

1.3.4　技术路线

本书的研究思路和技术路线如图1.1所示。

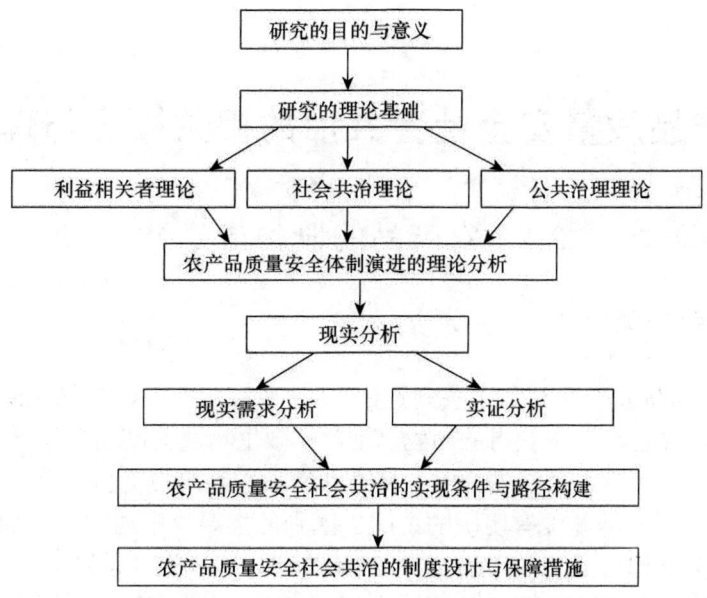

图 1.1 本书的研究思路及技术路线

2 农产品质量安全社会共治的相关概念与理论基础

2.1 农产品的概念与分类

2.1.1 农产品的概念

《农产品质量安全法》第二条规定,"本法所称农产品,是指来源于农业的初级产品,即在农业活动中获得的植物、动物、微生物及其产品"。从法条表述中可以看出,我国《农产品质量安全法》将"农产品"界定为"初级产品",而对"初级产品"的具体内涵并没有明确的说明。区别的主要界限通常以"加工"为标准来认定,何为法律意义上的"加工",理论界的认识有很大差别(刘哲,2013)。

关于农产品的概念,学者的观点主要有以下几种:第一种观点,以"是否经过初级加工"作为界定农产品的关键指标。原粮经脱壳、碾磨、过筛等就属于经过了初级加工,如大米、麦粉、玉米粉等。在动物产品中,鱼、禽类都属于未经过加工的农产品,以这些动物为来源制成的鲜肉就是经过了初级加工的农产品(杜国明和江华,2009)。第二种观点,全国人大法律委员会关于《中华人民共和国农产品质量安全法(草案)》审议结果的报告指出,本法所称农产品,仅指来源于农业的初级产品,包括在农业活动中直接获得的未经加工的以及经过分拣、清洗、切割、冷冻、包装等简单处理的植物、动物、微生物及其产品。工业生产活动中以农产品为原料加工、制作的产品不属于农产品。但以米、面粉为例外,《农产品质量安全法》与《农业产品征税范围注释》《食用农产品范围注释》和《中华人民共和国工业产品生产许可证管理条例》对农产品范围的界定有很大差别,对界定的范围要窄很多(李昌麒,1995)。第三种观点,对"加工"进行了新的阐释,认为"加工"是指改变原材料的形状、性质或外观形态,以满足不同标准要求的各种工作的统称(李迎宾,2011)。第四种观点,认为工业加工和手工加工是界定农产品的要件,"机械化的、工业生产的"加工、制作不属于农产品,而"手工业的"加工、制作仍属于农产品范畴(梁慧星,2001)。第五种观点,对"加工制作"进行了详尽阐释,认为加工、制作不应仅限于工业,只要掺杂了人为因素用以改变和控制产品内在或外在质量的行为,即主要指工业加工、制作,手工业加工、制作和农业加工、制作乃至任何对产品质量实施了影响和控制的行为都属于加工、制作(周新军,2007)。第六种观点,与上述观点不同之处是从属性和价值的视角对"加工"进行了分析,"加工"不仅指留存了原物质的本质,还附加了以往不具备的特性,并且改变了原有价值,如改变产品的行为仅仅指对产品进行粉碎或分割、冷冻等,并没有增加产品新的特性,更没有附加新的价值,就不能属于"加工"。而另外一种情形,如对产品进行加热,由于对产品附加了新的特性,对原有价值进行了改变,就应列为"加工"的范畴(希强,1996)。

综合以上学者的观点,本研究认为,用是否经过"加工"来界定农产品的内涵与范畴存在一定的局限性,客观的界定标准应更多地关注是否保持农产品的自然原始属性。按照这个界定标准,我们所讨论的法律意义上的初级农产品应该包括种植、养殖、捕捞、渔猎、采集等农业活动的原始产出物,还应把保持了原始性质的原始产出物,包括以包装或添加物质后形成的植物、动物、微生物及其产品即通常意义上人们的劳动生产物纳入进去。例如,将原始产出物经过清洗、干燥、去壳、切割、包装、冷冻等,其原始属性并没有被改变,就应该属于农产品范畴。按照此依据,由工业化手段对稻谷等进行脱壳处理得到的米,以及其他以米、麦等为原料生产出的米粉、面粉等也应列入初级农产品范畴。这样既避免了表述上概念套概念而解释不清的问题,又避免了对一些农产品遗漏而覆盖范围不广的问题;既有利于新监管体制下对环节的监管,又有利于对品种的监管。

为了深刻理解农产品的内涵,很有必要厘清农产品与食用农产品及食品等相关概念的区别和联系。①关于食用农产品的概念。根据 2009 年《中华人民共和国食品安全法》第二条第五款规定:食用农产品是指供食用的源于农业的初级产品,此概念未把可供人类饮用的农产品包括进去,导致存在对农产品品种监管上的漏洞和概念理解模糊的问题。笔者认为,可以将食用农产品的概念表述为:是指可供人食用、饮用的通过种植、养殖、采摘、捕获(捕捞)等方式获得的对人类有利用价值的植物、动物、微生物产品及其在一定环境下经过自身生长转化的产品,以及对其经过去皮、剥壳、粉碎(碾磨)、捻、梳、打蜡、分拣(分级)、脱水(包括晾晒和烘干)、宰杀、褪毛、清洗、切割、冷冻、包装等简单处理的产品。以此概念看,食用农产品的覆盖范围要比农产品的覆盖范围小得多,食用农产品是农产品的真子集。在此概念下,2005 年商务部、国家税务总局、财政部印发的《关于开展农产品连锁经营试点的通知》附件《食用农产品范围注释》中对食用农产品的划分已不适应新监管体制下监管的需要,还需要从国家层面组织进行修改和另行划分。②关于食品的概念。《中华人民共和国食品安全法》第九十九条规定,食品是指各种供人食用或者饮用的成品和原料及按照传统既是食品又是药品的物品,但是不包括以治疗为目的的物品。在新监管体制下分析,这一概念表述还存在不完善的地方,即对"按照传统既是食品又是药品的物品"没有做进一步的解释,而且对保健食品禁用物品没有在食品的概念中加以限制。基于以上原因,笔者认为,可将食品的概念表述为:是指各种供人食用或者饮用的成品和原料及按照传统既是食品又是药品的物品,但是不包括以治疗为目的的物品和保健食品禁用物品。按照传统既是食品又是药品的物品、可用于保健食品的物品和保健食品禁用物品名单详见卫生部《关于进一步规范保健食品原料管理的通知》（卫法监发〔2002〕51 号）的规定。按照这一概念表述，显然保健食品也属于食品，但含有保健食品禁用物品的物品不属于食品的范畴。保健食品禁用物品有洋地黄、洋金花、牵牛子、八角莲、八里麻等共 59 个；既是食品又是药品的物品有桃仁、桑叶、桑椹、橘红、桔梗、丁香等共 87 个；可用于保健食品的物品有杜仲、杜仲叶、沙苑子、人参、人参叶、人参果等共 114 个，这样既直观又易理解。

2.1.2 农产品的分类

以农产品质量安全的特性为讨论的出发点，可以把我国农产品分为传统农产品和安全认证农产品两个类型，这种分类方式主要在于为以下三类农产品作区分铺垫。凡是不需要或者未经认证的农产品，都属于传统农产品（陈竹，2013）。传统农产品主要包括在通常的自然环境下生产和加工的，保持了原始产出物原有样态和属性的农产品，基本不受特定生产环境标准的限定，也不需要认证机构认证。

1. 无公害农产品

依据农业部、国家质量监督检验检疫总局联合颁发的《无公害农产品管理办法》（2002 年 4 月 29 日）的规定，无公害农产品是指产地环境、生产过程和产品质量符合国家有关标准和规范的要求，经认证合格获得认证证书并允许使用无公害农产品标志的未经加工或者初加工的食用农产品。按照法律规定，我国无公害农产品申请的批准权限主要由县级农业行政管理部门行使，县级农业行政管理部门受理无公害农产品申请后，上报到省一级农业行政主管部门进行认证，同时呈报农业部（现更名为农业农村部）和国家认可的监督管理委员会备案。无公害农产品的生产对产地环境、区域范围、生产规模、质量控制措施、生产计划、标准和规范等均有要求。无公害农产品标志的使用在认证品种、数量上有一定的范围限制，申请无公害农产品认证的单位和个人在获得无公害农产品认证证书后，可以在法律许可范围内，在产品包装、标签、广告、说明书上使用无公害农产品标志（唐胜军，2010）。

2. 绿色食品

农业部颁布的《绿色食品标志管理办法》（2012 年 7 月 30 日）明确规定，绿色食品是指产自优良生态环境、按照绿色食品标准生产、实行全程质量控制并获得绿色食品标志使用权的安全、优质食用农产品及相关产品。绿色食品的认定要由专门、专业的机构负责，中国绿色食品发展中心就是绿色食品认证的专门、专业机构，该中心负责全国绿色食品的统一认证，同时使用绿色食品标志的最终审批和许可权限也属于该中心。从分类上看，我国绿色食品分为 A 级和 AA 级两类，只有经中国绿色食品发展中心授权，绿色食品申请主体才能够在其产品包装、标签、广告、说明书上使用绿色食品标志。

3. 有机食品

有机食品也称生态或生物食品，是指在生产和加工过程中，不使用化学农药、化肥，不添加化学防腐剂等合成物质，也不用基因工程生物及其产物的一种纯粹源于自然、安全环保的食品。有机食品品质的保证主要得益于生态良好的有机农业生产体系，依据国际有机农业生产要求和相应标准生产加工。有机食品的施用资质也需经过专门、专业机构认证。只有经过认证授权后，申请主体方可在产品经营过程中使用有机食品标志。

2.2 农产品质量安全

农产品质量安全指的是农产品具有优质、安全和营养的特点，可以说农产品质量作为一个集合，指的是农产品质量方面的安全属性。一般来说，安全是指在合理的范围内可以控制的风险，具有一定的相对性，为此，我们可以理解为，凡是不会给消费者带来危害的农产品，我们就说是安全的，或者说农产品中不含有违规、超标的食品添加剂，不含有农药、兽药、重金属等有害物质的残留，也没有引起后代健康隐患的不利因素，且包装封存安全环保，同时在从田间到老百姓餐桌的整个生产流通过程中符合相关法律法规的要求，那么这就是农产品质量安全。据此，农产品质量安全的基本内涵可以从以下两个角度理解。

一是以"质量"和"安全"为定义标准，农产品质量安全包括两个基本要义，"质量"是从农产品的内在与外在品质及能满足人们要求的程度视角来定义；"安全"是指从农产品对人体不存在危险、危害及造成健康损失的保障程度来定义，包括风险控制水平和效用两层意思。

二是仅就"安全"的指标考量，产品质量安全单指农产品安全。这种界定方式将安全纳入质量的范畴，认为质量中包括了安全因素，只有将对人的生命财产及环境的危险控制在人们可以接受的范围内，质量才真正具有意义，没有安全作支撑，质量不能满足人的要求，不是通常意义上的质量。

根据《农产品质量安全法》的规定，农产品质量安全是指农产品质量符合保障人的健康和安全的要求。广义的农产品质量安全还包括农产品满足贮运、加工、消费、出口等方面的需求。

2.3 农产品质量安全监管体制与社会共治

2.3.1 监管体制

体制主要指的是一种组织形态及其关系模式,由具有公信力和权威性的一系列制度所规定。关于体制界定中"规定"和"关系"的基本内涵,是在体制所涉及的多种权力及相关主体为一体的相互关系中,关于各项权力的归属、再分配和各主体实际行使权力及运作的问题(陈小霖,2007)。

行政体制通常也被称为行政管理体制,主要是指在一个国家行政系统中,关于权力行使划分、部门职能配置、组织结构安排、人事制度安排、运行方式选择等各项制度的总和。一般来说,行政体制作为一个有机整体,由政府综合了职能、权力、组织、人事制度和运行机制等多种结构与制度机制要素构成的。其主要有两方面的内容:一是关于组织系统的构建,即政府或者行政机构如何确立设置的问题;二是政府部门或行政机构建立起来后,就相互的隶属关系及权力设置,政府部门、机构之间要妥善处理的问题,层次不清与权属不明必然会导致职责履行困难,从而影响政府部门与机构权力的正常运行。以上两个方面对行政机构提高运转效率、科学划分职能、公平分配权限、有效落实责任及规范行政行为具有决定意义。

2.3.2 农产品质量安全监管体制

农产品安全监管是为了保证农产品的安全性要求所进行的监督管理活动。农产品质量安全监管体制作为国家行政管理体制的重要组成部分,是指国家在农产品质量安全监管中,包括组织机构的设置、监管权力的分配、监管职责的履行、监管机构之间的运行和协调,以及人事制度等各项制度组成的有机体系(张立雪,2012)。农产品质量安全监管体制主要包括以下基本要素:农产品质量安全监管机构的设置、监管职能的划分、各监管机构职权范围的界定,以及运行机制如何规范等,上述关系中,机构设置是农产品质量安全体制的基础,权力配置是核心,职能分配是整个体系良性运行的关键,运行机制是体系正常运转的保障,各要素之间相互联系、相互作用,共同构成农产品质量安全监管体制的总体框架。处理好农产品质量安全监管体制问题,明确权力由谁行使、如何行使、管理谁的问题,在我国农产品质量安全监管日趋严峻的态势下,有利于准确把握处理机构改革后农产品质量安全监管的难题,提出解决对策。厘清农产品质量安全监管体制问题,对于保障社会公众的生命健康权、维护社会稳定具有积极作用。

2.3.3 社会共治

社会共治是指多元社会主体以社会权力为基础，通过协商民主等手段以集体行动为依托共同参与公共事务治理，实现共同利益的过程。社会共治的出现源于有效治理的现实需要。政府在社会公共治理中的主导地位与作用毋庸置疑，同时社会力量在辅助政府职能发挥层面的积极意义也不容忽略，建立健全社会力量参与的各种制度化的沟通渠道和参与平台，发挥社会主体自身的运作机制和规律，并将社会力量参与公共治理的制度建设和政策措施法制化，从而达到有效治理的目的。

社会共治不仅涵盖了多元主体协商博弈的概念，共同利益和社会权力等很多牵涉公共管理领域的概念和范畴均蕴含在社会共治当中，也就是说，社会共治制度具有比治理更加丰富的内涵与外延（王名和李健，2014）。

在社会共治中所涉及的主体是多元的。在处理公共事务的复杂事件中，各级政府部门、市场主体、社会组织、公民等都可以成为社会共治中的多元主体，在公共事务管理中构建新型的社会共治格局。首先，转变角色定位的是政府。政府不再是单一的监管主体，管理方式也一改以往的简单直接，逐步走向间接管理，在公共事务与参与者之间，政府的职能发挥还在于处理好中介者定位，即政府的职能应更多地体现在制定宏观框架和参与者的行为规则上，同时，在行使行政权限和履行行政职责过程中，运用好经济、法律、政策等多种手段，为公共事务处理过程中的公共物品提供、创造便利条件。其次，转变定位的是企业及各种市场主体。企业也应该主动承担起社会责任，积极协同政府提供社会公共产品和服务，为劳动者、环境、社区等利益相关方提供便利。再次，社会组织作为社会治理的主体，应充分发挥自身开放性、与社会性兼具的横向组织特征，处理好与政府的权力依赖及平等合作关系，维护成员自由表达意愿的权力，向政府及时传递组织成员表达诉求的信息，并向组织做好政府的政策意图的回应，起到在政府和公众之间的缓冲作用。最后，在社会共治中，公民及自组织也是重要的治理主体，应用好对决策及治理活动的参与权，积极获取信息、听取意见，并通过反馈互动参与社会共治的全过程。

面对现代社会的复杂状况，解决问题的方案也极具复杂性。社会共治制度设计也很难脱离单一制度设计的思维框架，尤其需要把制度设计与现代信息技术紧密结合，在先进治理手段的框架内做好制度设计和执行。公共治理需要不同层次、不同领域的行为主体共同参与，不可回避的就是相处方式的复杂性，对于处于社会转型期和矛盾凸显期的我国现阶段来说，作为社会公共治理变革突破的社会共治具有重要的参考意义，社会共治提供了一种相互监测、学习和适应的机制，尤其是市场作用和社会力量在社会共治中找到了自己的位置，有利于正确应对改革和发展实践中出现的新问题，努力构建更加合理的社会共治体系。

2.3.4 农产品质量安全社会共治

农产品质量安全社会共治是指政府和社会主体在农产品质量安全监管中协同治理，在协同治理中充分发挥社会各主体的责任意识，共同行使不同的农产品质量安全监管职能。协同治理包括"社会协同"与"公众参与"，在社会共治中的社会主体主要包括生产经营主体、政府与第三方监管力量。第三方监管力量也称为社会监管力量，独立于生产经营主体和政府，主要包括媒体、消费者、专家和科研机构、非政府组织等（孙法军，2004）。在农产品质量安全社会共治过程中，政府与生产经营主体、第三方监管力量一起交织成监管网络，各司其职，确保农产品质量安全。农产品质量安全从监管到社会共治，是由"监管"到"治理"运作方式的转变，由上而下的监管模式具有一定的刚性，缺乏灵活与协调，而国家与社会相结合的复合型治理模式克服了刚性监管模式的不足，更注重协调性、灵活性。除政府之外其他社会主体地位的明确，有助于减少农产品生产经营过程中的投机、搭便车等行为，提升农产品质量安全治理的效果。作为一种顶层制度设计方式，农产品质量安全社会共治的核心要义在于：在农产品质量安全监管中，优化政府监管，增强生产经营主体自律，加强社会力量监督。为贯彻落实党中央、国务院决策部署，稳步提升农产品质量安全水平，确保农业产业健康发展和公众"舌尖上的安全"，农业部研究编制的《"十三五"全国农产品质量安全提升规划》提出要健全完善制度机制，其中特别强调要实施社会共治，支持社会力量参与农产品质量安全监督，建立农产品质量安全和农资打假举报投诉奖励制度，畅通投诉举报渠道。依法公开行政许可、行政处罚、监督抽查等信息，实现监管工作透明公开。推进农产品质量安全信用和农业征信体系建设，构建农产品质量安全信用数据库，完善信用信息归集、共享、公开、应用机制。鼓励相关行业协会开展信用评价和行业自律，引导农业投入品和农产品生产经营者自觉遵守农产品质量安全相关法律法规和技术规范。

2.4 农产品质量安全监管理论

农产品质量安全监管指政府及相关主体运用多种手段，从理顺管理体制、完善法律法规、强化技术支撑、加强市场监管等多个层面，对农产品质量安全实施管理，以提高农产品质量安全水平，确保消费者人身健康及财产安全的各项活动的总称。

农产品质量安全监管之所以有不同于其他领域监管的特点,是因为农产品质量安全监管中存在的市场失灵,即市场机制的自发运作未能实现资源配置的高效率。在某些情况下,市场未能履行其使命和职能,为社会公众提供所需要的商品和相关服务,或者在为社会提供商品和服务的过程中采用了不够积极正面的方式。面对市场机制的经济职能不能靠自身实现的局限性,公共政策对市场机制应该发挥应有的引导、矫正和支持作用。在导致市场失灵的复杂原因中,公共物品、外部性、信息不对称、情势不可控是主要的因素,农产品质量安全监管也正是汇聚了以上四个因素,最终导致了市场失灵的出现。

农产品质量安全监管实施环节的核心内容在于构建农产品供应链质量控制体系。从职能运行走向看,农产品供应链质量控制体系运行主要包括运用作为决策支撑的农产品危险性评估和农产品安全标准体系,以信息管理系统作为平台,实现农产品安全应急管理(李佳洁等,2016)。从职能运行分配看,农产品供应链质量控制体系涵盖了从生产、加工到流通销售的全过程,关乎农产品供应链中各环节的生产经营主体及消费者。政府在供应链中占据主导地位,职能主要体现在以下三方面:一是制定法律、标准,监督法律标准的执行,及时监管、积极协调引导农产品市场;二是以价格激励协调机制实现对农产品供给方的有效监督管理;三是履行教育和引导消费者的职能,传递农产品安全消费观念,启发消费者的安全农产品需求意识。

在农产品质量安全监管机制中,作为农产品供给方的生产经营主体、消费者、政府相互协同与合作,有效实现了防范农产品生产过程中质量问题的功能。

2.5 利益相关者理论

利益相关者理论兴起于20世纪60年代,在美国、英国等一直以来实施外部控制管理的国家,伴随着外部控制型公司治理模式的研究发展过程产生,该理论获得了学者的迅速认可。从内涵上看,国外学者普遍认为利益相关者主要是指那些对企业的生存至关重要的群体,如果离开这些群体的支持,企业的生存将无法维持。20世纪80年代,关于利益相关者内涵的研究被弗里曼拓宽,按照弗里曼的定义,利益相关者是指那些与组织目标的实现有密切关系的人,他们的行为能够影响组织目标的实现,同时又被组织目标实现过程影响。关于利益相关者的内涵界定,学术界存在两种观点:第一种观点为如前所述的弗里曼的定义表述,利益相关者是指那些能够影响组织目标实现,并且又被组织目标实现过程影响的人,侧重于组织与相关人之间双向甚至多向的相互作用。第二种观点以卡拉克森为代表,认为利益相关者是指以劳动、实物、人力、财务等有价值的资本形式为企业的运转进行了投入,分享企业盈利的同时也由此承担了某些形式的风险,也就是说，投资者因企业的运转而承受了各种风险，在卡拉克森关于利益相关者理论的定义中，进一步强化了利益相关者行为与企业运转之间的联系（许文苹，2011）。基于对农产品质量安全社会共治体制中相关主体研究的整体和全面性考虑，本研究认同第一种观点，即在农产品质量安全社会共治中，参与治理过程的各主体与组织活动之间是多维关系。

具体来看，按照弗里曼的利益相关者的界定方法，考虑和确定农产品质量安全社会共治的利益相关者，应主要以农产品生产加工过程为重点切入。在农产品生产加工过程中确定利益相关者，同时，依据各利益相关者与农产品生产加工利益关系的密切程度再进行类型区分。

影响农产品生产加工环节运转过程的关键主体如下，一是初级农产品生产者在我国主要是指家庭承包户，作为农产品的源头，家庭承包户的行为对农产品质量安全的影响至关重要；二是政府主体，政府作为法律、政策的制定者和经济环境的营造维护者，为农产品生产加工环节提供了重要保障，其作用从推进现代农业经营方式的开展与实施进程中可见一斑；三是行业中介机构、合作经济组织等主体，通过人力资源支持、技术研发与推广等推动农产品生产加工环节质量安全的升级发展；四是企业，企业具有资金凝聚优势，通过人力、财力与物力的调动与分配，保障农产品质量安全。除上述主体外，农产品从生产到加工、流通环节的各级分销商、农产品物流企业、大众传媒机构、消费者、专业合作社等相关社会组织在农产品生产加工环节中的作用也不容忽视，也是影响农产品生产加工环节运转并受到影响的利益相关者。

2.6 公共治理理论

2.6.1 治理的概念及特征

治理是指在运用权威力量维持组织秩序，并以组织的良性运转来维护和满足公众需要的一系列活动的总和。从特征来看，治理不单独指向静态的一系列规则，也不单独指向一系列动态的活动，治理是运用规则调整秩序以维护相关人利益的一个动态过程，治理过程中最大的特点体现在协调组织体内的多方利益关系，治理可以发生在公共部门，也可以在私人部门发挥作用，治理作为一种持续的互动过程，不是静态的制度。由此可见，治理是指在一个既定组织系统内，运用制度、强制力等权威维持秩序以满足公众需要的一个动态持续过程，其作用机制是在处理各种不同制度关系的过程中，运用强制力引导、控制和规范组织体内各成员的行为，目的在于最大限度地增进组织体内的公共利益（邹子奇，2013）。

2.6.2 公共治理的基本内涵

关于公共治理的研究，始于 20 世纪 80 年代后在全球公共管理领域发生的新公共管理运动和治理运动。关于公共治理模式的探讨打破了政府是唯一合法管理主体的局面，强调了公共治理主体的多元化，注重加强政府与社会相关主体的合作，将公众参与提升到公共管理层面；在公共治理的多中心权力运行网络中，摆脱了政府是唯一权力中心的固有模式，在治理过程中，发掘了合作治理网络互动的价值；公共治理强调治理手段、方法的多样性，在公共治理网络中发挥作用的管理手段与方法，涵盖了传统的政治、法律等行政性强制手段，也包括了发挥市场机制自主调节的柔性经济手段，同时也关注到了灵活性较强的社会和文化教育手段的作用发挥。

公共治理作为一种新型的公共行政理论，是在以政府为主导的传统行政模式出现危机的状况下做出的应对选择，自公共治理理论产生到实践中不断发展，均以一系列的制度创新为治理理论的构建基础。

（1）公共治理以多元主体为核心。在公共治理中，无论是政府、社会机构还是行为人，从公共机构到私人主体，所有牵涉管理过程的主体均有参与管理、表达意愿的机会与权力（利），相关主体行使权力（利）的行为在得到公众关注的前提下，就可能成为公共治理各个不同层面上的权力中心，公共治理理论的形成与发展，打破了传统的政府作为单一治理中心的行政思维定式，政府与其他社会主体一起成为实施社会管理功能的关联机构（潘慧明，2016）。

（2）公共治理以多主体认可的权威为基础。公共治理改变了传统意义上行政权威只属于政府的专利。作为服务型政府理念兴起的标志，实现了多中心治理模式的转型，由过去的重管制轻服务、仅仅关注政府的中心地位，发展到开始注重公共服务的价值，开启了以满足公众需求为核心的服务型治理模式。

（3）公共治理的目标是资源效益与公共利益的最大化。实现资源效益与公共利益的最大化，有赖于凸显效率、法治、责任的公共服务体系支撑。公共治理的目的是在各种不同的制度关系中，以引导、控制的方式协调相关主体的行为，以最大限度地满足和增进公共利益。所以说，公共治理是以政府主导作用为主、多种公私组织在既定范围内相互发挥作用的新型社会公共管理模式，是将政府管理公共事务的一部分职能转交给其他社会主体，运用多种管理手段与方法，最大限度地提高资源的利用效率并实现公共利益。

2.6.3 农产品质量安全监管的公共治理理论逻辑

在公共治理实践中，多元主体相互协调、共同合作，共同参与并维护以政府为主导的网络化治理体系,在彼此资源互换和提供公共产品与公共服务过程中,相互依赖和支撑,共同承担治理责任。公共治理的上述特点为农产品质量安全监管问题的思考与应对提供了新的视角。

从农产品质量安全治理目标层面分析,就是在构建政府、市场和相关主体参与组成的公共治理网络中,确立政府与市场、其他社会主体之间的良性互动关系,培育各主体之间相互协调与合作的组织基础,转变当前以政府为唯一监管主体的单一、单项的监管格局,以制度设计等手段,促使市场、非政府组织等相关主体在彼此约束和扶持中与政府监管形成合力,实现社会资源利用与公共利益的最大化。

从农产品质量安全监管政府机制层面分析,我国政府在农产品质量安全监管中的主导地位不能动摇,引入公共治理理论的积极作用在于转变管理理念,将政府部门应对无效的属于市场配置的权利归还给市场,让自律与自治权利回归其他主体,实现公共权力与私人权利对社会事务的合作治理,最大限度地发挥社会主体对公共治理的参与权。

2.7 本章小结

本章对研究中要借鉴的基础概念与理论进行了学习、分析和归纳。第一,论述农产品的含义及分类;第二,综合学者的理论观点,对农产品质量安全的含义进行了梳理;第三,农产品质量安全监管体制作为国家行政管理体制的重要组成部分,是指国家在农产品质量安全监管中,包括组织机构的设置、监管权力的分配、监管职责的履行、监管机构之间的运行和协调,以及人事制度等各项制度组成的有机体系;第四,农产品质量安全社会共治是指政府和社会主体在农产品质量安全监管中协同治理,在协同治理中,充分发挥社会各主体的责任意识,共同行使不同的农产品质量安全监管职能;第五,在农产品安全治理中引入公共治理理论,强调政府与市场及其他社会主体的合作,打破政府作为农产品质量安全监管唯一主体的单一型权力运行格局,实现农产品安全监管中权力执行主体的多元化,提升管理对象的参与率,实现管理手段的科学化、制度化与多样化,最终建立政府、社会、市场等多主体参与的农产品质量安全社会共治体制机制。

3 农产品质量安全监管体制演进的理论分析

农产品质量安全监管体制指的是在国家行政系统中,对那些与农产品质量安全监管有关的政府行政部门的设置、职能的分配和组织机构的运行方式等进行的系统化和制度化管理。农产品质量安全监管体制中有两个重点是我们要集中讨论的,一是讨论体制内部各要素之间的有机联系,且如何能够让这个系统发挥出最高的效率;二是讨论体制内部各要素与作为整体的社会之间的联系,以及使其发挥出最高的监管效率的方法。本章主要采用网络分析法,梳理出监管体制的各组成部分及其内外相互关系,进而利用这种相互关系深入剖析监管体制的内部结构与作用,把握对农产品质量安全监管体制进行调整和优化部门设置的内在逻辑,提出解决农产品质量安全监管体制演进的核心,即不在于部门设置及职能划分,而在于社会共治的建议。

我国农产品质量安全监管体制在 2013 年发生了巨大变化,持续十年之久的农产品质量安全分段监管以国务院大部制改革方案出台为标志告终,正式进入两部门管理体制阶段。

2013 年的大部制改革主要关注点有两个:一是长期以来,我国农产品质量安全监管中,政府职能作用的发挥有一定的局限性;二是政府部门职能作用发挥的障碍在于多部门和多头监管的体制。基于以上两点,得到如下论断:政府对农产品质量安全的监管效果与监管体制的设置有直接关系,农产品的质量是否过关是受政府的监管直接影响的。解决农产品质量安全问题的现实路径自然就会落在通过对现行农产品质量安全体制的调整,优化机构部门设置、科学分配权力、提升监管力度上。而监管体制的调整、职权职能的重新分配,就能够解决农产品质量安全监管在当前情况下的种种弊端吗?或有效缓解农产品质量安全问题频现的局面?这就是本章的讨论重点,以网络分析视角对我国农产品质量安全监管体制的发展进程进行梳理,对 2013 年国务院大部制改革中政府部门设置、相互关系、权力运行的效能等进行深入的探究,试求证政府由单一监管模式向社会共治转变的理论依据。

3.1 农产品质量安全监管体制演进

1978 年以来,我国对行政体制的诸多改革中有 5 次涉及食品安全领域,而其中对作为食品安全重点的农产品质量安全监管体制的行政体制改革就多达三次，可见，农产品质量安全的好坏对开展食品质量安全工作发挥着重要作用。

3.1.1 以卫生部门为主导的监管体制：1979～1998 年

新中国成立后，特别是 1979～1984 年，仅用了 5 年时间，我国在食品工业上就成功地将总产值翻了一番。面对食品工业巨大的增速，如何进一步加强食品质量安全的监管工作，确保让民众食用到更加安全、卫生、放心的食品，成为政府部门考虑的重要问题。在 1979 年国务院颁布的《中华人民共和国食品卫生管理条例》中，制定食品卫生标准、对食品卫生进行监督管理和技术指导的权力划归卫生部门。1983 年 7 月 1 日《中华人民共和国食品卫生法》试运行，明确规定各级卫生部门负责农产品与食品的监督工作，基层设立卫生防疫站作为各级地方监督机构。1995 年颁布的《中华人民共和国食品卫生法》将监督职责调整至县级以上卫生行政部门，赋予了地方卫生行政部门相关监管职责。从此，卫生部门在农产品和食品卫生监管中的一元主体地位被确立，食品安全上升到法律层面。从此，我国食品卫生工作实现了真正意义上的"有法可依"。

3.1.2 多部门分段监管体制：1998～2012 年

1998 年国务院机构改革以后，我国农产品监管主要由卫生部、农业部、国家质量监督检验检疫总局（以下简称质检总局）、工商行政管理局等多个部门按职能分段监管，形成了多元化主体共治，与此同时，也开创了全过程农产品质量安全监管模式，即从农田到餐桌的监管模式。

2001 年，卫生部在《关于卫生监督体制改革实施的若干意见》中明确提出，建立"卫生监督所"作为县级政府的卫生监督执行机构。2004 年，国家食品药品监督管理局成立，作为直属于政府的监管部门，它主要承担组织协调、依法查处等职能，并通过执行综合的监督职责确保食品的安全。在地方层面，由原来药品监督局负责食品安全监管转为由食品药品监督管理局负责，这也标志着在地方上食品药品监督管理部门开始作为食品安全监管工作的主要负责部门。

2004 年，为切实加强食品安全监管体制建设，作为省政府直属机构的食品药品监督管理局成立。食品药品监督管理局开始承担对食品、保健品、化妆品安全管理的综合监督、组织协调和依法查处的职能。我国的食品安全监管机构设置开始走向专业化、系统化。在地方层面，我国绝大多数省份基层政府的食品安全监管体系也开始了由药品监督局到食品药品监督管理局的转变。

2006 年 4 月 29 日通过《农产品质量安全法》，我国进一步确立了农产品质量安全监管责任分工制度，规定实行各级政府统一领导、农业部门为监管主体、相关部门分工协作配合的农产品质量安全管理体系，这一监管体系的实行进一步明确了各级农业部门的主体地位，确保它们能够切实地发挥监管职能，在这一阶段，我国农产品质量监管机构主要包括农业、卫生、质检、商务、公安、环保、工商、轻工、标准化、食品药品监督管理等多个部门，不同机构在农产品质量安全管理中承担不同的职能。监管分工制度的实施和监管职能的划分改变了过去监管效率低下的局面，形成了以分段监管为主、品种监管为辅的监管模式，各个监管主体各司其职，使我国的食品和农产品安全监管机构设置开始走专业化、系统化的道路。

2008年3月15日第十一届全国人民代表大会第一次会议审议通过了《国务院机构改革方案》。食品安全综合协调、组织查处食品安全重大事故的责任从食品药品监督管理部门移到县级政府卫生部门，食品药品监督管理部门成为卫生部门的下设机构。2008年11月，《国务院办公厅关于调整省级以下食品药品监督管理体制有关问题的通知》颁布，对省以下食品药品监督管理机构和同级卫生部门的职能进行了整合，监管体制由垂直走向由属地管理。同时整合了省以下食品药品监督管理机构与同级卫生部门的职能，初步形成了"地方政府负总责，部门协调、全方位联动"的工作格局和食品药品监督管理局协调指导下"分段监管为主、品种监管为辅"的工作机制。

2009年6月1日，《中华人民共和国食品安全法》实现了由"食品卫生"到"食品安全"的转变，再一次肯定了县级以上地方人民政府在统一领导、组织、协调本行政区域的食品安全监督管理工作中的责任。为进一步落实和强化地方政府在食品安全监管中负总责，严格市场监管，保障人民群众生命健康，《国务院办公厅关于调整省级以下工商质监行政管理体制加强食品安全监管有关问题的通知》对现行工商、质监省级下垂直管理体制进行了调整。自1999年执行的"省级以下工商、质检垂直管理"监管制度于2011年10月废止。

2012年2月，国务院设立食品安全委员会办公室，主要职能为统筹协调各监管部门，作为议事协调机构的食品安全委员会随后在各省区市成立。

2012年，《国务院关于加强食品安全工作的决定》将食品安全监管资源和工作重心下移，将食品安全工作列为乡（镇）政府和街道办事处的重要职责内容，要求形成分区划片、包干负责的食品安全工作责任网。这标志着由农业部门、卫生部门、食品药品监督管理局共同协作下的食品安全监管工作机制的逐步完善。

3.1.3 两部门分工负总责的统一监管模式：2013年至今

第十二届全国人民代表大会第一次会议审议通过了《国务院机构改革和职能

转变方案》，按照该方案要求，2013年3月22日，国家食品药品监督管理总局（以下简称食药监总局）挂牌成立。2015年，新《食品安全法》明确强调了农产品和食品领域不同的监管职责。国家以生产加工、市场流通作为农产品与食品的临界点：农产品的生产和形成，即种植养殖、禽畜屠宰、生鲜收购及产前投入品包括农药、化肥、饲料、饲料添加剂等，由农业部门统一监管；当农产品进入加工企业或流通环节后，则由组建的国家食品药品监督管理总局监督管理。当农产品与食品质量监管产生冲突时，相关具体职能部门的工作协调交由高层次的议事协调组织——国务院食品安全委员会负责，该委员会以国务院食品安全委员会办公室为办事机构，成立初衷在于弥补部门间由管理带来的空白、交叉等问题。机构调整之后，在国务院颁发的《国家食品药品监督管理总局主要职责内设机构和人员编制规定》中，明确要求组建食品安全监管核心机构并细化了职责，要求地方各级政府参照国务院整合食品质量监督管理职能和机构的模式，调整地方相应监管机构，对食品质量实行集中统一监管。新的改革大大减少了原监管链条中的空白和盲区，明确了职责定位，减少了职能交叉，监管资源得到了进一步的整合，食品安全过去多头分段管理的"多龙治水"局面结束。2004年以来确立的农产品多个部门分段监管的模式也逐渐被打破，形成了农业部和食药监总局分工负总责的两段式监管格局。2018年3月，国务院机构改革方案将国家工商行政管理总局的职责、国家质量监督检验检疫总局的职责、国家食品药品监督管理总局的职责、国家发展和改革委员会的价格监督检查与反垄断执法职责、商务部的经营者集中反垄断执法及国务院反垄断委员会办公室的职责等整合，组建国家市场监督管理总局，作为国务院直属机构。至此，农产品安全监管中食药监总局的职责由国家市场监督管理总局行使。

3.2 农产品质量安全监管的困境

3.2.1 社会共治体系没有形成

一是政府主导型的权力异化。我国农产品质量安全监管体制是建立在单一结构上的政府主导型模式，在监管的过程中发挥核心主导力的是政府，因为政府具有相当多的资源。在政府部门行政干预与观念的引导下，出现监管环节过多影响监管效率的现象，同时，在监管机构和被监管者之间处理私人公众利益冲突时，容易出现权力异化、出租现象和寻租现象。

二是多部门监管与监管有限性。政府单一监管模式下，实质性的监管权力分属于不同的职能部门，在2009年颁布的《中华人民共和国食品安全法》中将这些职能部门进行了划分和规定，这些包括食品药品监督管理总局、质检总局、卫生部、商务部和农业部等部门在内的监管主体通力合作，形成了食品质量安全多部门管理的格局。2013年3月，为了避免食品质量安全监管中的混乱现象，削减由多部门监管造成的监管成本过高、监管资源浪费行为，国家专门成立了食品药品监督管理总局，它的成立最大限度地整合了多部门的监管职能，极大地缓解了监管失灵状况，明确了农业部和食药监总局对农产品质量安全的监管权限。但全国统一的农产品质量安全监管体系尚未真正形成。

三是分段监管与监管效率低下。自从食品安全"分段监管为主，品种监管为辅"的监管模式形成以来，我国在农产品质量安全监管中严格按照这一模式，贯穿农产品的生产经营和消费的全过程。但是，农产品相对于其他产品具有其特性，即农产品自身从生产到消费的复杂性，其关系到的领域和环节非常多，各部门责权界定相对困难，执法资源的稀缺也严重影响了监管效率。

四是第三方监管力量需要培育。我国农产品安全检验检测主要由行政主管部门完成，由于监管队伍人员严重不足、专业性不够强，排查农产品安全风险的力度不大，监管效率需要进一步提高。第三方检验检测机构不健全，需要引入社会资本，加快培育第三方检测机构，更好地提高检验检测水平，有效解决农产品的安全问题。

五是行业自律需要加强。社会诚信失范，农产品企业诚信自律意识较为薄弱，缺乏有效的行业自律，影响了消费者的健康安全，扰乱了经济秩序，更是严重破坏了社会道德基础。这些需要行业协会督促企业落实主体责任，规范经营主体行为，使产品指标控制在规定的范围内。

六是媒体作用没得到充分发挥。部分不良媒体片面追求经济利益、盲目跟风炒作，使农产品质量安全信息传递不完整甚至失实，造成消费者的消费恐慌心理等问题，没有发挥正面宣传引导的作用。另外，对新媒体利用不足，没有发挥新媒体在农产品安全中的信息传播、社会监督等重要作用。

3.2.2 法律法规和标准缺失

2015年10月《中华人民共和国食品安全法》（以下简称《食品安全法》）正式实施，该法规定：执行《中华人民共和国农产品质量安全法》（以下简称《农产品质量安全法》）中关于初级农产品监管职责的规定，但食用农产品中检测参数、质量标准等技术性标准的制定，以及食用农产品质量安全状况、风险评估结果等信息，要按照《食品安全法》中的规定执行。实际上，《食品安全法》主要建立了食用农产品标准体系，并对《农产品质量安全法》中的一些规定进行了完善，对监管链条也进行了补充。在实际法律运用中，《农产品质量安全法》对于农产品生产行为的约定较为明确，而对于进入市场环节的生产经营、运输储存等方面的规定不太健全，也提到做出行政处罚要农业部门会同其他相关部门方可执行，所以实际上执行农产品全程质量安全监管，《食品安全法》也是最重要的法律依据。特别是再 2015 版《食品安全法》中，各项规定更加完善，处罚更加严厉。总体看，《食品安全法》是我国第一部严格意义上的有关食品安全的法律，标志着食品安全的法制化建设迈出了重要的一步。

目前，我国仍然没有专门针对农产品质量安全监管的法律出台，《食品安全法》颁布之后，也没有衍生出与农产品监管相关的法律法规，这种针对农业监管的法律在我国依旧缺失，出现这一问题的原因主要包括以下几点。

一是多头监管导致的法律法规执行问题。我国虽然没有专门的农产品质量安全监管的法律出台，但存在许多与农产品相关的法律。目前我国涉及农产品质量安全的法律法规有 17 部，如《食品安全法》《农产品质量安全法》《国务院关于加强食品等产品安全监督管理的特别规定》《中华人民共和国农药管理条例》等。同时，相关法律法规条文不够细化，有时出现国家标准与检测标准不一致，与国际化标准相比程度较低，并且标准体系也未能很好地与法律法规体系相衔接。加之在农产品质量安全监管方面，认证数量增加过快，流通环节缺乏有效的监测、监督追溯成本高、难度大、主管部门权责划分不够明确、监管受限。

二是法律法规内容抽象、可操作性差的问题。首先，农产品质量安全监管相关法律法规中缺乏清晰准确的定义和限制，内容较抽象，禁止性、义务性规范较多，法律责任支撑执行的条文较少，造成操作执行性较差，原则和宽泛的法律规定也降低了违法者的风险负担。例如，《农产品质量安全法》第二十五条第 2 款规定，在农产品生产环节，不准过量使用农业投入品，可是没有界定农业投入品的范围，也没详细说明承担的法律责任，仅是简单指出用其他法律法规进行约束。再如，《农产品质量安全法》第三十七条规定，在农产品销售环节，交易场所管理部门需要采取单独组建、聘请相关机构等方式，对农产品的质量安全进行检验检测，坚决不允许销售质量安全不达标的农产品。但是，检测机构会收取检测费用，导致农产品生产成本增加，影响到各方的利益，并且对检测没有刚性约束。在这种情况下，检验检测很难落实到位。其次，存在法制监管盲区，《农产品质量安全法》主要适用于简单加工的农产品。现实中，食用农产品范围很广，有很多介于食品和食用农产品中间，很难划分执法部门监督主体责任。最后，配套的法律法规不完善。虽然制定了专门的《农产品质量安全法》对质量监管进行调整规范，但是缺乏系列进行补充的法规制度，有些条文之间还存在交叉现象，很难操作落实。在现实中，农产品质量安全各个监管部门在履行职能过程中往往会依据自身制定的法律法规，导致各部门执法过程中产生协调成本。

三是质量安全标准不完善、不统一。一方面，部分农产品质量标准制定不够科学，还不系统完善，规定不够具体明了，对于农产品采用什么标准没有做到一一对照，不利于执法监督工作的开展。例如，在农药残留国家标准中，有很多农产品没有对应的检测标准，参照不同品种农产品标准，结果会不一致。另一方面，对农产品质量安全进行监管，必须提前设立统一的农产品质量安全标准，在有关农产品质量安全的法律规定中也必须包含这一标准，但我国质量安全标准修订过程在特定时期存在滞后性。国家标准化管理委员会是制定我国质量安全标准的最高机构，而实践中农业部、卫生部也参与相关安全标准的制定，其他部门对于标准化的认识较模糊，导致制定的标准相对于国际标准存在很大差异，这种差异主要表现在：不同监管主体只从自身的监管职责出发，没有考虑监管总过程，制定的标准不统一，标准与标准之间既有较大的差别，又有某些职责的重复，而且在很多监管实践状况发生之后，相关标准修订要有一个过程，难免出现应对新的监管实践问题的标准滞后性，严重时还会导致不依据标准行不通、依据标准也行不通的尴尬局面。例如，标准化基地建设标准不够高，仅是清除害虫采用统一标准，其他阶段还是独自经营管理，大部分基地面积不够大，质量档次不够高；没有规范完整的市场准入制度，推广准入的农产品种类比较少，大部分品种不用接受抽检，可直接到市场进行交易；普遍没有建立标准化生产档案制度，生产过程没有进行全程写实记录；标识包装制度不规范，没有协调统一的标准体系，导致质量追溯制度执行不到位等。

3.2.3 法律法规惩罚力度不足

一是惩罚力度弱。事前防范缺乏，事中管制不足，事后惩罚不力体现了我国农产品质量安全规制的特点（李长健，2011）。而西方发达国家在农产品质量安全方面出现较少问题的主要原因在于，它们通过法律法规的形式提高了违法主体的违法成本，这种经济性的规制措施无形中给企图违法的质量安全主体施加了难以承担的后果，进而降低了农产品质量安全事件的发生率。而我国对涉及农产品质量安全问题事件的处罚力度远不及其所产生的破坏力，在低成本条件下，农产品质量安全相关法律难以形成有效的制约，原因在于低成本的惩罚小于在违法情况下所获得的利益，刺激相关主体的侥幸心理，从而导致农产品生产经营违法行为的出现。按照现行的有关法律规定，我国将涉及农产品质量安全违法行为的处罚重点放在了农产品生产、加工和经营的企业和单位，对于那些居于初级生产环节的小规模农户，主体监管惩罚性措施还不够完善。由此可见，低违法成本在很大程度上助长了作为初级生产环节小农户的违法行为。

二是惩罚不公正。作为法律法规执行主体的众多监管部门权力运行界限分明，分工明确，很难形成各部门之间的协调一致行动。同质的违法行为因执法主体不同而采用不同的监管标准与执行规范，导致了惩罚的不公正，也直接导致生产经营主体做出应对性反应，对质量安全水平产生负面影响。

三是惩罚等级缺乏明细。作为法律责任的承担者，生产经营主体自身具有相当大的复杂性，所违反的法律也是多种多样的。对于违法行为造成的不同危害程度，也应该量体裁衣，根据其违法的不同等级进行惩罚（陈竹，2013）。而在法律实践中常常忽视具体问题具体分析的原则，以相对单一的法律条文规制诸多违法行为，并统一量刑，容易导致惩罚等级不够细致和明确。

四是执法监管者行政责任设置不到位。虽然各部门监管主体都有责任，但是考核约束还不够强，没有严格兑现奖惩，致使相关执法监管部门在部分执法监管环节产生疏漏现象。没有专门规定惩罚监管者责任的法规，目前有些惩罚条款规定与其他法规规定有不一致的地方，致使执法监管中出现监管部门监管责任与边界不够清晰等问题。此外，《农产品质量安全法》规定，对不合格农产品引起方，已经达到犯罪要件的，其责任应由相关的机关给予处置。然而各方面规定不完整，对农产品的核心概念界定不清，犯罪对象"农产品"限定于渗入有毒、有害的"非农产品原料"，导致罪状规定存有不合理性；刑事惩罚力度不够大，没有具体细化违法情形及惩处措施，没有有效遏制相关事故的发生。

五是赔偿责任的规定不具体。当前，我国农业的发展水平需要提升，主要经营方式还是以农户为单位分散经营，规模化生产经营方式还没有形成。在这种情况下，假如出现农产品监督管理问题事件，很难界定农产品生产者，很难追究个体农民的责任。依据《农产品安全法》，给人民带来灾害和不利的，要把应担责任承担起来。从当前农业发展状况分析，农产品的生产者属于弱势群体，应加大对销售者的惩罚力度，目前我国对消费者权益的保护还是不足。同时出现过错不是侵权责任的必备条件的归责原则，并且还需要负责连带责任。所以因农产品安全问题广大群众权益受到损害后，应当向相关责任方要求进行损害补偿。2015年在修改完善《食品安全法》时，虽然采纳了无过错责任原则，但是在很多执行细节可能有不足。例如，没有明确界定农产品质量安全的赔偿范围，没有规定承担法律责任的性质，没有细化可以减免责任的具体情形，致使农产品质量安全问题出现后，广大消费者的权益得不到有效维护。

3.2.4 缺少有效的信息体系

在农产品质量安全监管过程中，信息不对称是我们面临的重要问题之一，确保农产品质量安全信息更全面地传递给消费者是政府的重要职责，如何确保消费者在第一时间获取有关农产品质量安全的信息，将农产品的质量安全监管工作暴露在阳光下，降低质量监管成本，是当前农产品质量安全监管工作亟须解决的重要问题。为了解决上述问题，首先需要健全农产品质量安全信息体系，如定期发布农产品质量安全报告、对食品质量变化及时发出预警、完善质量安全信息网络系统等（李长健，2011）。目前，我国建立的监管信息制度还不够完善。市场机制缺失，容易出现农产品质量与价格不匹配的现象，没有形成质量安全监管的良性循环。农副产品交易场所大多是开放的，没有设置过高的进入条件，除规模经营的市场外，大多数能自由进入，影响了质量安全监管。各方利益主体掌握信息不对称，影响质量安全水平的提高。在信息不对称的情况下，对于质量安全信息的发布就造成了多部门之间的不协调，各部门仅仅发布自己部门处理的情况，最后就会出现各部门公布的农产品质量安全信息之间存在巨大差异的状况。因此，肩负着农产品质量安全监管职责的各部门之间应该齐心协力、通力合作，将涉及农产品质量安全信息的各流程和环节结合起来，建立一个网络化的运行体系，以增加质量安全信息的完整性和准确性，使其作为我国农产品质量安全监管的重要保障并发挥作用。

3.3 农产品质量安全大部制改革的特点

3.3.1 机构整合，监管资源优化

2013年大部制改革最基本的特征是监管机构的整合。长期以来，我国涉及农产品安全监管的政府部门超过14个，具有行政执法监管职责的政府部门有5个，这种多头监管方式容易出现农产品质量安全监管的交叉或者空白，难以做到安全监管的无缝衔接（何晓等，2014）。2013年，政府推行了农产品质量安全监管工作的大部制改革，将涉及农产品质量安全的监管部门统一交由食品药品监督管理局、农业部和卫生部等部门管理，其中食品药品监督管理局和农业部成为仅有的有执行权的监管工作部门，初级农产品的监督管理仍由农业部负责，而食品药品监督管理局负责管理加工、流通、餐饮等环节，卫生部门负责质量评估并反馈给农业和食品药品监督管理部门，农产品质量安全监管工作的无缝隙监管模式在形式上就此确立。相比过去存在的部分监管主体职责不清和重叠现象，改革整合了曾经分散在多个政府部门的农产品安全监管职能，有了极大的改进，可以预见，未来农产品质量安全监管领域职责的划分会越来越清晰，职责交叉和空白区域将大幅度减少。

3.3.2 职能整合，解决职能交叉

为了解决职能交叉严重的问题，大部制改革将重点放在了整合各农产品质量安全监管主体的职能上，本次大部制改革着眼于"各部门农产品质量安全职能的

整合、配套、调整与衔接,并由此形成高效运作、职能互补、整体联动的良性运行机制,变部门间的协调为大部内的协调,从而提高行政决策效率和运行效率,避免职能分散、交叉和多元化"(何晓等,2014)。大部制改革能否成功,关键在于能否"从宏观上厘清农业部与食药监管部门的职能边界,消灭不同环节间农产品追踪溯源及不同环节间联动监管的机制障碍,有效提高监管效能,实现生产、流通、消费环节监管的有机统一,避免因严格按照环节监管而产生部分管理职责和权限不清的情况(丁煌和孙文,2014)。大部制改革后,农产品质量安全监管工作以农产品进入市场和生产加工的企业为分界点,分成了两大部分,其中的前半部分,也即农产品生产环节的质量安全监管由农业部负责,其中的后半部分,也即生产出来的农产品进入市场或深加工企业之后的环节由食品药品监督管理局负责,这样通过两个部门的密切配合,可以改变过去监管主体众多、监管职责不够清晰、监管衔接不紧密的状况。需要注意的是,虽然大部制改革通过整合职能形成了质量安全监管的新格局,但我们必须清醒地认识到,这种格局的运行仍然属于分段管理,只要是分段就要涉及相互配合和职能划分界限等问题,因此,我们在看到大部制改革所取得的成效的同时,还要特别关注它的潜在风险,做到防患未然。

3.3.3 权力整合,监管职权集中

作为权力结构重组和再造的监管职权整合,比监管机构的整合更为复杂,涉及行政决策权、执行权与监督权的合理划分和相对分离。在某种程度上,大部制改革意味着整合之后部门规模的扩大,既要维护食品药品监督管理局与农业部门之间的协调运行,又要保证两者内部各职能部门之间的有序运转,而且大部制整合的范围无论宽窄也无法否定其内部仍然存在分工这一现实。各地的监管和检测队伍虽然已建完,但关键的工作机制还没有形成。具体就是监管、检测、执法三支队伍的工作协调与配合,建立"三位一体"式领导模式,即三者之间要由监管部门统一协调,检测单位在监管部门指导下开展工作;执法部门要根据监管部门的政令和检测机构出具的检测报告执法。这样就形成监管、检测和执法三项工作统一、协调、配合的格局。对农口以外监管单位的沟通协调工作也要由监管部门或人员负责沟通联络。从组织形式上形成一体,功能职责上实现聚合,避免工作机制不畅、体制不顺、责任不清、主体不分,造成越位、错位、多头管理问题。

3.3.4 大部制改革后仍需要思考的主要问题

大部制改革中的各部门职能整合,就是分割了农产品质量安全的管理权限,

以往承担质量安全监管工作的主体的工作范围受到大幅缩减。管理幅度削减的背后是对专业化管理程度的高要求。但是，管理幅度的削减，势必要增加管理层次。就如在分段监管模式下，为了有效协调各环节监管工作，食品安全综合协调部门几经更变，直到成立国务院食品安全委员会。这样，就在各食品安全职能部门与国务院之间，又增加了一个行政协调层面（丁煌和孙文，2014）。

在结构形式方面，多部门监管的模式取代了两部门监管的模式，但二者根本上是一致的，都是"总—分"结构，即两种模式在本质上具有相似性，区别在于多部门监管采用的是政府结构，两部门监管采用的是部门结构。由此可见，农产品质量安全监管体制的调整在结构形式上没有发生实质性的变革，这种调整把精力放在做减法上，实现了行动权力的集中和监管层级的下降，这使我们需要思考两个问题：第一，如果这些相关的调整只是一种相似性的缩小，那么这种仅仅是缩小版的相同行政结构是否能对仍然沉重的农产品质量安全监管负责；第二，如果维持原来体制中的结构，是否能够取得体制改革的预期效果。需要明确，改变体制结构形式才能突破体制的相似性，政府的职能定位和理念创新则是体制结构形式改变的重点。

大部制改革在一定程度上改变了农产品质量安全监管职能碎片化、监管部门间协调成本高、监管效率和执行能力受限的状况。中国传统的强制性治理理念和治理方式已经内化到行政组织运行模式中，很难改变，这必然预示着农产品质量安全监管新体制的运行将在原有桎梏中不断抗争与突破，进而逐步实现从单纯行政管制部门的职能转换、机构合并、人员精简等浅显化的改革，深入政治文明框架下解决食品安全管制的结构性、本质性的创新。综合以上考虑，笔者认为农产品质量安全监管体制仍需解决好以下几个问题：农产品质量安全监管标准要统一，相关法律积极修订，调整后农产品质量安全监管权力要有所监督，药监局与农业部门、卫生部门之间要促进协调。

3.4 以职能调整推进农产品质量安全的体制创新

调整农产品质量安全监管形式与政府农产品质量安全监管职能密不可分，调整监管职能对进一步推动农产品质量安全行政监管体制改革具有积极的促进作用。具有代表性的观点就是在农产品质量安全领域，正确处理政府、市场与社会的关系，明确三者在质量安全中各自所扮演的角色、应该行使的职能，特别要着重加强对市场和社会的调节；逐步提升政府在农产品质量安全监管中的工作效率，明确农产品质量安全保障中行政监管的核心地位和主导作用，使市场、社会与政府在农产品质量安全监管中良性互动，形成共同保障农产品质量安全的社会共治格局。也就是说，我国农产品质量安全问题的最终解决应该依赖于政府、市场和社会参与的社会共治体系，因此，着重处理好多元主体利益关系的协调，才能给予农产品生产经营主体更多的主动权，以及科学确立监管目标。

3.4.1 平衡多元主体的利益关系

农产品质量安全问题在社会生活中波及面广、影响大。长期以来，在农产品质量安全监管过程中，政府与多方主体利益关系的处理不够明确，将复杂的多方主体利益关系处理仅仅局限在政府和生产经营主体之间的管理关系，仅仅将二者的内容归为单一的管与被管当中。农产品质量安全监管过程中涉及的其他相关主体的作用没有得到有效发挥。新的质量安全社会共治体制，则力求充分发挥政府、消费者组织、生产经营主体、其他社会组织、媒体、专家及科研机构等相关主体的作用，在平衡利益协调的基础上充分发挥各主体的积极作用，把农产品质量安全监管中政府与生产经营主体的关系由"模糊"调整为"共赢"，使农产品质量安全监管保障成为促进社会发展的积极因素。

3.4.2 发挥客体导向原则的作用

在协调和保障多元主体利益的过程中，客体导向原则的作用应该得到重视和发挥。一直以来，食品质量安全监管是政府相关部门与食品生产经营者之间的管理和被管理的过程（程鹏，2014），在人们的思维定式和操作实践中基本上形成了一种刻板模式，即基于行政的主客体关系。按照惯例，很容易先入为主地认为主体决定行政的主要方面，而客体往往在管理过程中处于相对被动的地位。这样就会导致一种畸形的局面，就是主客体二者失衡，相互之间不协调。在这种行政监管中客体作用的发挥自然会被限制。在农产品质量安全监管实践中重视客体导向原则作用的发挥，就是要整体地看待行政监管的"主—客体"关系，要认识到做主导的是主体和客体二者，重视二者之间的相互作用，客体方面的诉求往往是推进发展的关键。在实践中，要发挥主体的引导作用，引导客体发挥主动权。在利益表达、权益维护、发展选择等层面给予更多的机会、更大的空间。引导客体发挥主动权是实现农产品质量安全由政府部门监管向社会共同治理跨越的重要环节，可以充分调动多元主体的积极性，只有在监管过程中主体与客体共同发挥作用，才能做到各主体利益的共同协调。

3.4.3 重视各方主体利益的共同协调

农产品质量安全监管在政府行政干预占主导地位的前提下，监管效率有一定的局限性，有监管链条较长的因素，有监管环节复杂的因素，也存在监管手段单一的问题,因此,在这种监管体制当中我们能够发现存在多元主体的作用发挥问题,在监管过程中,应有效发挥多元利益主体的监管作用,从而克服政府部门监管手段单一、力量薄弱的不足,充分发挥多元利益主体对农产品质量安全监管的作用,兼顾多元主体利益关系,因此,政府监管部门作为确保农产品质量安全社会共治进程的重要前提,应尊重社会经济发展的历史现状,以农产品生产、经营及流通过程中的各方利益充分协调为手段,科学确立在各方主体利益共同协调基础上的农产品质量安全目标。

3.5 本章小结

政府监管体制不完善基本上被认为是导致农产品质量安全监管不力的主要原因。在政府机构改革和职能调整中,无论是多部门监管的分段模式还是两部门监管的大部制模式,本质上仍然保持着相似的结构。也就是说,如果仅仅依靠监管机构的整合和监管职能的调整来实现农产品质量安全监管体制的完善是不现实的,要想真正实现这一点还必须要有一系列的制度跟进。农产品质量安全问题的社会性和复杂性决定了要解决问题的关键在于对政府现行监管体制的突破,既要打破现行政府监管体制,调整政府相关职能,又要注重平衡协调多元主体的利益关系,重视发挥客体导向原则在农产品质量安全监管实践中的作用,把实现多元主体利益的最大化作为目标,促使农产品质量安全监管体制实现根本性转变,构建农产品质量安全社会共治格局。

4 农产品质量安全社会共治的现实需求分析

本章重点讨论农产品各主要监管形态及其在不同监管模式下协同的效果，分析我国农产品质量安全社会共治的现实需求。

《国务院办公厅关于加强农产品质量安全监管工作的通知》提出，落实农产品质量安全"从农田到餐桌"的全程监管。与国外农产品生产经营模式有差别的是，在中国小规模农户占农产品经营主体更大比重，集贸市场集聚更多零售环节，因此，如果实施质量追溯制度，成本明显偏高（涂传清和王爱虎，2011）。在初级农产品生产环节，我国目前主要采取组织规模化监管方式来规制生产经营主体参与农产品质量追溯体系，以避免规模不经济现象，而零售环节则采取专项整治与突发安全事件响应式选择性监管。

建构农产品质量安全监管形态在实践中存在不同的切入点，如从监管的目标确立与价值选择来看，主要有以下三种类型。一是追溯体系构建式监管：从农田到餐桌的全过程监管，该目标要求充分履行监管职权、监管对象全覆盖，监管程序包括事前事中事后全过程，以全方位、无死角的监管实现农产品质量安全目标，如农产品质量可追溯体系构建式监管以信息体系为基础，通过农产品从农田到餐桌的相关安全信息的采集、披露和应用等实现全过程质量监控的价值。二是以规模农业为主导的组织化监管：减少监管对象，提升监管绩效的规模化组织监管，该目标要求对监管对象的组织规模与经营方式的引导干预，通过延长农业产业的链条、纵向一体化、长期合作关系等弥补由质量信息不完备引起的缺陷，提高农产品生产经营各环节对质量维护的激励，如规模农业式组织化监管，以组织化规则、自律机制、质量安全标准、提高生产者安全意识为核心实现质量安全。三是专项整治式监管：追求监管绩效，降低监管成本，该目标要求以对监管环节的精准判断、监管力量的集中和高效、突发安全事件的应急响应效率等为主要工作措施，如"专项整治"式监管。目前，在我国农产品质量安全的监管实践中，主要的监管形态为追溯体系构建式全过程监管、规模经营组织设计式主体监管和专项整治与突发安全事件响应式选择性监管。

4.1 追溯体系构建式监管——农产品质量安全的全程监管

近年来，频发的农产品质量安全事故引发了社会各界的广泛关注。在"从农田到餐桌"的供应链上，农产品质量安全贯穿了整个供应链，从农业投入品源头的农资供应商到生产经营环节的加工企业、个体农户，从流通环节的批发零售商到餐饮服务企业等，多个主体行为都会对农产品质量安全问题产生影响，当然，导致这种农产品质量安全的原因很多，如各主体之间缺乏信息对称、农产品质量安全自身安全事故的不可追溯及产生的市场失灵是导致这一问题最重要的几个原因（陈松等，2009）。对于这一问题，许多国家选择建立农产品质量安全追溯体系，以信息采集与共享的方式应对信息不对称，增强信息的透明度，同时在激励方式上选择优质优价，即通过建立清晰的主体责任惩罚机制引导生产经营主体，以确保其能够为提高农产品质量安全水平而不断增加投入。农产品质量安全追溯是指对农产品生产、加工、流通和消费过程中的相关信息进行记录存储，以质量保障系统的运行模式，该制度设计的动因在于确保农产品质量出现问题时，能够高效、快捷、快速地查询出相关责任主体及问题环节，既能有针对性地采取惩罚措施，在必要情况下又可以对有缺陷的农产品实施召回。以此来提高农产品质量水平，减少质量安全问题的出现（陈松等，2009）。

4.1.1 质量追溯体系概述

农产品质量安全追溯体系，是把农产品整个生产-销售周期全部的信息保存到追溯体系中，一旦农产品出现质量问题，可以在质量安全追溯体系中迅速查找到相关问题的原因，为研究处理措施提供参考，视情况而定，如实施赔付或者全部召回等处理。整个体系建设的核心思想就是要建立"一个中心和三大模块"，详细说就是追溯云端数据中心，生产、监管、消费者三个模块。利用互联网技术、大数据技术、物联网技术及云计算等高科技，来建立云端数据中心，通过该数据中心将其他三个模块有机地结合起来。农产品质量安全追溯体系包括两个系统，一是技术系统，就是利用现代信息管理技术给农产品标上号码、保存相关的管理记录，能够追踪农产品从生产、加工、流通和销售整个过程的相关信息系统。二是制度系统，即通过制定相关制度保障追溯体系规范持续运行。农产品质量追溯体系监管主要是依靠物流物态变化的跟踪溯源，全程记录农产品质量安全相关信息，明确农产品在生产、加工、流通各个阶段所处位置和质量安全相关信息，全面落实主体责任的监管方式（吴素浓和章海亮，2011）。

20世纪90年代，食品安全问题日益严峻，为了提高农产品质量安全水平，欧盟国家开始构建农产品质量安全追溯体系。追溯体系最初主要在飞机、汽车、机床等工业产品领域使用，直到1996年，因丹麦猪肉沙门氏菌污染事件、英国疯牛病及苏格兰大肠杆菌事件的频发，欧盟民众感受到来自食品安全问题的恐慌。1997年，欧盟开始推行对牛、羊肉及牛肉制品进行验证和注册的质量监督体系，内容包括牛耳标签、养殖信息数据库、企业资质监管等方面，旨在确保消费者通过该系统查询到相关产品从饲养、加工到销售各个环节中的质量安全及疫情控制信息（王生，2010）。这也意味着农产品质量安全追溯体系建设正式被纳入农产品质量安全监管中来。欧盟作为率先推行食品追溯体系的先驱，很多年以来对食品信息追踪系统的开发和完善进行了较大投入，形成了一套较完整和成熟的质量安全追溯体系及监管体制。目前，欧盟已形成较为完善的农产品追溯体系，涵盖了畜禽动物及其制品、转基因生物及含转基因生物的食品与饲料等多个方面。

日本农产品追溯体系尽管起步较晚，但发展迅速。农产品身份证是日本农产品追溯体系的重要组成部分，通过对农产品绑定身份证，将生产和加工过程中使用的原料、农药及各流通相关信息记录在"身份证"上，通过追溯终端便可获取以上信息。为方便消费者对食品质量信息的追溯查询，日本各大超市都安装配置了信息追溯终端。

美国的农产品质量安全追溯体系自"911"事件后上升到国家安全的战略高度。美国政府在农产品质量追溯体系构建过程中的主导作用并不明显，该体系的构建采用"自下而上"的路径，是以各行业协会和企业、农场主为主体自发结合形成的。以"家畜开发标识小组"为典型，该小组组织制定并实施了家畜标识与可追溯工作计划，旨在发现有外来疫病威胁的情况下，可以在48h内确定所有与外来疾病有直接接触的相关主体。

从国内来看，近年来，受苏丹红、劣质奶粉等食品安全问题实例的影响，农产品质量安全已成为我国广泛关注的社会问题。2002年，农业部出台的《动物免疫标识管理办法》明确规定：建立对猪、牛、羊佩带免疫耳标制度，并建立免疫档案，这也是我国开始构建农产品质量安全追溯体系的标志（马懿等，2011）。2003年，国家质检总局启动"中国条码推进工程"，以我国农产品质量安全监管实践为基础，借鉴欧盟国家在该问题上的先进经验，制定出台了《牛肉制品溯源指南》《水果、蔬菜跟踪与追溯指南》《我国农产品质量快速溯源过程中电子标签应用指南》《牛肉质量跟踪与溯源系统实用方案》等规范性文件（王波等，2007）。2006年《农产品质量安全法》规定"建立农产品生产记录制度"；2009年《食品安全法》规定"食品生产企业应当建立食品原料、食品添加剂、食品相关产品进货查验记录制度和食品出厂检验记录制度，食品经营企业应当建立食品进货查验记录制度"；2015年《食品安全法》修订通过，提出国家建立食品安全全程追溯制度，并规定国务院食品药品监督管理部门会同国务院农业行政等有关部门建立食品安全全程追溯协作机制，同年国务院办公厅印发关于加快推进重要产品追溯体系建设的意见，要求以责任主体和流向管理为核心，以追溯码为载体，推动追溯管理与市场准入相衔接，实现食用农产品"从农田到餐桌"全过程追溯管理；2016年，农业部印发《农业部关于加快推进农产品质量安全追溯体系建设的意见》，提出加强顶层设计和统筹协调，健全法规制度和技术标准，建立国家农产品质量安全追溯管理信息平台，加快构建统一权威、职责明确、协调联动、运转高效的农产品质量安全追溯体系；2017年，结合国家农产品质量安全追溯管理信息平台试运行工作，农业部在试运行地区试行《农产品质量安全追溯管理办法》，规范追溯实施总体要求，统一追溯操作基本流程。以上法律和行政法规为我国农产品质量安全追溯体系构建提供了坚实的制度支撑，也标志着我国农产品质量安全追溯体系初步形成。在部门规章层面，《畜禽标识和养殖档案管理办法》和《农产品包装和标识管理办法》等从运行关键环节对生产经营主体做出了明确要求。在行业标准层面，农业部制定了《农产品质量安全追溯操作规程通则》《农产品追溯编码导则》及畜肉、水果、茶叶、谷物等大类产品操作规程等行业标准。总体来说，农产品质量安全追溯体系建设通过探索示范，摸索了一些成功经验，但由于缺乏统一认识、顶层设计、相互协调，缺乏信息共享、实施动力等，农产品质量安全追溯体系建设任重道远。

4.1.2 我国农产品质量追溯体系监管现状

建立农产品质量安全追溯体系是加强农产品质量安全监管的重要选择。面对日益频发的农产品质量安全问题，质量安全追溯体系建设有助于全方位多角度保障消费者的合法权益，使得公众对农产品质量安全状况享有知情权，同时明确农产品供应链上各相关主体的责任。我国于2002年开始对农产品质量安全追溯体系的建立进行尝试性探索；2003~2004年农业部农垦系统主导启动了建设试点，当时试点选择区域为京、津、沪地区。为确保试点工作的顺利推进，农业部、国家质检总局出台了一系列制度和标准，多个省份建立起地方性农产品质量追溯平台。"十五"期间，黑龙江省农垦总局开展了农产品质量追溯试点工作，在全国农垦系统中一直处于领先地位。2008年，黑龙江垦区被正式纳入全国农产品质量追溯系统建设项目，2014年垦区已有62家企业成为农垦农产品质量追溯建设单位。经过6年的实践，黑龙江垦区农产品质量追溯体系已经逐步建立并完善。

我国农产品质量安全追溯体系建设基本上处于初级发展阶段，在生产经营主体监管和行业管理层面尚未形成工作常态，在部门之间也未形成工作合力。农产品质量安全追溯体系构建还存在很多实施空间。

4.1.3 质量追溯体系在农产品质量安全监管中的作用分析

就当前情况而言，由于我国农产品质量安全追溯体系建设还处于起步阶段，各省市因地区差异和农产品生产的特殊性，在农产品质量安全追溯体系建设中的标准不统一，信息采集与技术手段千差万别。我国农产品质量追溯呈现如下特点。一是多部门推进的追溯目标，政府部门、科研院所等主体依据行政职能、管辖范围和技术优势，多方位推进追溯制度建设。二是多形式推进的追溯方式，表现为资金补贴、技术扶持和综合推进等形式。三是多途径推进的追溯精度，主要从生产基地、加工、流通环节等不同切入点推进追溯体系建设。

农产品质量安全追溯体系可以归纳为"三位一体"的监管运行机制，即一是消费者的主体监督。在这一体系中，每一个终端消费者都可以通过追溯体系完成对农产品在生产、加工、运输、销售等各环节的信息追溯，实现对农产品质量安全的全程监管，监管具有广泛性。同时，也为消费者提供了便捷可靠的获取消费产品信息的途径，在因农产品质量问题导致自身利益受损时，消费者可以通过追溯体系确保自己合法权益不受非法侵犯，同时在合法权益受到侵犯时能够及时采取有效措施加以应对（范娜等，2013）。二是法律的强制性监督。它是以法律和政府的监管为后盾，充分彰显了法律法规监督的强制性特征。一方面它是法律赋予的监管行为，另一方面一旦发现农产品质量存在隐患，就必须启动法律程序给予制裁，其终极目标就是要体现法律的强制性。政府管理机关通过相应的立法和有关法律规范的实施，保护消费者的适当权益。三是生产经营者自身的监督。生产者和经营者对农产品在生产、加工、运输、销售等各环节进行信息采集的过程，实际上也是对农产品质量实施监管的过程。对于农产品生产经营主体，可以引导其通过正当、合法、可靠的途径完成产品从采购到仓储、从生产到销售的各环节，同时还可以借助 HACCP 来为产品质量安全提供保障。这种"三位一体"的监管运行机制，既继承了法律的权威性，又弥补了法律监管、政府监督的局限性；既强化了生产经营主体的自我监管能力，又畅通了民众参与农产品质量安全的监管渠道，充分显示了农产品质量全面参与、共同监管的全民性特征。

因此，从目前来看，农产品质量安全追溯体系是应对农产品质量安全问题的科学、高效的监督手段。其主要分为三个环节：第一，采集农产品质量安全信息。在生产过程中，生产者要详细记录农产品种植环境检测数据、生产资料购置使用情况、农业生产过程；在加工过程中，加工者要详细记录加工时间、配料、质量等级；在运输过程中，要详细记录农产品的出入库时间、验质级别、运输方式、到货时间；在销售过程中，要翔实记载产品销售时间、销售数量、销售人员信息等。第二，政府主导建立农产品质量安全追溯体系。此环节主要包括数据库建设和互联网建设。数据库建设主要用于建立追溯中的信息采集系统，存储农产品采集信息。互联网建设的主要作用是实现数据库与终端消费者的有机联系，方便终端消费者对农产品质量进行追溯查询。第三，对不符合质量安全标准的农产品进行追溯召回，依法查处相关责任人。

现阶段加快建立我国统一的农产品质量安全追溯体系具有重要的现实意义。一方面，是落实党中央、国务院重要部署的迫切需要。近年来，中央一号文件连续对追溯管理做出重要部署。2013年中央农村工作会议强调，要抓紧建立健全农产品质量和食品安全追溯体系，尽快建立全国统一的农产品和食品安全信息追溯平台。国务院机构改革明确提出，农业和食药部门要建立食品安全追溯机制，加强协调配合和工作衔接，形成监管合力。全国质检体系建设二期规划明确部署建设国家农产品质量安全追溯管理信息平台。另一方面，是创新农产品质量安全监管方式的迫切需要。首先，我国政府部门目前对农产品的监管主要通过农产品包装标识来追查责任主体。从实际情况来看，大多数农产品无包装、无标识，当发生农产品质量安全事件时，难以溯源到责任主体，容易给整个区域或整个行业贴上标签。其次，我国农产品经营呈"远距离、多环节、大流通"的特点，农产品责任主体不仅是生产者，还涉及收购、储藏、运输、销售等多个主体，质量安全风险因子复杂多变，这对农产品质量安全监管提出了新要求。

4.1.4 质量追溯体系建设存在的主要问题

我国农产品质量追溯工作受小农生产差异性大、管理体制和管理部门多元化等因素的影响，尽管取得了一定的进展，但总体上还处于起步阶段，还存在诸多问题，主要体现在以下几方面。

第一，宣传力度不够，社会民众对农产品质量安全追溯意识薄弱。

农产品质量安全追溯体系的监管机制就是充分调动民众的积极性，实现对农产品质量安全的全民、全程监管。因此，首要的就是要加大宣传力度，提升民众的认知度，进而调动民众参与监管的热情。目前，发达国家农产品质量安全追溯体系实施较早、体系完善，民众对其认知程度较高。而我国则正处于这一体系构建的初级阶段，民众对其认知还存在一定距离：一方面，大部分农产品生产经营者质量追溯意识淡薄，在生产、加工、流通等环节缺乏对质量安全信息采集的意识，除了极少数的高端农产品实现质量安全追溯体系外，大多数农产品还是处于法律和政府选择性执法的监管体制下；另一方面，农产品质量安全追溯体系还局限在政府部门构建和学者研究层面，而这一体系中的监督主体即广大终端消费者对这一体系的认知度非常有限，由于宣传力度不够、追溯体系的不畅通，加之社会民众对农产品质量安全的认识有限，我国很少有民众能够认识到建立农产品质量安全追溯体系能够实现对农产品质量安全的全程监管。另外，在我国现阶段的追溯体系构建期间，主要以合作社为主，但是其在当前国内众多生产经营主体中所占的比重比较低，同时大多数经营者由于受管理水平、思想意识及资金投入情况等因素的影响，无法在短期时间内建成质量安全追溯体系。而大多数基层农产品质量管理部门对于相应追溯体系的建设也主要停留于简单的概念或政策文件上,无法顺利开展农产品质量监管,这也在一定程度上对追溯体系建设及推广产生了制约。

第二,政府职能部门对农产品质量监管乏力、"用力不均"。

一方面,政府职能部门对农产品质量监管乏力。大部制改革前,我国对农产品质量监管实行农业部、卫生部、国家质检总局、工商局等采取的"多部门分段管理为主,品种管理为辅"的模式,当然,在各部门监管实践中也存在因监管理念相对滞后、重审批、轻监管的问题,科学监管、依法监管不够,工作重复、职能交叉等问题频现;也有因监管体制不够健全而导致的多头监管、权责不明的问题,在一定范围内产生监管执法信息不畅、监管联动不畅等;还有因监管方式比较落后,导致监管部门较多采用"被动式"的传统监管方式和手段,在市场主体规模大幅增长、经济行为日益复杂的情况下,如何实施科学、审慎监管仍未破题。另一方面,政府职能部门对农产品质量监管"用力不均"。农产品质量安全监管的关键在于从产品生产的源头进行监管。而我国对农产品质量安全监管存在监管力量分布不均衡现象,基层监管能力还比较薄弱,技术、设施、专业人员等都比较缺乏。很多地方市县将监管部门整合后,部分领域监管力量得到了加强,但由于监管链条的延伸和领域的扩展,监管部门监管力量配置明显不足,影响了对生产源头、农业投入品环节、流通环节的监管力量分布。

第三,农产品质量安全追溯体系顶层设计亟待完善。

我国农产品质量安全追溯体系在顶层设计上有诸多亟待完善的问题。一是农产品质量安全监管中的信息不对称问题。长期以来,分段管理模式的实施,导致全国统一标准体系的缺乏,农产品生产经营及流通环节无法实现有效对接,信息不能共享,真正意义上的全程追溯难以真正实现。二是农产品质量追溯制度不健全的问题。一方面,农产品质量安全信息共用平台建设滞后。虽然我国在县级行政区域基本上已建立食品安全信息共用平台,但信息不对称现象严重,普遍存在信息采集不及时、缺乏时效性、部门信息不兼容及共享运行机制欠缺等问题。另一方面,条形码追溯制度在初级农产品中未能建立。三是,农产品质量安全法律体系不健全的问题。目前,我国虽然以《食品安全法》和《农产品质量安全法》为主,以行政法规、条例为辅,构建了农产品质量安全法律体系,为推动我国农产品质量安全监管步入法制化阶段提供了保障。但是法律法规中宏观性规定较多、原则性强,实际操作难度大;法律法规内容建设相对滞后,安全标准界定门槛低;很多涉及农产品某一方面的专门性法律、法规尚未制定;现行法律、法规对违法行为的惩罚力度不够,违法成本较低。四是,自上而下建设指导乏力。目前,我国农产品质量安全追溯体系建设方面还没有形成统一的标准和规范,各地都是按照中央的指示结合相关法律法规来进行质量追溯体系构建工作的,但是自上而下的指导力度非常弱,特别是当前我国还没有出台专门的实施细则及管理方案,相应的接口和技术标准也还没有正式发布，许多地区在实际的追溯体系建设中均存在比较大的盲目性，影响到追溯体系建设的效果。

第四，农产品生产经营规模化程度不高。

农产品生产经营规模化程度不高，这也是制约我国农产品质量安全追溯体系构建的现实性因素。在生产方式上，我国农业生产中个体农业经营模式普遍而分散，农产品生产的集约化与规模化程度有限，受生产经营主体文化水平限制，生产记录、追溯制度建立困难；中国农业耕作面积幅员辽阔，在农业监管部门有限、农业科技人才匮乏的情况下，无法对种子、农药、化肥、抗生素等的使用进行有效监管和开展技术指导；分散的经营个体也无法保证对土地、大气、水资源等农业生态环境进行有效检测。在农产品的经营模式上，我国主要以超市和农贸市场相结合实现农产品的销售。目前，我国已经在北京、上海、天津等城市的大型超市中试点构建农产品的追溯体系，一方面，由政府无偿提供农产品质量追溯设备、构建信息追溯平台，另一方面，推动规模化农产品生产基地与大型超市实现"无缝"对接，通过粘贴产品条形码，突出蔬菜、粮油、肉禽的品牌化、地理标识化的经营策略。终端消费者则可以依托农产品信息追溯平台，利用追溯体系，扫描条形码，完成对农产品的质量追溯。但这种做法还只局限于重点城市的大型超市里，而且还处于示范阶段。而广大城市中广泛存在的农贸市场、农村的集贸市场由于经营的专业化和规模化程度偏低、经营者流动性大，根本无法实现对农产品质量安全的有效追溯。基于此，这些生产和经营中的安全隐患势必影响农产品的质量安全。

4.2 以规模农业为主导的组织化监管

为保障粮食安全与农产品有效供给，发展、建设以"规模农业"为主要方向的现代农业是转变农业发展方式的重点和关键。然而，必须要看到的是，"规模农业"的发展在大幅度提高农业综合生产能力和效率的同时，还有部分潜在风险对农产品质量安全水平产生不利影响。

4.2.1 组织化监管中的"规模农业"

"规模农业"是指在土地、劳动力、资金、管理相对集中的基础上，依托统一的农业技术体系进行机械化、集约化、产业化生产经营活动的一种农业模式。主要特点有：一是经营主体组织化，形成以承包农户为基础，以专业大户、家庭农场、农民专业合作社、农业产业化龙头企业等为主体，以合作经济组织为纽带，以各类农业社会化服务组织为支撑的组织化经营格局；二是生产适度规模化，即需要实现土地、劳动、科技各要素的有效搭配，要与经济社会发展水平相适应；

三是经营方式产业化，以提高经济效益为核心，通过贸工农一体化、产供销一条龙等形式，延长农业产业的链条，增加农产品的附加值。"规模农业"的发展模式不仅仅体现在土地的规模化经营上，还体现在农业产业链的进一步分工与专业化发展上。

在传统农业向现代农业发展与转变的过程中，受自然、社会、经济等因素的影响，世界各国的农业现代化路径各有不同，可以概括为以下三种典型的情况。对于劳动力资源短缺、人少地多的国家，大多选择机械化生产、生物技术应用等来提高劳动生产率，稳步推进实现农业现代化的进程，如美国、加拿大等；对于劳动力资源丰富、人多地少的国家，大多在生物技术的基础上发展机械技术，通过大幅度提高土地生产率进而实现农业现代化，如荷兰、日本等；也有的国家在实现农业现代化的过程中选择劳动生产率与土地生产率双重提高的路径，如法国、英国等。上述国家农业现代化发展进程的共同点在于都是由传统的分散经营的小农经济向集约化、规模化现代农业经济转变，在发展现代农业过程中，农业生产经营主体数量不断减少、生产经营规模不断扩大，农业规模经营已成为农业现代化的必然选择（彭瑞庭等，2012）。

"规模农业"的发展在大幅度提高农产品的产量水平、农业综合生产能力和效率的同时，也给农产品质量安全带来了空前的压力，以现代农业技术、高度集约化生产、农业产业化经营等为核心的现代农业生产方式虽然得到了推广、应用和普及，但是在产地环境保护、生产过程控制及加工贮运等环节仍存在技术发展及应用的潜在隐患，对当前农产品质量安全及农业生态环境安全产生了诸多影响。

4.2.2 以规模农业为主导的组织化监管提升农产品质量安全的路径

第一，现代农业技术的应用促进了农产品质量安全水平的提升。

农产品质量安全隐患的削减与控制，离不开农业科技的进步和创新，规模农业经营方式为科技知识传播与农业技术创新、应用提供了集群便利条件，主要表现为：一是农业机械化新技术的不断更新与应用，改变了我国植保机械和施药技术落后的现状，促进了植保机械性能的改善，对施药方法、技术的提升及农药防治效果和利用效率的提高都有积极的意义；二是通过推广秸秆还田技术实施保护性耕作，减少化肥用量，提高肥料的利用率，减少污染，可以极大地提高耕地有机质含量及秸秆资源化利用率，从而有效提升农业生产环境质量；三是利用规模农业中区域化的生产布局，通过相近生产经营活动的开展和对农户生产经营信誉的有效关注，进而发挥市场与道德的双重作用，促进诚信体系的有效重建，促进农产品质量安全实现从农田到餐桌全程监管，而这些进步将更有益于提高农产品质量安全的监管水平。

第二，高度集约化生产实现了对农产品质量安全的高效监督。

数量众多的散户经营是当前我国农产品质量安全监管的难点之一。这些较小的农业生产规模使单位产品的生产成本和交易成本提高，加剧了农业生产时间与劳动时间不一致的矛盾，投入的农业的劳动力不能得到充分利用，农业效率也必然受到限制。小家庭农场导致地权分散且规模过小，在增加了农产品供给价格的弹性和政府管理费用并转嫁到农民头上的同时，也不利于政府对农产品生产过程的安全性进行有效监管。高度集约化生产实现了对农产品质量安全的高效监督。一是高度集约化突出了优势产品的地位，而产品品种的趋向单一在技术环节上能够更好地减少病虫害发生所带来的影响，减少化学品的使用；二是通过规模农业的组织形式将众多散户组织起来形成整体，也有效规避了分散经营过程中单个农户的违规行为，这样只需监控好数量有限的组织，利用其设备资料、商标品牌和商誉等专用性资产投资为农户提供有效的服务，就能减少农户生产经营中的机会主义行为，从而减少产生诸多"劣币"驱逐"良币"的现象，促进农产品质量安全水平的提升；三是通过构建高度集约化的生产经营模式实现政府监管组织、组织控制散户，组织内各成员之间的利益关联和风险共担，可以促成组织系统自身的质量安全净化机制，是政府对农产品质量安全进行监管既有效果又节约成本的方式。

第三，农业产业化经营实现了对农产品质量安全的全链条质量跟踪。

在传统的农业经营规模下，生产、加工、储运过程都有不同的主体，对农产品质量安全的监管被分割在不同的群体中，对众多散户进行质量追溯既不现实又成本高昂。而规模农业模式下的农业产业化经营简化了生产主体和生产链条，减少了不同主体推卸责任的机会，实现了农产品从生产到市场的全链条质量跟踪。一是生产主体的责任意识高于分段经营，降低了监管成本。从农业生产主体视角出发，考量质量追溯体系的应用推广，采集农业生产经营过程中影响质量安全的关键信息，落实农产品质量安全的生产主体责任，只有这样农产品质量安全可追溯体系所赋予的监管功能才能有效实现。二是责任主体的明确能有效应对初级农产品从农田到餐桌的一系列环节中因过量使用、滥用添加剂或违禁化学品等给农产品质量安全带来的压力和威胁。三是规模农业模式下的产业化经营对标准支撑的需求远远高于小规模经营，经营者的投入更多，违法经营需要承担的法律风险也更大，能够通过标准与经营方式的关联规避规模农业发展给质量安全带来的风险。

4.2.3 以规模农业为主导的组织化监管对农产品质量安全的潜在不利影响

第一，现代农业技术对公众健康安全的潜在危害。

至今我国农业科技的核心仍是产量问题，总体看来，与农产品质量安全有关的科研立项数量总体偏少，且重点不突出、缺乏支持力度。关于农产品质量安全的科技积累少，农产品质量安全科技支撑工作缺乏系统规划和组织，有关农产品质量安全的农业技术研究滞后，科研成果和技术储备不足，无法满足农产品质量安全的科技需求。就种植环节和产地环境保护来看，随着农作物种质资源方面的科技创新与进步，常规技术与生物技术融合的现代农业育种体系正在日趋完善，兼顾区域性的育种协作网络尚未有效建立，因缺乏高产、广适、抗逆的农业新品种，无法避免化肥、农药等农业投入品的长期、大量或不合理施用，必然会对农业生态环境的保护产生不利影响，而且会导致农产品中农药残留、重金属等有毒有害物质超标，直接危害公众的身体健康甚至生命安全。

第二，高度集约化生产给环境带来的负面影响。

高度集约化生产以优势技术和产品、集中生产和组织化监管实现了对农产品质量安全的高效监督，同时给农产品质量安全也带来了一系列负面影响。一是集中生产导致的生产环节及产品污染，集约化生产中家禽的粪便及排泄物也已成为"人畜共患"疾病的主要载体；化学农药、兽药、鱼药等化学品及磷等矿质元素的过量使用，导致农产品中硝酸盐的累积，家畜、禽的饲料受农药污染导致肉蛋奶农药污染，畜禽产品中抗生素类药物残留直接导致人体细菌的耐药性增加、菌群失调、致畸、致癌等危害。二是技术发展的局限带来的土壤污染。当前，由于我国对化肥、农药等农业投入品的一些技术研究还不成熟，如残留、富集、迁移及消解，农产品中有毒有害物质的残留量控制标准还不健全，作物优质高效生产和畜禽标准化健康养殖技术体系还不完善，导致内生性土壤污染，直接影响了农产品的质量安全，进而对长期食用受污染农产品的人群产生危害。三是组织化监管中组织内各成员之间的利益关联关系和风险共担机制构建不完善，各成员间利益联结松散，组织系统自身的质量安全净化机制没有形成，作用发挥得不够，对农业规模化经营模式的健康发展和提升农产品质量安全水平的影响较大。

第三，农业产业化经营局限导致质量追溯的困难。

在加工贮运环节，农业产业化经营一方面推动了农产品加工新工艺、新技术的不断向前发展，在一定程度上提升了农产品附加值，另一方面也带来了滥用添加剂等问题。农业产业化经营对农产品质量的潜在影响主要体现在，一是粮油等产品生物毒素污染控制技术不成熟，初级农产品中防腐剂、保鲜剂等安全性评价体系欠缺，农产品保险、贮运技术研究不完善。二是尽管现代农业发展已体现出明显的商品化、市场化、国际化特点，但由于农业产业化水平比较低，加之生产相对分散，农产品物流配套建设很难实现规模化，还没有实现有效的集中配送、"农超对接""农企对接"。三是标识与追踪体系构建不足，生产者与消费者之间信息不对称的问题仍然存在，消费者知情权保障不够充分，由市场完成调节和控制的目标还没有实现。

4.2.4 组织化监管对农产品质量潜在风险的修正

第一，以完善现代农业技术体系推动技术的优化升级。

正确把握和理性认识规模农业对农产品质量安全可能或即将产生的潜在风险，需要对现有的农业经营模式尤其是技术体系进行充分考量与科学评估。一是完善农业技术推广体系，不断推动农作物种质资源的科技创新与进步，完善常规技术与生物技术融合的现代农业育种体系，理顺技术推广体系运行机制，保障农产品质量安全的相关技术及时应用到生产实践中，在技术推广过程中，应当侧重于改变农户认知、适应农户种植与养殖习惯、简化生产技术操作流程等重点；二是发展规模农业的过程中要有高度的前瞻意识和超前思维，推动技术的优化升级，建立有效的区域性育种协作网络，通过制度创新、机制创新和管理创新，努力提高科技自身的先进性，减小其局限性与负面作用；三是将规模农业纳入持续、科学发展的轨道，以现代农业生产技术、生产资料技术、经营管理技术减少化肥、农药等农业投入品的不合理施用，实现经济、社会效益和生态环境功能的最大化。

第二，在高度集约化经营中探索规模农业发展的积极路径。

在推进规模农业建设和发展的实践中，在以提高农业生产效率的发展政策为引领的前提下，一是根据资源环境等要素的实际情况和自然生态的承载能力，构建符合我国国情的可持续的规模农业发展新模式、新手段，全面开展农药及农药残留、兽药及畜禽产品违禁药物滥用、水产品药物残留等专项整治，将农业投入品监管与农产品质量安全监管有机结合；二是科学评估与积极应对规模农业发展可能对生态环境产生的不利影响和形成的潜在风险，坚持防治并举，坚持源头管理、过程控制和末端治理并行，有效采取积极的应对策略、措施和手段，把可能产生的生态安全、环境污染及风险控制减小到最低限度，为规模农业的发展寻求可持续、科学、全面的积极路径；三是积极推进农业经营观念的转变，充分利用和发挥规模农业对农产品质量安全影响的积极成分和有益元素，对传统农业中环境友好的思想精髓及优势进行认真发掘、汲取、继承和发扬；四是为组织内利益关联和风险共担机制的形成提供制度保障。在市场主导、政府引领、平等自愿和互利共赢的基础上，发挥政府监管职能，建立健全股份合作、订单合同、价格保护、服务协作、流转聘用等风险共担模式，稳定农产品价格，构建经营主体诚信体系，加大对农业保险的支持力度。

第三，在农业产业化经营中推进农业标准化建设。

在规模农业生产模式下，生产主体承受规模成本的能力得以提升，为更好地实现农业标准化提供了可能，进而实现农业生产从农田环境、投入品到生产过程的全程控制，一是从技术层面提高农业生产的层次和水平，完善农产品保鲜、贮运技术研究，促进规模农业的有序推进，强化农产品质量安全监管，促进农民增产增收，实现经济、生态、社会效益最大化；二是加大对农业标准化项目和农业龙头企业的财政支持、扶持力度，解决生产相对分散、农产品物流配套建设规模化不足等问题，降低生产经营成本，通过完善农产品质量安全认证与检测体系，推进和检验农产品质量安全的管理成效；三是加强市场监管，完善市场机制，构建农产品标准化信息数据资源共享平台，实现农产品质量安全信息全程追踪，明确生产经营者的责任，解决农业标准化生产者的销售利益驱动问题；四是增强农产品的"可识别性"和"三品一标"推广，加强可识别性体系建设，就可识别性体系建设而言，规模经营者与散户生产相比较，既具有收益增值的内在愿景，又可降低可识别性体系建设的成本。

第四，"规模农业"中的"规模"要适度。

在我国土地资源区域性分布不均衡的客观条件下，整齐划一地实施规模化经营方式，显然是不现实的。越来越多的研究倾向于适度规模最有效率的结论，如在实现中国特色的农业规模化经营——适度规模化经营问题上，选择通过土地流转的方式。有学者对浙江省1986~1999年农村固定观察点农户进行了调查，通过分析不同规模条件下农地经营的经济效益发现，农户人均纯收入随规模扩大先降低然后逐渐上升（带有"U"形变化特征），即在大多数年份，经营规模1~3亩（1亩≈666.7m^2）的农户经营效益最好，4~10亩的人均纯收入较低，而超过10亩的农户效益又会上升，即可获得较高的人均收入（张忠根和史清华，2001）。探索实现现代农业发展与生态环境安全的有机结合与"双赢"，既不能为了保护农产品质量而放弃发展，又不能为了短期的发展而牺牲和放弃农产品质量，究竟经营什么样的规模才是合适的？笔者认为，处理规模适度与效率的关系应从我国国情出发，从技术、组织角度充分考量要素比例、农业生产技术、生产规模与生产效率、经济效益之间的关系，在同时考虑分工、资源配置和组织问题的科学的农业生产组织理论框架下，结合中国具体的约束环境及其动态趋势分析，构建规模农业中"规模"的"适度"均衡状态。

农产品质量安全问题一直以来都是百姓热点关注、政府高度重视的民生问题。随着健康意识、法治意识、维权意识的不断提升，消费者对农产品质量安全水平的要求也不断提高，对农产品安全性的期望值越来越高，实现农业现代化，依靠科技进步提高农业生产率，已成为世界农业发展的明确趋势，拘泥传统的农产品生产模式已经不能适应广大消费群体对质量安全农产品的需求。以大幅度提高农业综合生产能力和效率的"规模农业"模式在我国尚属初步推进阶段，所占比例很小，且这种模式的发展对农产品质量安全也会产生很多潜在风险，但是，以现代农业技术、高度集约化生产和农业产业化经营为主要特点的"规模农业"模式在促进我国农产品质量安全水平的提高方面有明显的积极意义。随着以人为本理念与可持续发展观的不断落实和践行、农业标准化建设的逐步推进、农业技术体系的优化升级，以规模农业为主导的组织化监管在保障我国农产品质量安全中的作用也将逐步增强。

4.3 "专项整治"式监管

在规模组织化主体监管模式选择上，规模化本身是为了减轻行政监管成本，通过减少行政监管对象来降低行政监管成本，这也是单一监管体制的设想，但是问题出现在哪里呢？这样的一个规模化还是一个小规模，无论是家庭农场，还是合作社、种植大户，我国的国情决定了我国生产者的多元化，数量众多，不管怎样改革，监管成本总是高、生产者数量总是大，为了解决监管成本过高和监管目标之间的脱节，"专项整治"式监管作为临时性的政策工具已经成为政府部门实现农产品质量安全监管职能制度性、常态化的治理方式（张士云等，2014）。

4.3.1 "专项整治"式监管的概念与特征

"专项整治"式监管，是指为维护社会秩序，公共部门运用公权力，对农产品质量安全领域出现的某类突出问题，以行政指令的方式集中不同层级或职能部门的人力、物力，在一定时期内突击开展的命令控制式行动。专项整治是我国农产品质量安全监管领域中多见的监管工具。专项整治式监管具有4个鲜明的特征。一是在治理时间选择上具有特定性。一般针对特定时间内公众关注的农产品质量焦点问题采取有针对性的治理措施，如农药残留、违法添加等。二是在决策形成上具有高度集中性。资源配置、资产处置、人员调整等均以行政指令决策。三是激励机制上的行政性。即对具体实施主体的绩效评价更多体现为职务晋升等行政利益。四是空间覆盖上的全面性。自上而下的拉网式整治，相关公共职能部门、媒体全面深入参与。

4.3.2 "专项整治"式监管的产生背景

一是作为政府常态监管能力的补充而产生专项整治式监管。

首先，专项整治式监管是政府针对农产品质量安全问题民众需求的回应。农产品质量安全问题关系到广大民众的身心健康，长期以来一直受到社会公众的关注，多主体、多环节的生产经营现状导致在短时间内很难达到理想的治理效果，采取专项整治式治理方式，可以宣示政府部门的高度关注与重视。其次，专项整治式监管这种方式通过政治动员的方式来发起，短时间内快速行动，绩效明显。最后，专项整治式监管作为政府常态监管能力的有效补充。常规制度与监管机制失灵时,专项整治式监管能够打破体制机制的局限,迅速起效。

二是我国经济社会转型中的诸多矛盾和问题需要强制性干预。

专项整治式监管作为一种政策工具,是政府在面对突如其来的农产品质量安全事件,以及农产品质量安全问题积累到一定程度时所采取的应对策略。我国农产品质量安全问题具有高度复杂性,已经多层面影响到政府治理政策工具的选择(蓝伟彬,2012)。当前,我国已正式进入经济政治体制转轨与社会转型矛盾突发期,在这种大背景下,经济与社会发展既面临挑战又面临机遇,人民内部矛盾凸显的现实已不可回避。当前,我国所处的社会转型期和现代化发展阶段的社会环境,也不可避免地伴随转型危机,因此产生了诸如贫富分化严重、环境污染、群体性事件等大量的经济、社会的矛盾和冲突,农产品质量安全问题与上述矛盾和冲突具有本质上的相似性,在经济和社会领域缺乏自我控制与调整的动力,需要国家动用强制性手段进行规制(程琥,2015)。

三是条块分割的政府体制是"专项整治"式监管的主要根源。

我国政府部门组织结构的基本特征之一是任何一级人民政府中,矩阵式纵横交错的组织结构形成条块分割问题。从中央部门权力配置的角度来看,各部门间权力配置的相对分散和重置,在一定程度上削弱了政府监管的效率,在这种背景下,"专项整治"式治理成为集中力量应对复杂社会问题与冲突的关键选择。2011年4月18日印发的《"瘦肉精"专项整治方案》明确提出,国务院食品安全委员会是国务院议事协调机构,正是通过这一机构将牵涉农产品质量安全监管的8个部门联合起来,按照源头、养殖、运输、屠宰、加工、餐饮、进出口七大环节进行分类分工,分别明确了食品药品监管部门、工业和信息化部门、农业(畜牧兽医)部门、公安部门、工商部门、商务部门、质监部门、出入境检验检疫部门在各个环节的监管任务。从地方政府的权力运行角度来看,地方政府的地方保护主义往往导致了农产品质量安全监管的不均衡,产生农业执法信息共享和执法联动机制构建不够顺畅的问题,在完善执法方式、强化日常执法,以及加强以随机抽查为重点的监督检查制度等环节发力不够,也不可避免地产生了农产品质量安全问题。监管部门条块分割的组织结构特点决定了高度集中的政府体制和监管权力的分散,因此,条块分割的政府组织结构是产生"专项整治"式治理选择的主要根源。

4.3.3 "专项整治"式监管的局限

一是专项整治的法经济学分析。

首先,"专项整治"式监管增加行政执法成本、浪费执法资源。抑制违法生产经营行为获得积极社会效益不是无本万利的,它还需要一定的社会成本支出。为了抗制不法农产品生产经营行为，执法主体需要投入一定量化的执法成本，"专项整治"式监管主要是集中一切可以集中的资源对现有、显眼、群众呼声高的社会问题进行从重、从快的治理，执法部门并不考虑执法资源投入的总量，而只追求短时间内将社会问题遏制，对此将会造成执法资源的浪费。而当这些执法成本作为社会资源的一部分从其他用途转向行政或刑事处罚，使违法犯罪的数量不断降低时（获得执法收益），用于抗制不法农产品生产经营行为的资源的机会成本却随之增加，这意味着等量的违法犯罪率的下降需要投入更多的成本。也就是说，违法犯罪率由高到低减少过程中所支付的执法成本是递增的，而与此同时，每个单位执法成本所产生的收益则是递减的。因此，在边际执法成本与边际执法收益的变化中，必然存在一个抗制违法犯罪的"最优点"（在这个点上，削减一定违法犯罪的边际执法成本与边际执法收益正好相等），即当"专项整治"通过声势浩大的集中严厉打击活动使各种不法农产品生产经营行为相对减少而使边际执法收益大于边际执法成本时，削减违法犯罪可以增加社会的总收益，此时，"专项整治"式治理就是有利的；但当边际执法收益小于边际执法成本时，削减违法犯罪就会得不偿失，此时，停止"专项整治"式治理或降低打击力度、缩短时间和减小规模才是有利的。总之，只有在处罚的边际成本等于边际收益这一点上，"专项整治"才达到最优状态。就执法资源领域而言，"专项整治"式治理对执法资源的浪费主要体现在三个方面：①农产品质量安全问题的发生并不是从无直接到突出的过程，而是政府在监管环节的力量配置缺失。当问题刚刚露头时不给予重视，未能在最有效的时间段内解决问题，等到小范围的问题扩张以致形成社会问题时，出于对社会秩序的考虑和社会公众的压力，执法权力往往会选择集中大量的人力、物力、财力等资源快速解决问题，显然，这是应对农产品质量安全问题监管与化解的被动方式、方法。②"专项整治"式治理并不能一劳永逸地解决农产品质量安全问题。由于"专项整治"式治理在执法效果上具有反复性，即当执法部门快速集中投入大量的人力、物力、财力对社会问题进行治理时，不可否认该问题会暂时得到有效的遏制，但是这并不意味着需要治理的社会问题能从根源上得到解决，随着执法监管关注度的削减，在此类社会问题再次出现时，政府职能部门与行业监管部门会再度整合力量进行集中规制，即开启新的"专项整治"式治理，周而复始，相关违法主体在经历多次集中治理后，难免会形成规避违法行为治理的策略。③执法资源在时间层面上和空间层面上都构成了浪费。从时间层面而言，虽然资源利用率及产率相较以前有大幅度的提升，但是"专项整治"对执法资源的粗放型使用，必将对接下来的执法活动造成影响，行政执法效率从根本上讲就是资源的投入与效果的产出之比，执法资源的匮乏导致执法效率的低下。从空间层面而言，"专项整治"意味着执法资源在短时间内会集中于处理某类违法行为上，而对于其他违法行为，执法部门只能投入较少的执法资源，从而使政府部门对其他违法行为只能暂时采取容忍的态度，以至此类违法行为蔓延。针对此类问题，执法部门必将又会投入大量的资源对其进行治理，增加了执法的机会成本。由此可见，理想的监管控制模式不求消灭违法行为，但求以最小的处罚成本将违法生产经营行为最大限度地控制在社会能够容忍的限度之内。

其次，"专项整治"式监管处罚的震慑效应有限。"专项整治"式监管处罚的震慑效应总是有限的，预期处罚也不可能无限制强化，以使受处罚所产生的损失足以抵消行为人违法所得为宜。国家一方面通过法律法规中的处罚条文告诫潜在的违法者不要触碰法律底线；另一方面又借助刑事司法和实际执法，不但让不法农产品生产经营主体通过亲身体会处罚带来的损失而不敢再次实施违法行为，而且使潜在违法者通过感知处罚的实际适用和执行而不敢实施违法行为。一般来说，尽管在处罚强度与其产生的震慑效应之间存在一种正相关的函数关系，但如果处罚过重，无论是在政策措施出台过程中规定的过重，还是在执法过程中适用的过重，超过了这种函数关系调整的范围，不仅不会收到与处罚强度相当的震慑效应，还会产生效应递减现象，削弱以至完全破坏处罚应有的效应。具体原因是：第一，随着处罚力度的不断升级，受处罚者对处罚的耐受程度也会不断增强，过量的处罚威慑也使违法行为人逐渐由害怕到适应，使受处罚体验抑制受罚人再次实施违法行为的能力不断减弱，处罚的边际成本将不断提高。第二，过于严苛的处罚会使公众怀疑处罚措施的公正性，容易使社会公众由谴责违法行为人的违法行为转而谴责处罚措施的不公正，认为违法行为人"罪不至此"，因此削弱了处罚措施的震慑效果。因而，对监管政策的明智选择应该是以最少和相对最轻的预期处罚措施实现既定程度的震慑效应。第三，执法主体（基层）产生疲劳、厌倦情绪，逐渐失去刚开始"专项整治"时的那种积极性和信心。

最后，"专项整治"式治理的"供求关系"均衡困难。"专项整治"中执法资源的投入必须符合经济学中的供求关系原理。在"专项整治"之初，普通大众由于自身利益受到侵害，或普遍感到农产品生产经营秩序混乱、恶化，急需求助于国家或司法机关，寻找安全感，自然产生了对"专项整治"的超量需求，从而使监管政策法规的需求价格迅速上升，这便出现了"专项整治"供不应求的状况。此种情况下国家会根据法律需求价格较高、处罚"供不应求"的形势，相应增大处罚法律供给和执法力度（如颁布各种特别专项整治办法与开展新的专项行动），加大执法资源的投入以缓解需求压力。随着"专项整治"式治理的不断推进和展开，整体社会收益提高，必然会出现执法供给与执法需求的短暂均衡现象，法律供求价格达到均衡。然而，随着不法生产经营主体的行为受到惩戒和农产品生产经营秩序的不断好转，人们获得的单位法律保护与救济增多，社会反映良好，短期内实现了社会安定（规模经济效益），人们对法律的需求量相对下降，普通大众不再需要过多的执法资源，此时法律的供给（含处罚执行与监督）便呈现出某种相对过剩状态，即出现执法资源闲置，即真正发挥作用的是与执法需求相一致的少量的执法资源。过剩的执法资源对违法犯罪行为的震慑作用已明显降低，在农产品生产经营违法犯罪现象日趋抬头后，国家只能在原来已投入的执法资源的基础上再叠加新的资源以重新达到供求关系的平衡。如此循环往复，"专项整治"式监管的投入越来越大，而不法生产经营行为是否能够减少却不得而知。所以，我们应该对执法资源的供求关系有相对清晰的认识，即当供不应求时，适时开展"专项整治"式监管，加大执法投入；而当供过于求时，及时减少投入，削减"专项整治"式监管力度，使执法资源的供给与需求基本保持一致。

"专项整治"式监管，并不是抵制农产品不法生产经营行为的唯一选择。一旦人们的法律热情随着"专项整治"的周期性支付价格波动变得麻痹起来，农产品质量便很难保障。实际生活中，每次"专项整治"均要事先经过严密部署，调集大量人力、财力和物力，临时抽调大量人员搞"专项整治"，使那些本该及时落实的质量追溯、市场准入等常规性监管久拖不决。因此，在开展"专项整治"式监管的同时，应集中各方力量，多角度、多层次、多手段地进行综合治理，"专项整治"式监管才能取得事半功倍的效果。

二是"专项整治"存在法理上的"悖论"。

首先，"专项整治"存在工具性的弊端。依法治国要求，法律成为国民普遍的信仰。而法律本身具有长期稳定性、确定性，以及目的性与工具性相统一的特点。"专项整治"的宏观决策带有随意性和临事设制的特点，偏于追求短、平、快的效益，用政策指挥法律，处罚在执行中往往被任意从重或加重解释，成文法典被变相抛弃。正是在这方面意义上，我们认为，"专项整治"暗含着运动治国的阴影，受到法律工具主义的严重影响。总体看来，"专项整治"工具性的弊端集中表现为：其一，既然法律只是工具，势必"为政在人"，从而对主体伦理道德的要求和行为积极性的依赖便成为必然选择，选拔任用司法干部的标准在很大程度上是"服从指挥"和"能征善战"，而不是恪守成文法典或精通法律。其二，工具本身有多元性和可替代的特点，"条条大路通罗马"，盲目认为一切社会失范现象和经济犯罪都会在严惩面前自然消遁，忽视经济、行政和道德的方法，不懂得因人因事因时因地而宜，用法律处罚这一最终手段代替全部手段，从而造成社会治理中越俎代庖的不良后果。而法律的最后手段性决定了不能将法律奉为治理经济与管理社会的圭臬，隐藏在"专项整治"论背后的法律工具主义和泛处罚主义恰恰是与市场经济的内在要求背道而驰的。其三，"专项整治"的工具性先天地决定了它的阶段性、战役性特点，而不可能是长期性、战略性的，人们不能总是生活在一种"政治法律紧张"的社会中。实践中，政府不可能也不应该工具性地使用法律，企图工具性地使用法律从好的方面说是偶然的，从坏的方面说是危险的。

其次，影响一般功利规律和伦理公正观念。众所周知，罪刑法定乃现代各国刑法所共同遵循的基本原则，其基本含义是法无明文规定不为罪，法无明文规定不处罚。在实体法上，该原则要求重法不得有溯及力，禁止类推，排斥习惯法，否定不定期刑；在程序法上，则依法保障诉讼参与人的合法权益，改善犯罪嫌疑人在诉讼中所处的不利地位和境遇，强调无罪推定精神，并通过强化诉讼监督机制，维护司法廉洁公正。它意味着主权者在人民的监督下进行立法和司法，防止任意立法和司法，从而给可能使性的烈马（公权力）戴上笼头。由此看来，成文法是对权力行使者不信任的物化形式，它将权力拥有者的种种私欲、社会利益关系、情绪波动等不规则因素限制在不得溢出的范围。它为公民提供了合理的行为预期，从而使之对自己行为具有正确的选择。由于"专项整治"期间，实行"从重"政策，对已经出现了质量安全事故（事件）、社会反响比较强烈的企业和产品强化监管措施，如奶业问题，在事故出现后不仅在产业链条的各个环节都采取前所未有的监管措施，而且不断提高行业准入门槛，这无形中就增加了守法生产经营行为人的负担，同时也忽视了对其他农产品生产经营者的有效监管。尤其是，在这期间从事不法行为的实施者所受到的惩罚要比平时重一些甚至重得多。监管过程快速、高效，极易导致部分执法主体片面追求查处案件数量和结案速度，而相对地忽略和轻视了结案质量，从而导致在大规模的"专项整治"式监管行动中出现一些偏差。虽然这些极个别的偏差与整个"专项整治"活动所取得的巨大成果相比是微不足道的，但它对某一些公民合法权利的损害是严重的，进而有可能破坏罪与刑相适应的一般功利规律和伦理公正观念，使刑罚走向反面，由预防违法犯罪转化为刺激违法犯罪。新刑法第一次以法典的形式肯定了罪刑法定原则，这就为防止司法专横和犯罪者享受特权提供了法律保障。刑事古典学派的贝卡利亚指出：为了不使刑罚成为某人或某些人对公民施加的暴行，从本质上说，刑罚应该是公开的、及时的、必需的、在既定条件下尽量轻微的，同犯罪相对称的并由法律规定的。反观现实，我们常常发现相同的不法生产和经营行为，由于"专项整治"的前后时间不同而受到不同的规制，这不但破坏了法律面前人人平等的原则，而且使个别正义和社会正义皆被损伤。另外，"专项整治"很容易使群众对政府和执法机关的行政能力、信用产生怀疑，降低了政府及执法机关的威信和形象。还有在开展"专项整治"时，地方政府和执法机关制定与发布的规范性文件及实施方案部分条款存在超越上位法规定的现象，执法过程中存在畸轻畸重的现象，部分职能部门和执法主体从速、从快心切，也导致了执法活动偏差的出现。

再次，人治色彩浓厚，践踏法律权威。"专项整治"式监管的主体是政府机关及经政府机关授权委托执法的拟制权力机关，出于对上级政府及社会的暂时性交代，负有执法责任的政府职能部门和行业监管部门，往往会尽量集中可以调动的监管资源来解决负面效应较大的问题，以此回应上级政府及民众的疑问，解决有负面影响的事件难免会成为执法责任主体展示监管实力与业绩的机会资源，对于社会秩序的维护仅仅依靠个别执法者的权力行使，此种执法方式仅仅只是临时性、暂时的。为了达到执法效果，常常会侵犯违法者的权益，牺牲执法程序和实质正义，表面上看，通过暂时性的集中多个部门的执法资源，对社会问题进行快速集中的处理，可以在短时间内抑制社会问题的蔓延，但牺牲了程序正义和实质正义，此种做法与保护每一位公民哪怕是违法违规者的法治精神相违背，大众在法律框架下行事，依旧可能受到本不该属于自己的惩罚，大众缺乏统一的行事标准，会造成律法仅仅是形式上的确定，长此以往，会导致民众对法律权威的迷茫，对法律权威造成巨大影响。同时，通过开展"专项整治"，把执法行为异化为临时政策、阶段性工作，有悖于长期生效的法律原则，使法律、法规的贯彻实施时宽时严，时紧时松，最终弱化了国家法律、法规的威慑力，损害了法律的稳定性和确定性。

最后"专项整治"在实践方面存在的问题。在宏观决策、指导策略和实施效果方面：对"专项整治"的概念、内容、范围、步骤等缺乏科学的限定，对"专项整治"不同时期、不同情况下的效果缺乏系统研究，致使"专项整治"方针贯彻得不够一贯，"专项整治"与"综合监管"交替进行，社会控制时松时紧，法律在"专项整治"前后呈现弹性适用。专项整治指导有片面性，单纯将案件的查处升降状况作为衡量监管好与坏、工作情况优与劣的标准。另外，形式主义在"专项整治"的组织与实施过程中不同程度地存在，也成为影响"专项整治"效果的一个重要原因。有些人认为"专项整治"只是管一批，管一时，工作习惯于大呼隆，拉大网。在相当长的一段时期内专项斗争政出多门，内容重复，时间交叉，次数过频，范围太大，重点不突出，针对性差，打了不少消耗战、疲劳战，流于形式，效果不好。每次"专项整治"都强调要争取毕其功于一役，但是"专项整治"风刮过不久，各种违法生产经营现象又死灰复燃，一些违法行为人甚至被"整"出了经验，学会了躲"风头"，游弋于"专项整治"战役的空隙之间，使法律规制的权威性大大降低，造成了极坏的社会影响。在国家法律结构及质量安全监管环节的协调方面，总体上立法机关、司法机关、行政机关在"专项整治"中是相互配合、相互制约的，但是实际工作中相互推诿、责任模糊的问题也存在，有时还比较突出。强调独立行使职权和相互制约多，注意相互配合和协调统一少，从而使整体作战能力受到影响。具体来看，"专项整治"行动对程序法有意无意地破坏，往往使追求眼前效益的短期行为合法化，公安环节立案过程中容易出现偏差，导致治安状况失准和部分犯罪分子逃脱打击；刑警比例不足，业务素质不高，造成刑事案件破案率偏低；办案粗糙，证据不全，致使有些案件在批捕、起诉、审判各环节都比较被动；检察环节不同程度地存在该捕未捕、批捕率不高和该诉未诉、免诉面太大的问题；法院量刑幅度波动较大，审理财产刑案件往往单纯以数额论轻重；对公安侦察阶段和法院裁定过程中的法律监督缺乏有效性和权威性。"专项整治"中的重打轻防、重判轻教倾向明显，重新犯罪率较高；在欠发达地区，还存在许多人、财、物方面的实际困难，严重影响"专项整治"工作的开展。

4.3.4 "专项整治"式监管的未来

专项整治式监管因其对治理效率的追求和"一刀切"治理方式，往往导致对复杂的农产品质量安全问题处理过程简单化，不能满足农产品生产经营主体和消费者的利益诉求。对消费者相对集中的农产品市场实施重点监管，对社会关注热点重点监管，对领导重视的企业和产品重点监管，既可能导致资源和金钱的巨大浪费，又可能导致监管政策的执行者片面追求地方利益和政绩，对复杂的社会矛盾和冲突视而不见，使农产品质量问题得不到根本解决。

农产品质量安全问题是今后相当长一段时期内都会存在的社会现象。抑制、削减违法生产经营行为的积极因素会缓解农产品质量安全问题，同时助长、滋生违法生产经营行为的消极因素又会导致问题加剧，两种力量在一定范围和时期内此消彼长。"专项整治"式监管的出现具有一定的必然性和合理性，尤其在我国经济社会发展转型的特殊时期，人民内部矛盾凸显、违法生产经营行为层出不穷的现实面前，专项整治在集中力量做大事方面的作用和价值尤为重要（陈毅，2013）。需要指出的是，"专项整治"式监管是社会转型时期的临时性治理选择，与其存在的历史背景相同，发挥作用的时段会有一个基本的时间限定（徐银桂等，2003）。因此，应从以下层面完善专项整治式监管。

一是树立农产品质量安全"可持续监管"理念。

相对于规范的制度约束而言，监管理念对监管主体的行为具有更深层次的影响，"专项整治"式监管的执法内容应更正式地融入常规性工作规划中，或将重要的专项整治式监管事项制度化、常态化，自上而下的政府部门需逐步减少对监管部门的临时性指令任务安排，将临时性监管任务在年度工作计划中予以常态化体现。

二是运用新型现代化的监管方式和工具。

监管部门应更多地由惯于使用传统的命令、控制型监管方式转向使用信息披露与风险管理等监管方式。发达国家基于市场体制基础之上的"智慧型监管""回应性监管"等新型监管理念监管体系改革已发挥重要作用，客观上要求监管部门在我国的市场监管实践中对信息披露、风险管理等监管方式要更为灵活地应用，加快监管部门简政放权和行政许可改革等的步伐。

三是整合常规监管资源的配备。

在强化运用常规监管方式的过程中逐步弱化"专项整治"式监管方式。建立配置监管资源的制度化、常规化渠道，减少临时性监管任务安排和临时性监管资源配置的做法，防止临时性监管任务安排和临时性监管资源配置应用范围的扩大化。

四是多元引入监管绩效评估主体。

更多地依靠第三方机构和社会公众来参与监管绩效评估，逐步引入国际通行的监管影响评估体系（regulatory impact assessment，RIA）。自上而下单向压力型监管体制的长期存在是"专项整治"式监管方式频繁启用的重要原因，而体制环境影响的弱化则需要在监管绩效评估中更多地依靠第三方专业机构和社会公众，以减少自上而下的政绩考核带来的短期行为，可以预见，行业协会、专家学者和消费者组织等社会主体在农产品质量安全监管绩效评估中的参与度将不断提升。同时，为提升监管绩效评估与决策的科学性，应尽快引入经济合作与发展组织（OECD）国家通行的监管影响评估体系，优化监管措施收益和成本测算指标信息，为决策者和监管机构做出理性决策提供参考。

农产品质量安全专项整治式监管是各级政府及其部门在解决农产品质量问题时所做出的临时性政策工具选择。作为自上而下的指令启动监管形态，专项整治式监管具有提出政策议程、动员社会资源、调动多主体通力合作的优势，作为临时性政策工具，在政府行使行政职权、实施行政行为过程中已被熟练运用，长期以来，专项整治式监管已经演变成政府常态化的治理模式选择，如前所述，与我国当前经济与社会发展现状密切相关，有其存在的合理性（唐贤兴，2009）。农产品质量安全的形成原因复杂，专项整治式监管无法从根本上解决问题，实施的结果还会带来负面影响，专项整治行动难以治本，在社会主义法律体系已经逐步完善的背景下，农产品质量安全问题依然层出不穷、屡禁不止，社会公众对政府治理寄予了厚望，政府部门也面临着资源不足、政府内部各部门协调与合作等多方面的困难。鉴于专项整治式监管的临时性与非制度性，政府在未来治理工具选择中需顺应历史发展规律，在监管实践中实现从专项整治式监管向依法行政的转变。

4.4 农产品质量安全监管形态在不同监管体制下的绩效分析

总体而言，在政府部门单一监管体制框架下的农产品质量安全监管，主要运用三种监管方式来降低不安全风险，一是实施以质量追溯体系为核心的全程监管，二是规模组织式主体监管，三是专项整治式选择性监管，这三种方式均为相对独立地运作，专项整治式监管作为一种非制度化的治理实践，一直以来被当作农产品质量安全监管手段反复使用，已经形成了一种常态的治理行动，因其采用的方式和手段非常规，这种非常规的常态治理转变为符合常规的常态治理行动是必然趋势。本研究主要讨论质量追溯式过程监管和规模经营式组织化监管形态在单一和多元共治的监管体制下的绩效差异,从理论价值与实践意义上都有助于理解农产品监管体制从单一向共治演进的现实需求。

4.4.1 质量追溯式过程监管在单一监管体制下的绩效体现

现如今,突飞猛进发展的信息技术体系已成为农产品质量安全追溯体系监管的重要支撑,安全信息的采集、披露和运用作为质量追溯的重要手段,较大程度地实现了农产品质量安全监管的功能。实践中,信息技术的运用为建立农产品质量安全追溯体系提供了重要保障,同时质量追溯体系在运行过程中的运营与维护也要以信息共享为支撑,农产品质量追溯体系作用的正常发挥离不开建设、运营与维护成本的投入(谢康等,2015)。

表 4.1 为是否选择构建质量追溯体系的生产经营主体与消费者行为选择的博弈支付矩阵,其中,Q–G 代表生产经营主体的效用,P 表示消费者的获益,Q 表示农产品生产经营主体的获益,G 表示质量追溯体系的建设、运营与维护成本。

表4.1 追溯体系治理下农产品生产经营主体与消费者的博弈分析

	无可追溯体系		有可追溯体系	
	生产安全食品	生产不安全食品	生产安全食品	生产不安全食品
消费者购买	P_1, Q_1	P_2, Q_2	P_1, Q_1–G	P_2, Q_2–G
消费者拒绝购买	P_3, Q_3	P_4, Q_4	P_3, Q_3–G	P_4, Q_4–G

从表 4.1 可见,在没有建立质量追溯体系的情况下,消费者如果倾向于选择不安全农产品,获益将会是最低的,而生产经营主体的获益可能会最高;消费者如果倾向于购买安全的农产品,其获益可能会最高,而在消费者拒绝购买安全农产品时生产经营主体的获益则会最低,即 $\max(P_i)=P_1$,$\min(P_i)=P_2$,$\max(Q_i)=Q_2$,$\min(Q_i)=Q_3$。从对博弈矩阵的分析可以判断,"消费者拒绝购买不安全农产品"和"生产经营主体提供不安全的农产品"就可能成为唯一的纳什均衡,在纳什均衡状态下,农产品生产经营主体就有了生产不安全农产品的积极性,产生了囚徒困境问题。

反观建立了质量追溯体系的情形,为确保质量追溯体系的正常运行,农产品生产经营主体需要投入一定的运营与维护成本 G,G 的大小与生产经营主体之间的信息对称程度 θ 呈负相关,也就是说当信息对称程度越高时,G 越小;信息对称程度越低时,G 越大。在建立了质量追溯体系的情形下,消费者有获取农产品质量安全信息的便捷途径,因此,购买不安全农产品的概率会大大缩减。而当生产经营主体了解消费者的购买行为选择时，在对是否选择建设质量追溯体系时，生产经营主体会对不同情况下纳什均衡状态的收益进行比较，选择生产安全农产品的概率也会大大增加，从而消除机会主义的动机。

如表4.1所示，有$Q_1>Q_4$，因而当θ较大时，存在一个较小的G，使得$(Q_1-G)>Q_4$，这时"消费者购买安全农产品"和"生产经营主体提供安全农产品"是唯一的纳什均衡，农产品生产经营主体有了投资建设质量追溯体系的积极性；如果建立和维护质量追溯体系的成本能在消费者和生产经营主体之间均衡分配，如果社会整体福利存在帕累托改进空间，也就是$(P_1+Q_1-G)>(P_4+Q_4)$时，农产品生产经营主体就仍会有投资建设质量追溯体系的积极性；当θ较小时，G较大，当$(Q_1-G)<Q_4$时，"消费者拒绝购买不安全农产品"和"生产经营主体提供不安全农产品"是唯一的纳什均衡，此时生产经营主体便失去了投资建设质量追溯体系的积极性。如果农产品生产经营主体缺少投资建设质量追溯体系的动力，而政府部门又强制性要求生产经营主体开展质量追溯，为减少成本G，很多生产经营主体会采取降低成本投入的机会主义行为，而这种选择会影响质量追溯体系的运行，也会降低质量追溯体系的信誉度。根据上述分析，可以得出结论：通过质量追溯体系中信息的采集、披露和运用，对农产品生产、经营和流通过程中的隐患具有震慑性治理效果，但建设和维护质量追溯体系需要信息技术支撑，其中的信息采集和披露会产生较大的运营成本，难免削减农产品生产经营主体建设质量追溯体系的动力，也削减了该体系的威慑力。

以农业部开展的农产品质量安全追溯试点为例，近年来，农业部在种植、畜牧、水产行业布置实施了农产品质量安全追溯试点，很多省份也开始尝试地方质量追溯平台建设，并投入监管实践。农产品质量追溯体系建设已正式纳入《全国农产品质量安全检验检测体系建设规划（2011—2015年）》，总投资4985万元，主要针对信息平台与信息系统的开发建设投资，确保蔬菜、水果、大米、猪肉、牛肉、鸡肉和淡水鱼等7类产品在生产、经营与流通各环节建立备案和记录制度，做到主体责任清晰、产品去向可追踪，切实满足农产品质量安全监管对信息共享的现实需求（温婧璐，2015）。

2015年黑龙江省建成了集政务信息管理和质量追溯管理于一体的"黑龙江省农产品质量安全追溯公共服务平台"。该平台集生产信息、部门监管和消费者查询三大功能于一体，面向全省农产品生产经营主体免费开放，系统集成了327家生产经营主体的水稻、玉米、大豆、杂粮、果蔬和食用菌等六大类产品的数据信息，涉及1089个产品，进入市场的产品均打"码"销售，信息包括产地情况、投入品使用、包装标识、质量监测等关键环节，基本建成了生产与流通过程主体责任明确、产品信息可跟踪、信息共享的农产品质量追溯体系（温婧璐，2015）。显然，在政府逐年增加财政投入的背后，是农产品生产经营主体单独投资建设质量追体系的高成本与低动力。

4.4.2 规模经营组织化监管在单一监管体制下的绩效体现

根据《农产品质量安全法》第二十四条、第二十六条的规定，农产品质量安全监管所对应主体是农产品生产企业、农民专业合作社、农业生产基地及生产经营达到"一定规模"的农户，而且并没有强制要求未达到"一定规模"的农户"在生产活动中应当建立完整的生产过程记录和受检情况记录"。由于上位法中"一定规模"的农户的界定标准主要由各地县级人民政府农业行政主管部门认定，因而各地农产品监管部门的操作标准和针对主体自然存在一定的差异。在上位法缺乏明确界定的情况下，目前的监管对象基本不涉及未达到"一定规模"的散户生产经营者。针对农产品行业难以通过完备契约实现有效监管的状况，进行有效的组织设计已成为常见的辅助手段之一，如通过规模经营实现各环节生产经营主体间的外部契约内部化，应对由质量信息不可契约化带来的监管难题，从而提升各环节对农产品质量维护的激励。本部分先通过模型论证以规模经营为主导的组织化监管的动因，分析规模经营组织化监管模式对农产品质量安全信息共享与披露的影响。假设规模大小是农产品生产经营主体的一个连续型决策变量，规模经营会给核心主体带来整体成本的优化，包括组织内部管理成本 A 与外部交易成本 B。假设在生产加工环节的管理成本和交易成本分别为 A_1、B_1，在运输流通环节分别为 A_2、B_2，两个主体在纵向联合后管理总成本为 $A=A_1'+A_2'$，交易总成本为 $B=B_1'+B_2'$。显然，当实施组织化规模经营后，信息对称程度的提高会使交易总成本 $A<A_1+A_2$ 增加，当完全实施纵向一体化时，$B=0$。然而，A 也会随着规模经营扩大而逐步变大，主要包括以下三种情形：当作为生产经营主体的甲掌握了充分的资源时，$A<A_1+A_2$，甲就会主动走向联合等组织化监管设计；随着经营规模的扩大，当规模经营的资源配置超过资源的最高配置效率时，有 $A>A_1+A_2$，此时若满足 $(A+B)<(A_1+A_2+B_1+B_2)$，即规模经营后总成本依然能够降低，则该生产经营主体仍有动力进行规模化经营；而当 $(A+B)\geqslant(A_1+A_2+B_1+B_2)$ 时，该主体将不再有动力进行规模化经营。因此，是否采取规模经营及决定规模经营程度高低的关键在于内部管理成本与外部交易成本之间的最优平衡。

当生产经营主体实施规模化经营后，信息对称程度的提高将有助于提升各主体间的协同效率，但信息共享在客观上需要一定的成本投入支撑。假设 α 代表协同效率提高后所获得的效益，即主体选择规模经营后因交易成本的下降，单位产出成本也随之下降而带来的效益，β 代表信息共享支出增加成本，即管理成本投入不断增加，因此导致的单位产出成本增加，随着规模化经营程度或信息对称程度的提升，协同效益会出现边际递减效应，而信息共享成本会出现边际递增效应，

假设 F 为单位信息对称程度的提高带来的净收益,且 F 的表达式为

$$F = \alpha \ln \theta - \beta \theta$$

式中,$\alpha > 0$,$\beta > 0$。显然,对 F 求导,可以得到最优信息对称程度 θ^*,可以解得 $\theta^* = \sqrt{\alpha/2\beta}$。当生产经营主体没有进行规模化经营时,由于农产品行业信息不对称程度较高,因此生产经营主体间协同效率较低(α 较小),且信息共享成本较高(β 较大),所以最优信息对称程度 θ^* 就会很低。与此同时,各生产经营主体的组织化规模经营决策目标趋于很低的信息对称度;当各生产经营主体逐步进行规模化经营时,α 将逐渐增大,β 将随规模化程度的增大呈现先减小后增大的趋势,因而 θ^* 将先增大后减小,故存在一个最优化规模经营程度,使得各生产经营主体选择最优化规模经营的决策效用。显而易见,只有当农产品生产经营行业协同效率较高,且信息共享成本较低时,最优信息对称程度 θ^* 才较大,此时各生产经营主体在选择最优化规模经营决策效用的同时也提高了行业的信息对称程度。由此分析可知:农产品生产经营主体会选择一个最优规模经营程度以最大化规模经营的决策效用,但农产品经营主体的规模经营选择是否能提高农产品行业的信息对称程度,主要取决于农产品行业的规模经营效率和信息共享成本。

例如,国内奶粉行业占有一席之地的某乳业,这家号称已实现"全程可追溯"的企业,为确保奶源安全,积极向产业链上游拓展,参与并控制农户养殖的过程,该企业自建 10 万头奶牛的绿色牧场,其奶粉产品用手机扫描底部二维码后,这罐产品的奶源进场、半成品原料进场、箱位、批号、包材、生产指令、包装车间、成品入库、出厂批次、运量、经销商、销售门店等 18 项"身份信息"全部显现。全程追溯体系建立后,想要追溯任何环节的责任人都能找到,如果产品有问题,可反向追溯回厂家,实现了一罐奶粉从奶源到餐桌的全程"可追溯"。然而,由于乳品行业生产经营及流通的自有特性,该乳业在生产经营过程中的信息共享成本依旧未能降低,行业的信息对称程度也未能因个别主体的努力而有所改观。

由上述分析可知,在以政府监管为核心的单一监管体制下,农产品生产经营主体与政府的合作利益关系及与消费者的委托代理关系明显不对等,政府监管中各部门条块分割的组织结构也造成质量追溯体系、生产经营主体的规模化经营等监管形态相对独立地运作,在监管实践中没有进行有效的协同与配合。

在农产品质量安全社会共治体制下,农产品生产经营主体不仅需要加强与政府的合作利益关系,还需要考虑与其他社会组织、消费者、媒体及相关主体之间的互利共赢关系,实践证明,各监管形态之间只有进行协同与融合,才能在农产品质量安全监管实践中有效应对社会共治多主体之间的制衡与合作需求。

4.4.3 规模经营组织设计与质量可追溯体系的协同

前文分析表明,在以政府部门监管为核心的单一监管体制下,质量可追溯体系与规模经营组织设计等监管形态基本处于相对独立的运作状态,但它们在农产品质量安全监管实践中单独发挥作用时的局限已经凸显。在社会共治体制下各监管形态在有效协同下能够提升监管效率,那么各监管形态如何进行协同?这是本部分要具体重点探讨的问题。首先,假设农产品生产经营主体面临规模化经营和质量可追溯体系建设的决策问题,θ_0 为农产品生产经营主体进行规模经营或质量可追溯体系建设决策前的初始信息对称程度,$G(\theta)$ 为质量追溯体系运营和维护成本。根据前文模型分析,农产品生产经营主体是否建立质量追溯体系,仅当 $G<(P_1+Q_1)-(P_4+Q_4)$ 时,主体才有动力投资建设质量追溯体系。主体在进行规模化经营的决策时,会选择一个 θ^* 以最大化规模经营收益 $F(\theta)$,此时有 $F(\theta^*)-F(\theta_0)>0$,且 $\theta^*>\theta_0$,因而 $G(\theta_0)-G(\theta^*)>0$。于是,当生产经营主体选择进行规模经营和质量追溯体系的建设时,与初始状态相比,可以获得的额外收益为 $F(\theta^*)-F(\theta_0)+[G(\theta_0)-G(\theta^*)]$。因而当生产经营主体选择进行规模化经营时,生产经营主体会主动选择进行质量可追溯体系的建设,当且仅当 G 满足下式:$G<(P_1+Q_1)-(P_4+Q_4)+F(\theta^*)-F(\theta_0)+[G(\theta_0)-G(\theta^*)]$。将规模经营前后生产经营主体质量追溯体系建设的条件要求进行对比,不难发现,选择规模经营使生产经营主体进行质量追溯体系建设的积极性显著提升。同时,可以看出,农产品质量追溯体系的运行绩效能够促进生产经营主体之间的有效协同,在很大程度上激励了生产经营主体进一步开展适度规模经营。因此,可以得出如下结论:在考虑激励农产品生产经营主体进行质量可追溯体系建设时,规模经营是组织形式设计的必然选择趋向,因为规模化的生产经营主体建设质量追溯体系能够获得更大的收益,会激励自身更主动地建设质量追溯体系,而质量追溯体系建设也有助于促进生产经营主体进一步走向适度规模经营。

自2008年开始,全国农垦企业正式开展农产品质量追溯体系建设。截至2015年,实施质量追溯企业数量达到342家,遍布全国28个垦区,纳入追溯体系的种植业产品规模达到668万亩、畜禽产品7457万只(头)、水产品60万亩,范围基本涵盖了谷物、蔬菜、水果、茶叶、畜禽肉、禽蛋、水产、牛奶等主要农产品及葡萄酒等农产加工品。2014年,质量追溯农产品产量总计已达到230.56万t。开展质量追溯的同时,黑龙江垦区还示范带动81家地方农业企业、农民专业合作社建立质量追溯体系。2008年,黑龙江垦区正式加入全国农垦农产品质量追溯体系建设项目,截至2014年,黑龙江垦区已有62家企业成为农垦农产品质量追溯建设单位。这些生产经营主体均是在规模化经营的基础上开展质量可追溯体系的建设的(黄芳等,2014)。

4.4.4 社会共治体制下两种监管形态的有效协同

综上所述,质量追溯体系的制度安排能够提供具有震慑性治理效果的信息,有效应对农产品质量安全问题,但质量追溯体系建设中的信息采集和披露会产生一定的成本,从而会影响生产经营主体建设该体系的动力,也会影响该体系监管效果的威慑程度。规模化生产经营组织的制度安排,会使生产经营主体选择最优规模程度以最大化决策效用,但农产品生产经营主体的规模经营决策不一定能提高农产品行业的信息对称程度。在以政府监管为核心的单一监管体制下,由于各监管形态基本上独立运行,缺乏相互的配合与协同,各自优势无法充分发挥,劣势也无法得到有效弥补。在农产品安全社会共治体制框架下,通过两种监管形态在制度安排上的互补和协同,能够有效规避各自劣势带来的不利影响,形成混合治理的优势。也就是说,以规模经营为代表的组织设计式监管能够降低质量追溯体系的建设和运营成本,激励生产经营主体主动做出质量追溯体系建设决策,而质量追溯体系的建设又会为促进生产经营主体进一步优化经营规模提供动力。通过两者的协同能降低农产品生产经营过程中各方出现机会主义的可能性(图4.1)。

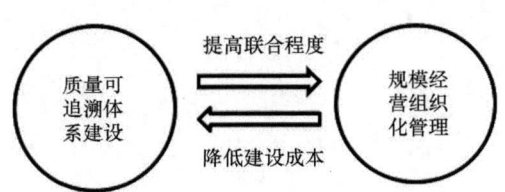

图 4.1 两种监管形态

本部分讨论表明,在现行农产品质量安全监管体制下,质量追溯体系与规模经营组织设计式监管在实践中处于相互分离状态,彼此缺乏有效的协同,已成为农产品质量安全监管制度失灵的主要原因之一。因此,应致力于建构政府监管与相关主体共同参与的社会共治体系,形成以政府部门为主导、生产主体自律、多主体相互协调监督的社会共治模式。

4.5 本章小结

在农产品质量安全治理体制由单一监管体制向社会共治转型的实践背景下,质量追溯体系建设与规模经营组织设计式监管两种制度安排之间的优势互补和相互协同,对于提升监管效率具有重要的理论价值和实践意义。在以政府监管为核心的单一监管体制下，质量追溯体系建设与规模经营组织设计式监管形态相对独立地发挥作用，由于两种监管形态之间缺乏有机结合，各自运行过程中的缺陷难以及时弥补，从而导致了农产品质量安全监管的低效率。随着我国农产品质量安全监管体制由单一监管向社会共治逐步转型，政府、生产经营主体、消费者、媒体等多方主体的共同参与及相互监督，各主体之间的关系发生根本改变，社会共治体制对不同监管协同提出了迫切需求。本章就是对这种现实管理需求及其应对进行讨论，结果表明：在以政府监管为核心的单一监管体制下，由于不同监管形态之间的协同缺乏需求，因此在质量追溯体系建设与规模经营组织设计式监管中，各自的优势难以得到充分发挥，劣势也无法得到有效弥补，各监管形态之间在社会共治体制下有迫切的协同需求，通过两种监管形态的相互结合形成混合治理，实现农产品质量安全治理过程中各环节治理的相互协调。

5 基于种植户农药施用行为的农产品质量安全社会共治的主体作用分析

5.1 研究概述

在产生农产品质量安全问题的诸多因素中,本章选择种植户农药施用行为作为定量分析的切入点,将作为生产经营主体及消费主体的种植户与政府、消费者、社会组织、媒体、专家等纳入农药施用行为这一关注点,将社会共治中政府主导、生产经营主体自律及其他主体积极监督的运行机制纳入同一框架和语境中讨论。

随着中国农产品质量安全监管力度的不断加大,农产品质量安全状况有所改观。农业部在 2014 年开展"农产品质量安全监管年"活动,重点针对农药及农药施用情况开展专项治理,部分地区严格高毒农药管理,推行定点经营与实名购买制度,对低毒生物农药施用行为实施示范补贴政策,成效明显。同年,国家卫生和计划生育委员会与农业部协同,联合发布了最新版农药残留国家标准,涵盖了 387 种农药在 284 种食品中的 3650 项最大残留限量规定,涉及我国常用农药品种和常见农产品与食品种类。针对化肥、农药施用量逐年增加的现状,2015 年 3 月,农业部启动农药施用量零增长行动,计划到 2020 年化肥和主要农作物农药利用率均达到 40%以上,努力实现农作物化肥、农药施用量零增长(武胜男和靳东林,2016)。

国内外诸多研究文献为农产品质量安全监管体制改革与制度需求提供了大量的经验,同时在研究视角上也存在一些可拓宽的空间,如:大部分研究主要是从政策角度探讨农产品质量安全监管中的政府行为,而缺乏对政府监管职能及路径的经验分析;大部分研究在分析农产品质量安全监管中的政府行为时缺少明确的考察单位,没有从农产品的最基本生产经营主体又是消费主体的种植户角度去理解其行为逻辑;也缺乏对农产品质量安全监管中政府的单向监管与多主体共同治理的深入剖析。基于此,本章以对种植户农药施用行为的实地调查数据为基础,重点讨论政府在农药施用监管中的政策供给效果,并运用贝叶斯分类推理模型深入剖析政府及相关主体行为对种植户农药施用行为的具体影响,为农产品质量安全社会共治中多元主体的行为选择提供依据。

5.1.1 研究背景与理论假设

农业生产环境的改善具有长期性，农药残留带来的持续影响一直是我国政府部门实施监管控制的一大难题，这种监管困境难以在短时期内改变。近年来，政府部门也试图通过监管体制改革来摆脱监管困境，但监管体制改革在基层农村收效甚微，这与我国现阶段小规模分散经营有直接关系，也受农业保险机制不健全、农业生产利益比较低下的影响。在农产品质量追溯制度不完善的现实背景下，出于对投入成本与产出效益的考虑，种植户很难自觉遵守农药施用的相关法规和标准，这在客观上增加了农产品质量安全监管的难度。

作为市场经济中的生产经营主体，种植户对生产经营活动拥有完全的自主权（王建华等，2015），为便于问卷设计及结果讨论，现提出三个假设：①作为农产品的生产经营者，种植户以市场供给者的身份成为真正的市场主体，其生产经营决策既有相对独立性，又受到来自政府、社会组织、消费者、媒体等多元主体的影响；②作为生产经营主体的种植户同时也是消费者，其行为具有生产与消费的双重性；③在种植户生产经营行为决策中，政府部门起主导作用，同时由于政府监管的有限性，相关主体的监督与引导能够提高政策法规的适用性和执行过程的有效性。

5.1.2 方法的选择

为梳理政府及相关主体行为对种植户农药施用行为的作用机制，本章研究采用贝叶斯分类推理方法，以种植户农药施用过程中政府及相关主体的作用影响为分析基点，即把种植户施药行为作为先验概率，把政府及相关主体行为对种植户施药行为的影响作为条件概率，根据贝叶斯分类推理公式，计算农户施药行为在政府和相关主体共治同治理条件下的后验概率，在计算出后验信息后，依此判断以种植户农药施用行为为视角的政府及相关主体农产品质量安全监管的效果。贝叶斯分类推理方法有其自身的优点，即把有向无环图与概率理论相结合，克服了很多研究方法在理论和方法上的不足，使推理结果比较直观（卫龙宝和王恒彦，2005）。实践中，在深入探究政府及相关主体农产品质量安全监管行为时会受到一些不确定性因素的干扰，例如，我们在问卷发放和访谈中发现，很多被调查对象在表述过程中可能是心理因素的关系，给调查员一种言不由衷的感觉，难免会产生数据失真、数据缺失等问题。贝叶斯分类推理方法恰恰具有克服上述不足的优势，对不确定性数据的处理具有一定的科学性。贝叶斯分类推理方法有多种应用形式，贝叶斯分类器是其中之一，其原理是，先不考虑种植户施药行为的先验概率,利用贝叶斯公式计算出种植户施药行为的后验概率。贝叶斯分类器在使用过程中需要大量数据,运算过程较烦琐。为提高运算效率,在保证实证经验结果可靠性的基础上,本章在处理政府与多元主体对种植户施药行为影响关系的调查数据时运用了简单、高效的朴素贝叶斯分类方法。

5.1.3 分析模型构建

本章采用贝叶斯分类推理方法,以种植户农药施用行为对农产品质量安全的影响为讨论基点,分析农产品质量安全监管中政府职能发挥与多主体参与监督治理的行为效果,即以政府及相关主体对种植户农药施用行为选择的影响概率为分析出发点,判断政府监管及相关主体监督引导对种植户农药施用行为选择的影响范围。贝叶斯分类推理作为一种较新的统计推断方法,在运用过程中能够考虑变量的条件独立特征,得出的判断结论较为准确、合理,运算过程效率较高。用贝叶斯分类推理分析政府及相关主体农产品质量安全监管行为对种植户农药施用行为的影响,分析模型为

$$P(A_j|B_i) = \frac{P(A_j)P(B_i|A_j)}{P(B_i)} \tag{5.1}$$

式中,变量 A 表示种植户的农药施用行为,变量 B 表示政府及相关主体的农产品质量安全监管行为;j 表示变量 A 有 n 个类别,i 表示变量 B 有 m 个类别,那么,$P(A_j)$ 为不受政府及相关主体监管行为影响下种植户农药施用行为选择的概率,是先验概率;$P(B_i)$ 为农产品质量安全监管中政府及相关主体行为发生的概率,是基础概率;$P(B_i|A_j)$ 为种植户农药施用行为发生后政府及相关主体治理行为发生的条件概率,也即政府及相关主体监管行为的后验概率;$P(A_j|B_i)$ 为政府及相关主体监管行为影响种植户农药施用行为选择的条件概率,也即种植户农药施用行为的后验概率。

5.2 数据来源与结果分析

5.2.1 数据来源

为确保调查对象的覆盖范围,兼顾数据的典型性与广泛性,本研究将分层抽样与随机抽样相结合,最大限度体现政府与多元主体参与农品质量安全监管时间效果的客观性,2016 年 7~8 月利用指导大学生暑期社会实践的时机,在做好调研培训的基础上,组织 40 名学生深入黑龙江省 5 个地区。具体调查过程如

下：首先，在全省按照地理位置确定选择了东、西、南、北、中 5 个分布地域，即中部的哈尔滨、绥化地区，北部的黑河、大兴安岭地区，西部的齐齐哈尔、大庆地区，东部的佳木斯、鹤岗、伊春地区，南部的牡丹江、鸡西地区。分别从 5 个分布地域中各选取两个典型农业生产县作为第一阶段的抽样调查点，包括以大豆为代表性农作物的齐齐哈尔、以蔬菜为代表性农作物的哈尔滨、牡丹江，以水稻为代表性农作物的佳木斯，以果蔬为代表性农作物的大庆大同区。其次，根据这 5 个地域的地形特征、主导产业、主要农产品产量等统计信息，在每个地区选择 2 个乡镇（合作社）作为第二阶段的分层抽样调查点。再次，根据各县（区、市）农村居民人均纯收入水平的总体状况，在每一个县的调查点选择了 5 个行政村，按照平均收入水平很高、较高、中等、较低、很低的划分标准确定第三阶段分层抽样的调查点。最后，作为最基层样本村，在每个村随机抽取 10 个农户进行入户访谈和问卷调查。本次调查共发放问卷 500 份，回收问卷 462 份，剔除无效问卷 22 份，得到有效问卷 440 份，问卷有效回收率 88%。

5.2.2　调查问卷的构成

本次调查问卷设计主要从 6 个维度来测量种植户的施药行为，包括种植户是否施用农药、购买农药时是否关心农药价格高低和安全性、是否了解生产过程中禁止使用的农药品种和名称、是否考虑农药施用安全间隔期、是否重视农药残留引发的农产品安全风险及是否过量施药等。

从政府与多元主体对种植户施药行为的影响维度，主要考虑了 17 个侧重点。其中，有 6 个维度涉及政府监管，包括政府对施药培训的组织、对农产品农药残留进行检测、是否进行合理施药宣传、是否处罚违规施药行为、对生物农药施用是否给予补贴、是否关注政府发放的农药施用标准等。另外 11 个维度主要是从多元主体参与监管的角度考虑对种植户施药行为的影响，如是否参加农业产业化组织（合作社维度）是对社会组织的关注；能否从农业技术指导人员获得农药施用知识，能否从媒体了解安全施用农药信息主要考虑了科研人员、媒体参与监督的维度；是否了解农产品质量等级越高价格就越高，是否会因为生产成本高承担不起而难保证按标准施药，若农产品销售价格有保证是否选择按操作规程施药，是否担心自己购买的农产品的农药残留状况，若存在质量问题时是否会谴责或追究责任等则是从市场机制、消费者等维度考虑对种植户施药行为的监管。表 5.1 为政府及相关主体行为与种植户施药行为数据的基本特征。

表 5.1 政府、市场等主体农产品安全风险治理行为和种植户农药施用行为数据特征

行为类别	编号	行为选择	选项	频数	频率/%
农户施药行为	A_1	施用农药	是	406	92.2727
			否	34	7.7273
	A_2	购买农药时关心农药价格高低和安全性	是	370	84.0909
			否	70	15.9091
	A_3	了解禁止使用的农药品种和名称	是	272	61.8182
			否	168	38.1818
	A_4	考虑施药安全间隔期	是	345	78.4091
			否	95	21.5909
	A_5	重视农药残留	是	325	73.8636
			否	115	26.1364
	A_6	过量施药	是	398	90.4545
			否	42	9.5455
政府与多元主体的治理行为	B_1	组织施药培训	是	214	48.6364
			否	226	51.3636
	B_2	对农产品农药残留进行检测	是	215	48.8636
			否	225	51.1364
	B_3	合理宣传施药	是	261	59.3182
			否	179	40.6818
	B_4	处罚违规施药行为	是	260	59.0909
			否	180	40.9091
	B_5	对生物农药施用给予补贴	是	212	48.1818
			否	228	51.8182
	B_6	参加农业产业化组织即合作社	是	157	35.6818
			否	283	64.3182
	B_7	关注政府发放的农药施用标准	是	286	65.0000
			否	154	35.0000
	B_8	农业技术指导人员指导农药施用	是	249	56.5909
			否	191	43.4091
	B_9	从媒体了解安全施用农药信息	是	295	67.0455
			否	145	32.9545
	B_{10}	了解安全农产品	是	301	68.4091
			否	139	31.5909
	B_{11}	了解农产品质量等级越高价格就越高	是	265	60.2273
			否	175	39.7727
	B_{12}	生产成本高很难保证按标准施药	是	280	63.6364
			否	160	36.3636

续表

行为类别	编号	行为选择	选项	频数	频率/%
政府与多元主体的治理行为	B_{13}	如果有补贴是否选择生产安全农产品	是	406	92.2727
			否	34	7.7273
	B_{14}	安全农产品价格有保证，按规程施药	是	403	91.5909
			否	37	8.4091
	B_{15}	担心自己购买的农产品的农药残留	是	392	89.0909
			否	48	10.9091
	B_{16}	农药残留检测设备和技术是否需加强	是	396	90.0000
			否	44	10.0000
	B_{17}	购买的农产品有质量问题时，是否追究责任	是	367	83.4091
			否	73	16.5909

从种植户农药施药行为来看，92%以上的被调查种植户在农业生产过程中施用农药，约84%购买农药时关心农药价格高低和安全性，但在施药过程中只有约61.81%的人了解生产过程中禁止使用农药的农药品种和名称，施用农药过程中，考虑施用安全间隔期和农药残留的不到80%，近90%的被调查种植户都有过量施用农药的行为。从政府部门对施药行为的治理来看，约有48%的被调查农户表示政府组织过农药合理施用的相关培训、提供了生物农药施用补贴并对农产品农药残留进行检测，有65%的被调查种植户表示关注了政府发放的农药施用标准，约68.4%的样本种植户表示了解安全农产品，且只有50%左右的被调查户认为政府部门有对农产品农药残留的检测、宣传施药知识与法规及对违规施药行为处罚等监管措施，在这些被调查种植户中，约有92%的用户表示如果当地政府有补贴，他们愿意选择生产安全农产品，若是安全农产品销售价格有保证，他们更愿意选择按操作规程施药，有80%以上的被调查者担心自己购买的农产品的农药残留状况，认为农药残留检测设备和技术需要加强，如果他们购买的农产品存在质量问题时，他们会谴责或追究生产者、销售者的责任。

5.2.3 结果分析

本文运用MATLAB软件对440组数据进行分析，根据表5.1得出先验概率（表5.2）和条件概率（表5.3），又根据贝叶斯分类推理模型[式（5.1）]得到后验概率，在以上数据分析基础上讨论政府及相关主体对种植户施药行为的影响。

本文运用MATLAB软件计算得出，种植户农药施用行为发生后政府及相关主体治理行为发生的条件概率（表5.3）。首先，统计施药种植户的样本数，筛选在这些样本中政府及相关主体对种植户进行施药培训的频数；然后，计算种植户农药施用行为发生后政府对其进行施药培训的条件概率。

表 5.2 种植户农药施用行为的先验概率

行为选择	选项	编号	先验概率
施用农药	是	$P(A_1)$	0.922727273
	否	$P(\overline{A_1})$	0.077272727
购买农药时关心农药价格高低和安全性	是	$P(A_2)$	0.840909091
	否	$P(\overline{A_2})$	0.159090909
了解生产过程禁止使用的农药品种和名称	是	$P(A_3)$	0.618181818
	否	$P(\overline{A_3})$	0.381818182
考虑施药安全间隔期	是	$P(A_4)$	0.784090909
	否	$P(\overline{A_4})$	0.215909091
重视农药残留	是	$P(A_5)$	0.738636364
	否	$P(\overline{A_5})$	0.261363636

注：种植户农药施用行为的先验概率是基于440组数据统计得到的概率，表5.2中的数据与表5.1中的种植户农药施药行为数据一致，但意义有所不同。表5.1中的有关种植户农药施用行为的数据仅呈现了6类农药施用行为的频数和频率，而表5.2中的数据则是种植户农药施用行为发生的概率，表示未受到政府治理行为影响时种植户各种施药行为发生的可能性

表 5.3 种植户农药施用行为发生后政府、市场等相关主体农产品安全风险治理行为选择的条件概率

行为选择		考虑施药安全间隔期		重视农药残留		过量施药	
		考虑	不考虑	重视	不重视	过量	不过量
组织施药培训	是	0.5159	0.3789	0.5323	0.3565	0.4774	0.5714
	否	0.4841	0.6211	0.4677	0.6435	0.5226	0.4286
对农产品农药残留进行检测	是	0.5449	0.2842	0.5354	0.3565	0.4749	0.6190
	否	0.4551	0.7158	0.4646	0.6435	0.5251	0.3810
合理宣传施药	是	0.6348	0.4737	0.6523	0.4522	0.6005	0.5952
	否	0.3652	0.5263	0.3477	0.5478	0.3995	0.4048
处罚违规施药行为	是	0.6261	0.4632	0.6215	0.5043	0.5930	0.5714
	否	0.3739	0.5368	0.3785	0.4957	0.4070	0.4286
对生物农药施用给予补贴	是	0.5159	0.3579	0.4985	0.4348	0.4799	0.5000
	否	0.4841	0.6421	0.5015	0.5652	0.5201	0.5000
参加农业产业化组织即合作社	是	0.3913	0.2316	0.3938	0.2522	0.3744	0.1905
	否	0.6087	0.7684	0.6062	0.7478	0.6256	0.8095
关注政府发放的农药施用标准	是	0.7565	0.2632	0.7508	0.3652	0.7085	0.0952
	否	0.2435	0.7368	0.2492	0.6348	0.2915	0.9048
从农业技术指导人员获得施药知识	是	0.6087	0.4105	0.6246	0.4000	0.5804	0.4286
	否	0.3913	0.5895	0.3754	0.6000	0.4196	0.5714
从媒体了解安全施	是	0.7188	0.4947	0.7323	0.4957	0.6734	0.6429

续表

行为选择		考虑施药安全间隔期		重视农药残留		过量施药	
		考虑	不考虑	重视	不重视	过量	不过量
用农药信息了解安全农产品	否	0.2812	0.5053	0.2677	0.5043	0.3266	0.3571
	是	0.7565	0.4211	0.7631	0.4609	0.7010	0.5238
了解农产品质量等级越高价格就越高	否	0.2435	0.5789	0.2369	0.5391	0.2990	0.4762
	是	0.5942	0.6316	0.6277	0.5304	0.5905	0.7143
	否	0.4058	0.3684	0.3723	0.4696	0.4095	0.2857
成本高很难保证按标准施药	是	0.6348	0.6421	0.6554	0.5826	0.6960	0.0714
	否	0.3652	0.3579	0.3446	0.4174	0.3040	0.9286
有补贴选择生产安全农产品	是	0.9362	0.8737	0.9077	0.9652	0.9146	1.0000
	否	0.0638	0.1263	0.0923	0.0348	0.0854	0.0000
保护安全农产品价格选择按规程施药	是	0.9478	0.8000	0.9323	0.8696	0.9171	0.9048
	否	0.0522	0.2000	0.0677	0.1304	0.0829	0.0952
担心购买的农产品的农药残留状况	是	0.9246	0.7684	0.9323	0.7739	0.8920	0.8810
	否	0.0754	0.2316	0.0677	0.2261	0.1080	0.1190
农药残留检测设备和技术是否需加强	是	0.9420	0.7474	0.9200	0.8435	0.9196	0.7143
	否	0.0580	0.2526	0.0800	0.1565	0.0804	0.2857
购买农产品存在质量问题追究责任	是	0.8580	0.7474	0.8492	0.7913	0.8467	0.7143
	否	0.1420	0.2526	0.1508	0.2087	0.1533	0.2857

种植户农药施用行为的后验概率仅反映表 5.1 中政府及相关主体行为选择为"是"时对种植户农药施用行为的影响，即政府组织施药培训、对农产品农药残留进行检测、合理宣传施药、处罚违规施药行为、对生物农药给予补贴及禁止使用高毒农药、构建农药施用标准、农药施用知识宣传、价格机制等对种植户农药施用行为选择的影响，也就是要计算在政府和相关主体影响下种植户施用农药、考虑施药安全间隔期、重视农药残留和不会过量施用农药的概率。

对于后验概率的计算，已知不考虑政府和相关主体行为影响的任何种植户农药施用行为发生的概率为 $P(A_i)$，可由样本数据统计得出的频数与样本总量求得。再运用贝叶斯分类推理模型计算出政府和相关主体影响下种植户农药施用行为的后验概率，即在政府和相关主体实施各项行为条件下种植户各项行为选择的概率。对于政府的监管行为，本文假设，只有种植户认可的，才是有效的行为。例如，假设政府组织了施药培训，如果种植户未接受培训，则认为政府的培训行为无效。

将表 5.2、表 5.3 中的数据代入（5.1）式，通过 MATLAB 软件得出政府和相关主体监管对种植户农药施用行为选择影响的条件概率，即种植户农药施用行为的后验概率，结果如表 5.4 所示。

5 基于种植户农药施用行为的农产品质量安全社会共治的主体作用分析

表 5.4 政府、市场等相关主体农产品安全风险治理对种植户农药施用行为影响的条件概率

行为选择	组织施药培训	对农产品农药残留进行检测	合理宣传施药	处罚违规施药行为	对生物农药施用给予补贴	关注政府发放的农药施用标准	农业技术人员指导
施用农药	0.9065	0.9070	0.9004	0.9115	0.9151	0.9091	0.9116
购买农药时关心农药安全性	0.9112	0.8977	0.9157	0.8808	0.8962	0.9476	0.9036
了解禁用的农药品种和名称	0.7243	0.7163	0.6856	0.6692	0.6698	0.7378	0.7149
考虑施药间隔	0.8318	0.8744	0.8295	0.8308	0.8396	0.9126	0.8434
重视农药残留	0.8084	0.8093	0.8030	0.7769	0.7642	0.8531	0.8153
过量施药	0.8879	0.8791	0.9053	0.9077	0.9009	0.9860	0.9277

行为选择	从媒体了解安全施用农药	了解安全农产品	了解农产品质量等级越高价格就越高	生产成本高很难保证按标准施药	如果有补贴是否选择生产安全农产品	安全农产品价格有保证，按规程施药	担心自己购买的农产品的农药残留	农药残留检测设备和技术是否需加强	购买农产品有质量问题追究责任
施用农药	0.9085	0.9103	0.9132	0.9214	0.9310	0.9280	0.9235	0.9318	0.9373
购买农药时关心农药安全性	0.8949	0.8970	0.8377	0.8357	0.8571	0.8586	0.8622	0.8561	0.8747
了解禁用的农药品种和名称	0.6746	0.6678	0.6075	0.6036	0.6010	0.6154	0.6224	0.6288	0.5777
考虑施药间隔	0.8407	0.8671	0.7736	0.7821	0.7956	0.8114	0.8138	0.8207	0.8065
重视农药残留	0.8068	0.8239	0.7698	0.7607	0.7266	0.7519	0.7730	0.7551	0.7520
过量施药	0.9085	0.9269	0.8868	0.9893	0.8966	0.9057	0.9056	0.9242	0.9183

（1）在政府、市场等相关主体采取处罚违规施药行为、对生物农药施用给予补贴、规模组织化生产经营、农业技术人员指导农药施用知识、让农民了解安全农产品、了解农产品质量等级越高价格就越高等 6 项治理措施后，种植户过量施用农药的概率仍保持在 91% 以上；而在政府、市场等相关主体采取组织施药培训、对农产品农药残留进行检测、进行合理宣传施药、关注政府发放的农药施用标准、媒体多方位传递安全施用农药信息等 5 项措施后，种植户过量施药的概率仍保持在 90% 左右；虽然有所降低，但较之前 6 项政府治理行为效果，差距并不大。这意味着，从总体上看，采取组织施药培训、对农产品农药残留进行检测、进行合理宣传施药、关注政府发放的农药施用标准、媒体传递安全施用农药信息等监管和引导措施较为理想。而且会有 92% 以上的被调查者会因为生产成本高承担不起而难保证按标准施药，但如果有补贴就会选择生产安全农产品；若农产品销售

价格有保证，也会选择按操作规程施药；同时，作为消费者，也会担心自己购买的农产品的农药残留状况，主张加强农药残留检测设备和技术，所消费农产品若存在质量问题时，会谴责或追究责任。以上说明：政府、市场、媒体、消费者、合作组织等相关主体对种植户的农药施用行为都会产生影响，政府的影响占主导地位，各相关主体对政府的监管行为起到辅助、引导和监督的作用。

（2）政府、市场等相关主体治理条件下种植户购买农药时关心农药价格高低和安全性的概率在83%~95%，政府各项监管职能的履行可以让种植户购买农药时考虑安全性因素。若政府制定并发放农药施用标准，种植户购买农药时关注安全性的概率最高，可见，制定并发放农药施用标准的举措最有助于对种植户购买农药行为进行指导。相对来说，政府组织农药施用技术培训影响种植户购买农药时关注安全性的条件概率为91%，政府其他监管行为影响种植户购买农药时关注农药安全性的条件概率均在88%以上。因此，政府监管行为对种植户购买农药关注安全性的影响效果明显。

（3）政府、市场等相关主体的治理行为对种植户了解生产过程中禁止使用的农药品种和名称的条件概率均在60%以上，其中，政府组织施药技术培训、农产品农药残留检测和违规施药处罚等治理行为的效果更为显著。相对来说，合理施药宣传和提供生物农药补贴在引导种植户正确认识农药残留方面的作用较小。

（4）政府、市场等相关主体的监管措施影响种植户考虑施药安全间隔期的概率在82%~92%，政府各项治理职能的履行可以让种植户考虑施药安全间隔期。若政府发放农药施用标准，考虑施药安全间隔期的概率最高，可见，制定和发放农药施用标准措施最有助于种植户考虑施药安全间隔期。相对来说，政府组织农药施用技术培训影响种植户考虑施药安全间隔期的条件概率为83%，政府其他治理行为影响种植户考虑施药安全间隔期的条件概率均在82%以上。因此，政府治理行为有助于种植户考虑施药安全间隔期。

（5）政府、市场等相关主体的监管行为对种植户在生产中重视农药残留的条件概率均在75%以上，其中，政府发放正确的农药施用标准、政府组织施药技术培训、农产品农药残留检测和合理施药宣传等治理行为的效果更为显著。相对来说，违规施药处罚和提供生物农药补贴在引导种植户正确认识农药残留方面的作用较小，可见一味采取处罚等强制性措施对种植户是否重视药残现象是不起主要作用的，多主体参与的指导、培训、宣传、学习等手段对种植户的影响明显。

（6）政府治理行为影响种植户过量施用农药行为选择的条件概率基本上处于90%左右，表明政府治理并不能有效控制种植户过量施用农药的行为。相反，相关主体如市场机制、社会组织、消费者等的作用明显。这就表明，政府农产品质量安全监管行为具有有限性。究其原因,目前政府的法规制定多是零散、片面的,且由于处罚力度不大而对违规施药种植户的震慑力不强,并不会对种植户的现实收益造成直接影响,才导致政府治理行为效果欠佳。组织合理施药技术培训和出台合理施药政策有10%左右的概率可以防止种植户在农产品生产过程中过量施用农药,而对农产品中农药残留进行检测和对农户进行合理施药宣传能够防止种植户在农产品生产过程中过量施用农药的概率还不到10%左右,效果并不理想。因此,政府无法有效履行对种植户过量施药行为的监管职能,即政府对农户过量施药行为的治理存在有限性。相反,如果安全农产品销售价格有保证,过量施药的种植户中近91%选择按操作规程施药,这说明价格始终是种植户心里的一道红线,当他们充分了解了合理施用农药会带来更可观的收益时,他们还是愿意选择合理施用农药行为,就其作为消费者的身份来看,在过量施药的种植户中,90%的人会担心自己购买的农产品的农药残留状况,92%的人认为农药残留检测设备和技术需加强,91%的人购买农产品存在质量问题时,会谴责或追究生产者、销售者责任,所以消费者购买行为与消费意愿对种植户农药施用的影响也很明显。此外市场等相关主体层面的影响也是很明显的。

5.3 分析结论与建议

5.3.1 分析结论

通过前述分析发现,在政府、社会组织、消费者、市场等相关主体的监管下,种植户在农业生产过程中施用农药的概率仍可达90%以上,政府通过组织施药培训、处罚违规施药行为、出台施用标准等,能够以80%左右的概率来引导种植户在农药施用过程中考虑施药安全间隔期、药残等问题。也就是说,政府农产品质量安全监管行为对种植户农药施用行为选择有导向性,政府在农产品安全监管中的行为选择对种植户是否实施安全农产品生产具有决定性作用,即政府是农产品质量安全监管的主导力量。

尽管政府农产品质量安全监管行为对种植户考虑施药安全间隔期、农药残留等问题有积极的规制作用。但是通过数据分析结果发现,政府监管行为对种植户过量施用农药行为有积极引导作用的概率仅为10%左右,尤其是在残留检测和施药知识宣传维度,还不到10%的概率,即政府行为的导向作用存在一定的局限性。而社会组织、市场机制、媒体、消费者等能起到积极的辅助作用。在对种植户农药施用行为的监管方面,政府对种植户农药施用行为的控制起主导作用,但在种植户农产品生产中的过量施药行为控制上还存在局限性。

5.3.2 相关建议

（1）政府仍是农产品质量安全监管中发挥主导作用的主体。政府在对农产品质量安全实施监管的过程中，针对农药施用对农产品质量安全的危害，除对种植户采用组织技术培训、农产品农药残留检测、宣传农药施用知识等常规监管方式外，更应针对农药施用现状及对农产品质量的潜在危害不断加强安全施药宣传，加大违法施药惩治力度，加快检测设施投入，以完备的硬件保障优化农产品质量安全监管。

（2）社会组织、消费者、媒体等社会力量在农产品质量安全监管领域的作用不可忽视，能有效弥补政府监管能力的不足，农产品质量安全知识普及、社会公众教育、质量检测等领域应借助第三方社会组织的力量，充分发挥消费者、科研机构与生产经营主体的积极作用，参与对农产品质量安全生产、经营安全技术、规则的制定与监督实施，改善农产品质量安全政府部门独当一面的艰难局面。

（3）构建多元主体参与的农产品质量安全社会共治格局。政府在农产品质量安全监管中的主导作用毋庸置疑，但其行为也存在一定的局限性，构建多元主体参与的社会共治格局，能有效缓解一元监管体制下政府监管资源的压力，调动市场、社会组织、消费者、媒体和种植户参与农产品质量安全监管，通过自律与监督，弥补政府治理行为的局限性，提高农产品质量安全监管政策法规的科学性与适用性。

5.4 本章小结

本文基于黑龙江省 5 个地区 10 个典型农业生产县的 440 组调查数据，运用贝叶斯分类推理方法探析了农产品质量安全监管中政府及相关主体行为对种植户农药施用行为的作用机制，并对政府及相关主体在农产品质量安全监管中的职能及其行为效果进行了识别。研究发现，从政府对种植户施药行为的引导和组织效果看，组织施药培训、进行农药残留检测、倡导合理施药行为、处罚违规使用农药、对施用生物农药予以补贴及禁止使用农药等措施，对于种植户在生产环节合理施用农药、关注农药使用安全间隔期、重视农药残留对农产品的潜在危害有较好的引导作用，但在控制种植户过量施药行为上作用较为有限。而社会组织、市场、消费者、媒体等主体在普及用药知识、控制过量施用农药行为等方面的确发挥了积极的作用。对此，实现农产品质量安全社会共治是弥补政府行为有限性的重要途径，可以提高政策法规自身的适用性和执行过程的有效性。

6 国外农产品质量安全社会共治的经验及启示

鉴于农产品生产领域存在严重的质量安全问题,国家致力于探索改革体制、完善法律法规制度,引导社会各方力量积极参与共同治理。改革政府监管体制,重新修订《农产品质量安全法》等,意在寻找适合我国农产品安全生产的制度和保障机制。国际上一些国家较早地致力于探索农产品质量安全社会共治路径,这些先进的经验和手段是可供学习和借鉴的。全面系统了解各个国家农产品质量安全社会共治体系,从根本上学习和掌握这一治理路径的精髓。最终,有助于立足中国国情,将国外关于治理农产品质量安全的成功经验有效转化,建立起适合我国自身发展的社会共治路径。

6.1 政府在农产品质量安全社会共治中的作用

6.1.1 农产品质量安全监管体制

1. 美国农产品质量安全监管体制

在美国,农产品质量安全监管实行的是相对集中的分散式管理体制,根据相关的法律法规及国家的有关政策,由不同的机构在各自的职责范围内履行相应的职能。在涉及农产品质量安全监管的10余个部门机构中,农业部和卫生部是其中负责监管事务的重要职能机构。具体来说,在卫生部下设有食品药品监督管理局,该部门负责全国食品和药品监督管理,包括制定和执行食品及药品法律法规。在农业部下设有食品安全检验署,负责食品安全监管,制定食品安全法律、法规及政策,并监督各州贯彻执行相关法规政策,协助各州共同完成食品安全监管的任务。在实际的管理中,按照产品的种类进行管理,鉴于管理的专业性,要求同个部门对一种产品的生产、加工及销售等各个环节进行监管,避免多个部门参与到产品从生产到销售的过程中,造成职责不清。部门内部之间职责分明,分工明确,权责界定相当清晰。这样的监管体制虽然保障部门各司其职,但同时不可避免地造成相互之间分散经营,合作效率较低。为解决这一问题,美国政府设置了食品安全监管的最高权力机构——总统食品安全委员会实行统一管理,制定国家食品安全战略计划,投入资金支持重要食品安全领域的研究工作,协助完成食品安全监督检查工作,严格控制市场准入。美国形成了统一领导和分工负责相结合的食品安全监管机制，在总统食品安全委员会的统一领导下开展食品监管工作。

2. 日本农产品质量安全监管体制

日本农产品质量安全监管实行的也是相对集中的分散式管理体制，这一点和美国很相似，但具体划分上截然不同。不像美国按照产品种类划分部门职能，日本根据从农田到餐桌所经历的过程确定监管职能，针对不同的生产工序由不同部门负责，一部门对全部生产行为或销售行为进行监管。此外，2003年，日本通过了《食品安全基本法》，此法总体上形成了日本食品安全监管的宏观管理体系，由三大主体构成，分别是食品安全委员会、农林水产省及厚生劳动省。食品安全委员会是主管食品安全的最高决策部门，主要是进行全局性和宏观性的指导，监督另外两个主体机构的运行。农林水产省和厚生劳动省是农产品质量安全具体的管理部门，两者既有分工，又有合作。一般来说，生产环节的质量监管是由农林水产省负责，而产品分配过程中的安全问题则是由厚生劳动省负责。农林水产省下属的动植物检疫所和厚生劳动省下属的食品检疫站分别作为执行机构。在涉及制定相关标准、抽查市场、处理违法者及解决相应纠纷时，两个部门各有侧重。

3. 欧盟农产品质量安全监管体制

欧盟的农产品质量安全监管体制由横向管理和纵向管理构成。这两种管理模式共同组成严密的监管网络，多角度、多层次共同治理。总的来说，所谓纵向表明自上而下的层级管理，欧盟委员会不仅在这个共同体中设立食品安全最高管理机构，同时在各个成员国内设立下属的管理机构。所谓横向乃是实施具体的监管事务，针对关系农产品质量安全的各个领域进行专业性的管理，如植物健康常务委员会、兽医常务委员会等。欧盟在2000年发表的《食品安全白皮书》中，通过了"从农田到餐桌"的一系列食品安全保证措施，成立了欧盟食品安全局（EFSA），负责检测食品生产各个环节，承担保障食品安全的职能。此外，还设有欧盟委员会健康和消费者保护总署（DG-SANCO），负责保障消费者权益，同食品与兽药办公室对可能发生的风险进行评估、判断，共同负责食品安全的风险管理。这些机构在执行监管职能的同时还兼具服务功能，各机构部门在履行监管职能、行使管理权力的同时，为生产者、企业、消费者提供知识帮助。同时在相关领域专家的协助下，组织开展与农产品质量安全相关的科学研究，供政府管理决策参考。

4. 加拿大农产品质量安全监管体制

在加拿大，采用不同于欧美及日本的分级管理方式进行监管，要求联邦、各省和市政当局都负有管理农产品质量安全的责任。加拿大食品检验局是全国统一的食品监督机构，由4个加拿大的中央政府部门合并而成，包括加拿大的农业食品部、卫生部、工业部及渔业海洋部，履行并制定相关法规政策，对产品质量深入检测调查，以及执行保护动植物卫生计划。加拿大食品安全监管重视农产品生产经营流通过程中的流程管理：一是高度重视对食品原料的来源、质量、成分等的严格把关。二是高度重视食品生产的程序、工艺、设备及操作人员的从业素质等的严格把关。三是高度重视对食品冷藏设施、运输工具尤其是运输工具的结构、卫生状况、温度和湿度等的监督检查。四是高度重视惩罚治理工作的落实。加强多方合作并开展宣传教育，强化质量安全意识，针对群众反映的质量问题及时开展调查，对问题产品实施召回，向群众通报危害信息，收集相关信息。

6.1.2 农产品质量安全的法律法规

1. 美国农产品质量安全相关的法律法规

美国有联邦法律和地方法律法规共同负责食品安全，在联邦法律中有几部是涉及监管的，分别是《联邦食品、药品和化妆品法》（The Food, Drug and Cosmetic Act）、《联邦肉类检查法》（Federal Meat Inspection Act）、《禽类产品检查法》（Poultry Products Inspection Act）、《蛋类产品检查法》（eggs Products Inspection Act）、《食品质量保护法》（Food Quality Protection Act）、《公众健康服务法》（Public Health Service Act）和2002年出台的《公众健康安全和生物恐怖主义预防应对法》（Public Health Security and Bioterrorism Preparedness and Response Act）。其中有一些法律法规是综合性法规，对食品安全的众多方面都做出了规定，如《联邦食品、药品和化妆品法》《食品质量保护法》。有些是非常具体的法规，针对特定事务设立，如《联邦肉类检查法》。从草拟到制定美国食品安全法都力争做到公正、透明，尽可能防止政府或财团意志的渗透，鼓励相关行业及消费者参与到法律法规的制定和修改中，群策群力，加强监督。

2. 日本农产品质量安全相关的法律法规

根据制定单位及法律效力的不同，日本涉及农产品质量的法律法规可以分为3个层面：第一层面是在全国范围内实施管理的法律，具有最高权威，如《食品安全基本法》《食品卫生法》。前者主要是就食品安全生产所需监管问题及相应措施进行安排，其法律内容涉及生产和经营销售领域，对整个需要监管的范围都有提及，内容全面、具体、深入，具有很强的操作性。第二层面主要是内阁制定的一些政令，相当于中国由国务院制定的行政法规。第三层面是日本各省在国家法律授权的范围内制定的，仅仅适用于本省的一些规范性内容，如《食品卫生法实施规则》对基本法进行补充说明，制定实施细则予以指导具体操作，这一层面的法律法规围绕食品监管过程中的具体操作行为，主要是对基本法的一些补充说明。

因为国家制定的一些食品法律法规通常是对整个行业或同一性质行为的泛化规定，很少涉及具体的行为操作。在实施农产品质量安全监管的过程中，日本一旦发现具体的操作不能适用于相关法律法规，或者现存法律法规同实际情况相冲突，便会立即着手对相关法律条文实施修订，相比其他国家，日本对法律条文的修订活动是比较频繁的。

3. 欧盟食品安全相关的法律法规

欧盟的《通用食品法》在食品安全监管领域发挥着重要的作用。这部法律不仅对食品安全生产形成普遍的约束，监管食品安全生产，还建立了欧盟食品风险分析机制。涉及食品安全的这些法律法规较为全面地监控存在于农产品安全领域的各种风险。首先，加强对动植物健康的保护，良好的生存环境遏制动植物疾病，严格控制农药、兽药的使用，确保药物残留控制在合理范围内，以免损害身体健康。其次，做好投入市场前的检验工作，完善农产品检验检测法规，严格按照规定执行卫生安全标准。最后，还要完善其他国家农产品市场准入机制，在适用标准上，从成分构成、卫生安全、包装等方面严格控制市场准入。欧盟对于食品安全的规定非常详细、完整、具体，具有很强的操作性。除适用广泛的基本法之外，欧盟还制定了辅助基本法实施的一些细则和条例。食品安全卫生条例用于具体指导安全卫生监管工作，此外还有针对动植物健康的监管条例颁布实施，以及肉类加工制作食品的官方监管条例和需要特别注意的卫生事项。

4. 加拿大食品安全相关的法律法规

本部分主要谈论加拿大联邦法律构成，下面列举了 12 部涉及面较为广泛的联邦法律体系，包括：《农业和农产食品行政货币处罚法》（Agriculture and Agri-Food Administrative Monetary Penalties Act）、《加拿大农产品法》（Canada Agricultural Products Act）、《加拿大食品检查机构法》（Canadian Food Inspection Agency Act）、《食品药物法》（Food and Drugs Act）、《植物保护法》（Plant Protection Act）、《鱼类检查法》（Fish Inspection Act）、《饲料法》（Feeds Act）、《肥料法》（Fertilizers Act）、《种子法》（Seeds Act）、《动物健康法》（Health of Animals Act）、《植物种植者权利法》（Plant Breeders' Rights Act）、《消费者包装标签法》（Consumer Packaging and Labelling Act）。这几部法律法规，涉及农产品生产的方方面面。有的从总体上对整个行业生产做出规定，如《加拿大农产品法》，有的法律涉及专业领域的特定内容，特别就饲料、种子及肥料等进行规定，还有的法律对动植物健康、防疫做出规定。可以说加拿大食品安全法律体系涵盖了农产品质量安全的各个方面，涉及食品原料方面的规定，如种子、化肥、农药；涉及动物、植物、鱼类；涉及生产、制作的工艺；涉及包装、储存；涉及运输、销售等，为"从农田到餐桌"提供了法律支持和保障。参照现有法律法规，加拿大卫生部和食品检验局制定了食品安全标准，并在具体操作过程中不断修正现有法律。

6.1.3 农产品质量安全社会共治的制度体系

1. 农产品质量安全标准体系

在美国适用的检测农产品质量是否合格的标准可分为三种。第一，由联邦政府机构或者是其授权相关机构制定的一些标准，如美国主管监管工作的农业部和卫生部等。这些由联邦一级机构制定的食品安全标准称为国家标准。第二，由美国行业协会制定的标准。美国特别重视第三方监管力量的参与，鼓励行业协会参与制定标准。第三，美国农场主或者企业制定适用于自身、规范自身生产的企业标准。这三种标准并不存在高低优劣之分，只是适用对象不同。美国建立的农产品质量安全标准数量大，种类多，几乎涵盖农产品生产的各个层面。在内容类别上，美国针对新鲜农产品和需加工农产品分别建立标准，针对未加工的水果、蔬菜建立的安全标准就多达160项，而针对生产加工的水果、蔬菜的等级标准有140多项。美国的农产品质量安全标准受到技术和法律的双重规定，任何违背技术法规要求的内容都不可能进行操作，因此美国产品合格标准的制定从未离开科学和法规的框架范围。美国由多个职能部门履行对农产品标准特别是食品标准的监管职责，在这些检验机构中从事标准制定和检测工作的是一大批专业素质与技能一流的专家。这种职能安排从根本上保证农产品生产将会在科学严谨的标准规定下进行，同时为了保证这些标准不落后于农产品生产发展，美国政府规定平均每五年复审农业标准体系。

日本农产品质量安全标准是从农产品安全领域的两大主题——质量和卫生出发考虑的，因而相应地分为两类，即质量标准和安全卫生标准。一般来说，谁主管谁制定，各监管部门负责专业领域有关标准的制定。而适用于各种产品类型的通用标准由厚生劳动省负责，对农产品农药化肥使用量、原料成分标准、禁止内容都做出规定。农林水产省主要负责食品标签及动植物健康保护标准的制定。此外，值得注意的是，日本在制定标准的过程中，注重参照国际标准。日本职能机构对不同品种产品颁布实施了许多标准，有90%以上选择采用国际标准，要求本国农产品生产企业按照国际通用安全标准实施生产，最终检验审核时选择参照国际标准予以合格评判。日本在执行质量安全标准上为本国产品的贸易流通提供了便利。日本特别重视从源头上避免可能产生的农产品安全问题，对农产品生产环节的监管也相当严格。因此，日本对农产品产前和产中要执行的各项工作都设立了安全标准。农产品种植前的前期准备，土壤、化肥和种子必须首先符合安全标准，才能保证最终产品形态是安全无害的。作物生长过程中，严格执行农药标准、防病虫害,以及在农产品的加工、包装、储藏环节都要符合相关生产加工标准。日本厚生劳动省颁布了 2000 多个品种、1000 多个残留限量标准;农林水产省已颁布了 7 类、351 种品质规格标准(罗斌,2006)。

谈及农产品质量安全标准体系,不能不提欧盟。欧盟的标准体系涉及范围较广,既包括对原材料、产地、成分和药物、化肥残留等具体内容的要求,又包括对包装、储存、运输甚至相关材料等的高标准要求。欧盟的标准通常采取双轨制,不仅严格执行一些国际组织制定的标准,还执行欧盟制定的在团体内部通用的标准,一些成员国制定的标准也纳入体系中。尽管欧盟的食品安全指令是协调标准的指导性文件,但各成员国都能够积极遵守。欧盟设立专门的机构制定和执行标准,一些行业协会和团体参与标准管理。到目前为止,欧盟已建立起较完善的质量安全标准体系以供运作,一些是对农药残留标准的规定,还有一些是关于产品本身内容的技术标准。

2. 检验检测体系

从结构上看,美国的食品安全检测体系由联邦食品检测体系和一些自检中心构成。美国要求各州、各行业、各生产单位和家庭农场依据联邦检测体系建立各自的检测体系,各自独立运行。从内容上看,美国检测体系可以概括为以下几个层次:①谷物检测体系,该体系由所有官方检验机构统一参与,主要贯彻实施国家质量保证、质量控制计划;②新鲜水果和蔬菜检测体系,该体系主要对进入市场的未经加工的新鲜水果、蔬菜进行检测,保证进入市场的水果、蔬菜是经过认证、可信赖的安全食品;③畜禽产品检测体系,由美国农业部食品安全检验局对畜禽产品实施检测认证。美国食品检测体系建立起分工明确、权责清晰的运行机制,联邦政府负总责,从制度、技术及服务上给予支持,对食品生产全过程实行管理和控制,地方政府及各生产单位各司其职,抓好本地区、本部门的监管任务,总体上形成严密的质量安全检测体系。

日本食品安全管理的重点是依据肯定列表制度对进口食品进行检验。肯定列表制度有其特定管理对象,用以特别管理农药、添加剂等残留超标,消除此种食品安全危害的存在。肯定列表制度设立的检测手段包含农产品生产中所有可能用到的化学药品,经过检测都可以被发现,有助于建立完整、可靠的检测网络。肯定列表制度规定,无论是本国范围内生产销售的农产品还是进口农产品,一旦在检测中发现其农药等残留物超过规定值,一律禁止进入国内市场。日本的农产品质量安全检验监测体系由农林水产省负责建立,监测和鉴定农产品质量状况,同时还完成政府委托的一些业务,包括产品市场准入和市场监督检验。其中,农林水产消费技术中心作为日本农林水产省独立的行政法人组织,是农产品检测的主要机构。具体来说,从农产品质量安全监测,到后期的认证评估,涉及技术指导和服务的方方面面。

欧盟各成员国依照欧盟食品安全法令和本国法律由农业行政主管部门设立全国性、综合性和专业性的监测机构，结合行政区划和农产品品种类型设立监测机构，负责本区域特定产品类型的监测工作。此外成员国地方政府也设有相应的下一级监测机构，有效监测地方农产品生产情况。2004年，欧盟通过法律规定了140多种禁止使用且不允许在产品中检测出来的农药和添加剂。为保障生产者更好地执行这一标准，欧盟的质量监测机构规定一旦在检测中发现违规农药残留，相关生产单位将会受到严格的处罚，并且将会被永远禁止从事农业生产。在欧盟除政府设立专业性的监测机构外，还有以行业协会形式存在的自检自查。这些行业协会接受相关技术培训，完善自检自查内容和程序，推动农产品自检自查工作的有序发展。农产品种植业以发展绿色、有机、无公害农业为目标，完善绿色有机食品认证机制，完善"从农田到餐桌"相关机制建设，做好食品安全管理和规范。

3. 农产品质量安全风险分析体系

1997年美国发布的"总统关于食品安全的倡议"指出，风险分析对于食品安全管理具有重要作用，其认为，科学机构在风险分析基础上形成食品安全标准和法规更加客观、公正。美国的食品安全风险分析体系由跨机构的风险评估联盟进行协调规划，主要特点有：一是风险分析的职责划分比较清晰。美国食品药品监督管理局（FDA）、美国农业部（USDA）、美国环境保护署（EPA）作为最主要的食品安全监管机构，以自己管辖领域的内容为准，执行具体评估工作。二是风险分析的信息交流有效。有关风险分析工作机构的信息能够得以相互交流，风险评估委员会（RAC）发挥了重要的运作作用。三是风险概念贯穿政府工作始终。美国农业部在农产品质量安全管理过程中，在农产品质量安全问题的发生、定性、原因的确定、应对措施的跟进及效益的评估等方面都把风险分析的理念贯穿其中。

日本建立的食品安全风险分析机制实行风险评估和风险管理分工负责，设立单独的上层机构——食品安全委员会，统一负责风险评估，该机构庞大而繁杂，由众多职能部门和专家成员构成。厚生劳动省和农林水产省负责风险管理，这两个部门实行职能分工，相互配合做好风险管理工作。食品安全委员会是直属内阁的行政机构，负责食品行业的风险交流，实施风险评估、紧急事件的应急处理。厚生劳动省以制定食品安全标准为主，农林水产省则主要负责农林及水产品的原料安全管理，以及降低生产加工过程中的风险。一般情况下，食品安全委员会根据提交的风险评估请求进行研究，向风险管理部门提交结论，给出政策建议，帮助其他部门更好地实施风险管理，保障食品安全。此外，食品安全委员会不断创新风险交流方式，加强同外国政府和国际组织的交流，并加强同消费者和企业的沟通，不断探索食品安全风险评估的方向和重点，以更好地服务于食品安全管理。

一方面通过开展问卷调查、采访等方式集思广益，广泛听取消费者意见，另一方面通过开展专题研究，实地调研，探索食品安全风险评估的新内容。

目前在欧盟层面上食品安全风险分析机构主要有欧盟委员会健康和消费者保护总署（DG-SANCO）、欧盟食品与兽药办公室（FVO）和 EFSA（王芳等，2010）。欧盟委员会健康和消费者保护总署负责法律法规的制定与执行，对欧盟保护条约和保护措施进行管理。欧盟食品与兽药办公室主要有两方面的职责，一是监督成员国对于食品安全及兽药等法律法规的执行，二是监督和评估食品安全局的相关工作。不同于日本风险评估实行职能分工，欧盟食品安全局同时承担风险评估和风险管理的工作，开展深入细致的调查，对食品安全领域可能存在的风险进行考察研究，对可能发生的危险性事件做出预测，指导各国采取相关措施或做好预防工作。欧盟食品安全局一方面注重专家小组的科学研究，另一方面争取专家咨询论坛组的支持，及时发布风险交流信息，注重平台建设，加强同利益相关方及公众的对话交流。

4. 农产品质量安全可追溯体系

为了净化食品生产源头，从根本上解决问题，美国国会于 2002 年通过《生物反恐法案》，明确要求企业建立产品质量可追溯制度。2004 年颁布了《食品安全跟踪条例》，所有食品生产加工企业必须要建立食品安全追溯制度，对生产各个环节进行完整记录，同时还规定了这一制度的实施期限，按照企业规模设置期限，最晚在 24 个月后必须实施。对照产品生产、加工和销售的一般过程，美国的产品可追溯制度也相应地分为三类，即生产环节、包装加工环节和运输销售环节的质量可追溯制度。总的来说，美国追溯制度对各个细节的涉及是其制度的闪光点，在农业生产环节，能够追溯农产品生产的种子处理、土壤消毒、栽培方式、灌溉、施肥、农药使用、收获采摘、生产基地、生产时间等信息，甚至能够追溯跨国生产基地的信息；在加工环节，能够追溯产品的名称、生产日期、保质期、等级、生产者、生产工艺、生产标准、认证情况、添加剂使用、包装材料等信息（韩永红，2014）。全部生产信息纳入制度建设中，形成了一个环环相扣的链条，处于其上的各个主体之间，包括政府监管部门和企业之间相互关联，任何一个环节出现问题，都可以进行有效追溯。

日本于 2001 年建立食品追溯体系。由于当时无法查明原因的疯牛病事件，日本农林水产省决定建立牛的追溯体系。只需通过查询牛肉包装上的号码，就能使消费者掌握市场上出售的牛肉的相关信息。后来牛的追溯体系推广到水产养殖领域，产地、生产者及农药使用情况都纳入管理中，消费者通过一些操作就可以获取所需信息。同时，日本企业为了获取消费者的信任，增强竞争力，相继建立食品安全追溯体系。日本东京有商店于 2001 年就在行业内率先建立起简单的追溯系统。通过在包装设计上装有 IC 芯片等现代科学技术，利用互联网和一些设备手段让消费者能掌握产品信息，把生产和加工的所有信息都存入芯片中，并上传到服务器上。消费者通过一些设备或者使用互联网就可以查询到产品的相关信息。

疯牛病事件同样催生了欧盟食品安全追溯体系的诞生。1997 年欧盟首先建立起牛肉制品的追溯体系，随后于 2000 年 7 月通过 1760/2000 法令，建立起牛的追溯体系。之后建立的还有转基因生物制品的追溯体系，为了能够掌握转基因食品的流通情况，要求所有企业必须保存转基因食品信息至少 5 年。2002 年 1 月，欧盟颁布了 EC 1760/2000 号法令。生产和加工销售过程中所使用的原料与辅助燃料都要有明确记录，企业有义务建立相关数据以供追溯，并且应当能够追溯到原料和燃料的生产商及供应商。欧盟的产品质量追溯系统也是比较完善的，所有在欧盟市场上流通的产品，必须有可追溯标签，不仅供消费者查询辨别真伪，还供监管部门筛选、追溯问题产品，及时、快速且有效地维护食品质量安全，净化市场环境。

5. 农产品召回制度

美国的产品召回制度出现于 20 世纪 60 年代，召回制度最早并不是针对食品设计实施的，后来才逐渐引入食品安全领域。经过 50 多年的发展，美国已经形成相对完善的食品召回体系，从各个方面保障食品召回。联邦政府行政部门主导实施食品召回，并设立专门的召回委员会负责监管食品召回。由不同部门分工负责不同类型产品的召回工作，美国农业部食品安全检验局（FSIS）主要负责肉及蛋类的召回工作，FDA 负责其他产品的监管。完善产品召回相关制度，健全政府食品安全检测制度，涉及食品召回的各个环节都有严格的程序规定，不仅需要企业提交报告，还要经过相关部门的审核和评估，制定召回计划，最终根据计划实施召回。此外美国建立了一系列法律法规保障食品召回，使产品召回做到依法行事。

在日本同样有相关规定对违法产品实行召回。不同的是，日本产品召回制度分为强制召回和自愿召回。强制召回是指在法律允许范围内，由事业所管大臣强制要求生产者或经营者对违反安全法的产品实施召回。自愿召回正如字面意思，是指生产者或者经营者发现产品质量安全问题，并在事业所管大臣下达强制召回决定之前，主动自愿地实施产品召回，当然也包括经过事业所管大臣的劝说和告诫后实施。在召回的方式上，有公开和非公开之分。公开召回是指通过媒体向全社会发布召回命令，告知公众问题产品，避免公众人身、财产安全受到损害。非公开召回是不采用公之于众的方式，避免引起公众注意，这种召回方式针对的是问题产品尚未流通到消费者手里，没有引起严重的社会危害。

欧盟的食品召回制度对食品召回的相关事务做了详尽规定，明确各方相关职责。首先，欧盟理事会通过的章程明确地规定了农产品生产的相关界限和标准，对食品安全各项内容在不断探索更加科学的方向。其次，对产品召回过程中涉及的政府和生产经营者的相关责任也做出了明确规定。一方面，食品生产者和经营者主动实行产品召回，如果生产经营者已经发现生产或者加工的产品并不符合安全标准，应当立即启动召回程序。另一方面，如果问题产品已经进入流通领域，并流入消费者手中，就要通过媒体等新闻媒介传播方式向公众发布相关信息，告知消费者召回的理由，可直接从消费者手里进行召回。同时加强政府部门的作用，协调统一社会各方力量，共同完成问题产品召回。即使不需经过公开召回，生产经营者及时对问题产品实施了召回，仍然要告知政府监管部门。

6.2　农产品质量安全社会共治中生产经营主体的责任

6.2.1　通过法律规制生产经营主体履行社会责任

美国主要通过采取一系列的法律优惠措施鼓励企业履行社会责任，如 1921 年《紧急关税法》及以后的《国库条例》《国内税收法典》等，明确规定公司在慈善、科学、教育等方面的捐赠可予以扣减所得税，扣减数最高可达公司应税收入的 5%。为了解决 20 世纪 80 年代以来在美国兴起的公司之间因不规范收购所引发的一系列社会问题，1989 年宾夕法尼亚州议会修改并提出了新的公司法议案。截止到 1998 年，有 30 个州的公司法对公司的社会责任做出肯定性规定。美国各州的此种立法虽然旨在落实公司的社会责任，保护其他利害关系人的利益，但在形式和内容上有很大差异，大致可分为授权型、强制型、有效推定型。

6.2.2　通过公共政策促进企业履行社会责任

美国政府管理职能不断加强，也加强了对社会事务的管理，经常地由政府推行一些公共政策引导企业承担社会责任。在环保方面，美国环境保护署要求公司公开对环境的影响和责任。为了不让这项规定流于形式，政府特别加强对企业信息的公开监管，建立健全企业责任会计制度，用具体的行政政策推进企业责任确定和履行。目前美国已经建立了一些准则强化企业责任。英国政府也采取了大量的公共政策推进企业履行社会责任，如政府国际发展部于 2000 年公布的《白色文件》，明确要求企业能够关注世界贫困，并提倡在投资和发展中关注贫困人口。英国政府在 2002 年提出公司责任指数这一概念，并把这一概念运用到绩效考核中，作为评价公司管理的一个重要手段。本研究希望通过制度逐渐地在企业中间树立自主责任意识，同其他社会团体一道致力于建设一个良好的食品生产环境；加强同政府对话，获取相关支持；加强同消费者沟通交流，确立目标方向。

6.2.3 通过制定标准及与非政府组织合作引导企业履行社会责任

正如需要有效的机制落实行为，也需要建立相关的机制落实责任。如果没有一个量化的标准体系评判各方行为，极容易造成投机行为，难以落实相关责任。鉴于此，美国于1999年推出"道琼斯可持续发展指数"（Dow Jones Sustainability Indexes，DJSI）。简单说，这是一种衡量标准，以投资为切入点，计算企业对社会各个方面产生的影响，以此来评价企业的可持续发展能力。该评价体系分为两部分内容，一部分是考核企业对社会经济、政治、文化产生的一般影响，另一部分考察企业的某种特殊影响，与特定产业有关。一般来说，该指数越高，表明企业对社会所做贡献越大。目前，"道琼斯可持续发展指数"已经成为考核企业、评价企业社会责任承担情况的重要标准。此外，除制定量化标准落实企业责任外，美国政府注重发挥非政府组织对企业的重要作用，运用协会约束力引导企业履行社会责任。例如，美国会计协会要求成员在报告中必须注明社会责任活动业绩、社会费用使用情况，以这些作为评判企业发展潜力、社会声望的重要条件，以此鼓励企业贡献社会。美国还有协会注重对企业伦理道德的教化，引导企业在盈利的同时注重人文关怀。美国除企业协会外，还有一些消费者协会在保护消费者权益、对抗商业暴力、承担社会责任上发挥着重要的作用。

6.2.4 生产经营主体的自我管理

发达国家和地区的食品安全更倾向于鼓励生产经营主体的自我管理，生产经营主体的诚信自律在食品安全监管中发挥了重要作用，而生产经营主体主要通过一系列良好生产操作规范来保障食品安全生产和经营。

1. 良好农业规范（GAP）

农产品质量安全最基本的是要保障生产阶段生产出来的产品是安全的，这样上游的加工生产乃至最终流通到消费者的产品才可能是安全的。但是随着农药、化肥等农业技术手段的运用，大量化学物质和能源消耗对生态环境造成严重破坏。土壤肥力下降、土壤板块化等严重破坏了农业的可持续发展。1991年FAO召开了部长级的"农业与环境会议"，发表了著名的《博斯登宣言》，提出了"可持续农业和农村发展"（SARD）的理念，得到各国的积极响应（袁园和吴金玉，2015）。可持续发展农业概念的提出，需要良好的生态环境作支撑，这也是人类共同的诉求，因而在行业内逐渐提出发展生态农业的概念。围绕发展生态农业，各国制定了本国良好农业规范标准。表示良好农业规范的GAP符号，在国际上作为公认的术语，其表示防止食品污染的法律规范。美国GAP的提出以《关于降低新鲜水果与蔬菜微生物危害的企业指南》为标志，规定"主要针对未加工或初级加工后出售给消费者或加工企业的大多数果蔬，主要关注的是对种植、采收、清洗、摆放、包装和运输过程中常见的微生物危害的控制"（吕婕等，2009）。欧盟 GAP 经历了从 EUREPGAP 到 GLOBALGAP 的发展，最早是 1997 年在欧洲零售商的倡导下建立的，为农业规范提供验证，主要根据 EUREPGAP 文件中的规则、标准进行检测。在当时，欧盟及国际上的一些大型采购商普遍以 EUREPGAP 的认证作为农产品供应的合格条件。荷兰明确规定各大超市不接受未经 EUREPGAP 认证的产品供应。2007 年，EUREPGAP 更名为 GLOBALGAP，其范围从农产品种植业扩大到牲畜和水产领域。GLOBALGAP 在国际贸易领域中的地位越来越重要，甚至对供货商占据市场份额起到决定性的作用，GLOBALGAP 对企业的资格认证成为企业参与国际贸易的必要条件，这对于各国利用 GLOBALGAP 严格规范农产品质量安全具有极大的现实意义。

2. 良好生产规范（GMP）

良好生产规范是指从原料加工到产品销售的各个环节上规范操作和管理卫生，保障食品安全的管理体系，主要控制设施卫生和操作卫生。建立良好生产规范，本质上也是建立一种权威的认证体系。通过对生产各个环节的规范认证，一方面将保障产品质量安全转化为现实的可操作的行为，另一方面通过 GMP 体系认证后的产品安全性更高。FDA 于 1969 年发布了良好生产规范，宣布要在食品行业推行该体制，不仅各生产环节、各工序、各类食品都要建立自己的规范。在加拿大，食品检验局和食品产业界开发了一些按产品和加工类型设计、具有通用性的模型，以协助各类企业开发自己的 HACCP 体系。目前，加拿大已经开发出 4 类 27 个通用模型，包括肉和禽产品 16 个，鸡蛋 1 个，蔬菜、水果、蜂蜜及枫树加工产品 6 个，奶类 4 个（乔光华和辛盛鹏，2002）。与各自监管职能相适应，日本食品监管机构分别制定了一些基准和规范，指导食品生产。农林水产省制定的是食品流通方面的基准，劳动厚生省对整个过程中的卫生问题进行规范，而食品卫生协会则制定食品卫生管理的要领。各个国家建立良好生产规范的内容和性质都不一样，美国、加拿大的 GMP 趋向于强制性规范，而日本更多的是一种指导性规范。随着贸易国际化，GMP 将发挥更大作用，各国都应极力推动生产规范体系的完善。

3. HACCP 体系

HACCP，是 hazard analysis and critical control point 的缩写，即危害分析和关键控制点，是一种认证检测体系。HACCP 认证过程分为两个阶段：第一阶段，企业提交申请，进行初步审核，通过审核后签订合同文件，提交至审核组长。如果没有通过审核，即终止资格。通过审核的企业进入第二阶段，进行推荐认定、合格评定、批准认证注册、颁发证书等。HACCP不是仅就某一内容、某一对象或者某一环节的检测认证，它的对象内容可以涵盖整个生产链条。生产、加工或销售，原料、添加剂或残留物，以及化学性、生物性或物理性危害等，都可以运用这一体系检测、控制。HACCP概念的首次提出是在1971年美国国家食品保护会议上。美国制定的第一个HACCP体系就是关于食品生产的，对肉制品检测实行强制规范，随后这一检测体系推广到农产品领域。加拿大建立了更加灵活的HACCP体系，食品检验局按照产品种类和加工工序开发了一些普遍适用的模型，各个企业在此基础上具体制定适合自身的管理模式。目前，加拿大已经开发出适用不同产品的HACCP模型，涉及肉、蛋、蔬菜、水果等。在日本，肉类及水产品的生产、加工按照HACCP执行，未经HACCP认证的进口产品不准入内。为了推广HACCP检测方法，日本还颁布实施《强化食品加工过程管理的临时措施法》，通过政策扶持促进企业进行HACCP认证。欧盟特别要求食品加工过程必须采用HACCP体系，包括加工、包装、运输及销售等各环节全部纳入HACCP体系的监管之下（王中亮，2007）。

6.3 农产品质量安全监管中的公众参与

6.3.1 加强公众参与监管的机构建设

建设一个广泛吸纳社会力量的组织机构是公众参与农产品质量安全监管的主要途径，也是构建食品安全监管体系的核心。在不同国家，由于机构设置不同，公众参与质量监管的方式也就不同。例如，在美国食品药品监督管理局是由医生、律师、化学家和微生物学家等专业人士组成，吸收了各领域的专家共同监管食品质量，安全且可靠。在日本，一方面，其食品监管机构也是由多位专家组成，另一方面，公众和政府监管部门之间搭建交流平台。日本为了更多倾听消费者的声音，在农林水产省设置了专门机构，主要从事消费者投诉应对、答疑，以及信息公开、食品安全信息普及等工作。可见，食品安全监管部门在机构建设中强化公众参与，既是提高社会共治水平的有效形式，又是监督机构强化能力建设、提高服务质量的重要保证。

6.3.2 完善公众参与监管的信息公开

信息公开是公众参与监管的必要条件，许多发达国家都十分重视信息公开，试图在全社会建立起公开透明的信息运行机制。公众只有在全面准确掌握相关信息的前提下，才能更好地调动能动力量，实施有效监管。信息交流与传播在食品安全风险管理过程中一直扮演着重要的角色，食品安全信息系统也是信息顺畅交流、广泛传播的载体。发达国家依托食品安全信息系统，通过定期发布检测信息、通报安全生产情况及宣传食品安全知识等方法，增强了消费者的自我保护能力，促进了公众参与监管（王可山和王芳，2012）。欧盟等认为消费者不能仅仅被动地接受信息，还应积极主动地与其他利益相关者进行互动和对话，欧盟通过为公众提供食品安全信息、打造公共视听平台，以及为消费者之间的交流、对话提供便利等措施完善了信息公开制度，让消费者全方位、全过程地参与到食品安全监管中（王芳等，2010）。

6.3.3 发挥行业协会的监督作用

在市场经济条件下，行业协会在产品质量安全监管中大有可为。行业协会或社团组织通过竞争机制和信用机制发挥行业的自律作用，是继市场调节和国家干预之后的第三种社会控制机制。国外的行业协会发展几近成熟，职能明确而完善，美国国际贸易委员会的《反倾销和反补贴手册》规定，关于争议的申诉书必须代表某一产业提起，避免以个别企业的身份单打独斗。德国的行业协会代表是农民与企业协会，其成员为拥有一定技术水平的农业企业、农业生产过程相关企业，以及管理界、科学界及相关行业的代表，协会的主要职责是推动农业、食品业技术进步。通过举办专业会展、制定行业标准、举行集会等形式，展示现代农业高科技成果，传播现代农业技术，增加市场透明度，传播专业信息，促进技术推广和应用。日本行业协会的代表是日本农协，其具体作用主要体现在农业生产指导服务、农产品销售服务和集中采购、供应生产资料。

6.3.4 明确消费者组织的监督职能

发达国家消费者组织在食品安全监督方面担负着广泛的社会职能，如为消费者提供消费咨询、对消费者进行维权意识和能力教育、帮助消费者挽回损失、向企业反馈消费者意见、参与有关消费者法律和政策的制定。此外，发达国家的消费者组织还代表消费者与企业谈判、进行调解、仲裁或提起公益诉讼等，具有明显的专业化、专家型，以及服务、维权分工合作的特点。美国消费者联盟从1936年成立起就一直在比较检验产品并通过自己的刊物报道调查结果，许多美国消费者会按照《消费者报道》的相关资讯购买商品。日本的消费者团体坚持一个牌子只检验一件，即要求企业提供的任何一件商品都不能是问题产品。此外，日本很好地运用了人力资源的监管力量，首先培养起一大批专业的监督员，深入消费者、深入具体实践中发现问题，再进一步反馈给政府部门来制定对策措施。加拿大的"较好商业信誉局"（Better Business Bureau，BBB），是一个私人的非营利性社会组织，主要由所服务地区的商人和专业组织的会员费来资助。该局为消费者提供免费服务，其服务的内容主要涉及提供商业公司、慈善机构和组织的报告及有关信息，以协商、调解和仲裁等方式帮助解决消费者与卖方的冲突，帮助制定和规范商业标准，鼓励企业规范经营，以为大众的生命安全负责的态度组织生产。

6.4 国外农产品质量安全社会共治的经验总结

6.4.1 理顺监管体制

纵观各国食品质量安全监管体系，一套行之有效的监管体制是必不可少的。美国联邦、州及地方政府各自独立实行监管职能，同时相互之间配合紧密，从各个环节严密监控质量安全。总的来说，美国农业部食品安全检验局（FSIS）、FDA和EPA主要负责国家食品安全监管。美国特成立总统食品安全委员会、食品安全联合研究所（JIFSR）、风险评估委员会（RAC）、食品安全和应用营养联合研究所（JIFSAN）、国家食品安全系统工程（NFSS）等机构与组织，旨在使政府、专业职能机构及社会组织团体之间加强合作，共同管理。此外，美国鼓励与食品安全监管有关的专家参与到监管过程中，同各级政府和职能部门配合，开展有效、深入的监管。日本内阁成立三个职能部门分别执行不同的监管职能，相互之间既制约又合作。欧盟食品安全局由4个独立部分和8个专门科学小组组成，它们之间既有分工，又有合作，共同解决欧盟成员国之间的食品安全问题。加拿大将分散的职能部门整合为一个部门——食品检验局，对所有食品进行检验，也包括执行植物、动物保护计划。综上所述，可以发现一个统一协调、各司其职的监管体制是首要的。或者如欧盟、加拿大，建立一个统一的机构，对食品生产的全过程实行统一管理；或者如美国、日本，明确多部门职能分工，各司其职。

6.4.2 完善的法律法规

农产品质量安全法律法规是实施农产品质量安全风险治理的有效依据，完善的法律法规是有效推行农产品质量安全治理的基石，各国不同的法律法规都对各自的监管部门、协作机构及其人员的权力、义务、责任做出了明确规定，为食品安全的依法监管提供了依据和支撑。

纵观发达国家农产品（食品）质量安全法律法规，主要呈现以下特点：一是农产品质量安全法律法规启动较早，历史悠久。国外农产品质量安全立法可以追溯到 1890 年，美国当时就制定并颁布了《联邦肉类检验法》，1906 年美国颁布《食品和药品法》，自此开创了构建食品安全相关法律制度的长河，并不断地健全和完善；1938 年美国国会通过了《联邦食品、药品和化妆品法》，对食品安全的定义、标准、加工过程、信息标签等做了规定；1939 年出台了第一部食品标准，涉及罐装番茄、番茄泥和番茄酱；1947 年出台了规范杀虫剂使用的《联邦杀虫剂、杀真菌剂和灭鼠剂法》；1958 年和 1960 年分别出台了《食品添加剂修正案》和《色素添加剂修正案》，建立了添加审批制度；1997 年出台了《食品与药物管理现代化法》，要求所有被管制食品必须有健康声明，所有海产品加工企业必须实施 HACCP 规则。目前所有制定和实施的食品安全法律法规，都从不同角度、不同层面对食品安全做出了规定，或预防或监管或惩罚，这些法律法规规定了食品安全管理的原则。原欧洲经济共同体委员会于 1986 年 7 月颁布《关于动物源食品中农药残留最大含量的规定》，1990 年出台了《关于规定包括水果和蔬菜在内的某些农产品最大农药残留》，为了促进贸易往来，方便管理，自欧盟成立以来，已经陆续制定了 20 多部法律法规供成员国参照使用。此外，欧盟还制定了一系列规范性文件，包括食品生产规范、检测程序、进口准入规则等，同其他组织一样，欧盟同样注重对卫生防疫的管理，包括植物、动物疾病防控及药物监管。2000 年初欧盟发表了《食品安全白皮书》，建立起完善的食品安全监管体系，从政策、法律和体制上围绕提出食品安全监管的各项内容进行多角度管理，还从国际合作方面进行规划，建立起一整套行之有效而又科学完备的食品安全监管体系。德国最早于 1972 年发布了《农产品销售等级法律文本》，在此基础上，于 1985 年制定了《德国食用马铃薯等级的规定》。日本则于 1950 年出台了《农林产品标准和正确标识法》，共包括总则等 7 章内容及相关补充规定。二是农产品质量安全法律法规体系齐全，逻辑清晰。这种系统性主要体现在国外农产品质量安全法层次清晰、类型多样等方面。在德国，主要包括食品安全的核心法律（如《畜肉卫生法》《畜肉管理条例》《鱼卫生条例》等），食品添加剂的法律规定（如《纯净度标准》《关于限制食品添加剂许可的临时法案》《欧洲国会和议会指导性法案》等），食品中残留物的法律规定（如《药品法》《饮水条例》等），新型食品的法律规定（如《欧洲议会法案》《欧洲委员会法案》等），全国食品调查的法律规定（如《食品和日用品管理法》等）和日常生活用品的法律规定（如《食品和日用品管理法》等）。英国的法律法规系统完整，主要包括两个层次：基本法和专门法。前者用来确定基本原则，如《食品安全法（1990）》就属于基本法的范畴；后者就专门领域、具体产品做出明确规定，如《英格兰肉制品条例（2003）》就属于专门法的范畴。三是农产品质量安全法律法规覆盖面广，注重防控。国外农产品质量安全法律法规覆盖了农产品供应链的诸多环节，如农产品产地环境监测法律、农业养殖业防护法律和农产品质量安全风险评估、预警和控制法律等。

6.4.3 强调全程监管

特别要强调的是，对 HACCP 管理体制的学习。对食品安全危害始终保持高度警惕，构建起从识别到控制的管理体制。美国、日本、欧盟均将 HACCP 纳入法规，美国一切食用产品，无论是本国生产的，还是从其他国家进口的，都首先要经过 HACCP 的认证和审核。同时，HACCP 监管体系也已经成为美国政府食品质量安全监管的一项政策，其监管效果是我们应当学习和重视的。日本同样建立了 HACCP 管理体系，只不过最早日本只在乳制品领域实施 HACCP 认证，其他领域尚未纳入。水产品方面，1995 年 4 月基于卫生管理制度严重缺失而被欧盟全面禁入的教训，从业者开始落实工厂的 HACCP 管理制度。1996 年的病原性大肠杆菌致日本政府正式通告屠宰场、食肉加工厂等业者必须彻底实施 HACCP 管理制度，以防止类似恶性中毒案件再度发生。加强从农田到餐桌全过程监管，不断探索和展开调查研究，欧盟发表《食品安全白皮书》，在食品安全监管领域取得一大进步，该白皮书较为全面地指出了成员国在保障食品安全方面应当做出的努力。建立可供追溯的数据库系统，这是保障安全责任追究到底的前提，辅助以完善科学技术手段的运用，通过识别、扫描能够查询、追溯。建立信息记录保存制度，生产者、产地、原料、材料及工序都要有详细的记录便于查询。严格控制源头，严密监管过程，保障追踪调查、食品生产销售的整个过程都纳入监管之下，实现全程监管。

6.4.4 强化生产经营主体的社会责任意识

加强生产经营主体的责任意识，首先要从法制着手，加强立法和执法工作，强制性规范企业安全生产，与此同时，政府还可以从政策引导、舆论宣传、中介机构参与等方面强化企业的社会责任意识，在此基础上，形成一整套严密、科学而行之有效的规范制度，保障所有生产活动有法可依、有章可循。加强生产经营者自我管理，建立行业约束机制，鼓励生产者、企业或者经销商制定行业内部规范，加强行业自律。为了防止生产过程中某一环节出现纰漏从而影响整个流程，良好生产规范体系得以开发，危害分析和关键控制点（HACCP）、风险预警体系等生产制度的逐步健全，也促使生产经营主体不断地规范生产。

6.4.5 完备的农产品质量安全治理体系

和我国"分段监管为主，品种监管为辅"相比，西方发达国家自 1930 年就设立了农产品质量安全管理组织体系，且随着形势的变化和发展，对体系进行了多次调整，直至形成部门相互合作的高效治理体系，避免了政出多门、部门间互相推诿的现象，配合农产品质量安全检测监测体系、可追溯体系及信息发布和预警体系，在农产品质量安全治理方面取得了较为显著的成效。综合来看，该体系具备以下特点：一是农产品质量安全治理体系健全、结构完善。在发达国家，健全的治理结构能够明确农产品供应链的主体责任，且各主体在合作时严格遵循职责、权利和义务对等原则，基于相应的合作规则，共同致力于本国农产品质量安全治理，极大地提升了农产品质量安全管理水平和治理效率。例如，在美国，由环境保护署和农业部动植物检疫局专门负责农产品（食品）源头监管；再如，英国除建立农产品质量安全治理机构外，还设立了专门的食品安全监管组织——食品标准局，该局是独立于政府部门之外的政府监督机构，负责对中央和地方的执法过程实施监督。二是建立了完善的农产品质量安全检测体系和监测系统。在美国，联邦政府及各州都建立了农产品质量安全监测机构，主要负责检测产地及生产加工中农产品的质量安全，并协管农产品市场准入、风险评估与监测等。在欧盟，各国立足于欧盟及本国农产品质量安全标准和法律法规，建立了各具特色的农产品质量安全监测体系，严把农产品市场准入与质量安全治理关；在英国，权威的检测机构与实验室已经遍布全国，且各机构均配备了最先进的设备和专门的工作人员，专门服务于农产品及食品质量安全检测。三是农产品质量安全可追溯体系建设成效显著。例如，在美国，农产品质量安全可追溯系统的建立主要由政府引领和倡导，具体建立工作由企业或行业协会自愿自主负责；同时，美国专门成立了包括行业协会、组织和农产品质量安全专业人员在内的牲畜开发标识团队，制订了翔实的可追溯计划预防外来疫病，且能够在两天内明确与某批次农产品有直接接触的全部企业。四是农产品质量安全信息发布与预警体系建立进展迅速。例如，在欧盟，农产品质量安全预警体系由欧洲食品安全局等9个机构或部门通力合作，共同负责农产品质量安全风险评估与预警工作。另外，发达国家还将国际食品安全当局网络、全球环境检测系统等纳入重要的农产品质量安全预警系统。总之，这些国家通过完善机构组织建设，力图为公众参与质量安全社会共治提供途径，完善农产品质量安全社会共治体系。同时，通过打造公共视听平台等为公众提供食品安全信息，为消费者之间的交流、对话提供便利等，这些措施完善了信息公开制度，让消费者全方位、全过程地参与到食品安全监管中。

6.4.6 健全的农产品质量安全技术标准

针对农产品质量安全，发达国家专门制定了一套兼具统一性、权威性的技术法规和系列强制性的质量安全标准。为了确保农产品（食品）质量安全，相关技术标准愈来愈严格、完善。归纳起来，国外农产品质量安全技术标准呈现以下特点：一是农产品质量安全技术标准种类多且要求具体。国外农产品质量安全技术标准涉及农产品供应链各个环节，对食品添加剂、农（兽）药残留等都有具体规定，且农产品技术标准水平高，法规严格，尤其是对农产品的环境要求很高。同时，国外还对农产品质量安全标准进行了详细的分类，具体分为农产品质量安全技术法规与自愿性标准，二者互不抵触，独立运行，共同保障农产品质量安全。二是农产品质量安全技术标准的推行以政府为主导，以法律为保障。例如，在欧美发达国家，各级农产品质量安全政府治理部门在技术标准制定方面明确分工，职责清晰，多部门协调合作；欧盟的相关标准更是以"指令"形式发布，然后由各成员国农产品质量安全治理机构承担组织实施责任；加拿大农业部及其下属机构负责推行农业标准化管理。三是农产品质量技术标准制定与农产品市场准入和质量安全有机结合。发达国家综合考虑并紧密结合农产品质量安全属性，据此制定农产品质量安全技术标准。同时，国外多实行了农药、兽药的市场准入与标准修订的有机统一，形成了谁登记谁负责的管理体制。此外，国外农产品质量安全技术标准国际化程度高，例如，美国和欧盟各成员国在制定农产品质量安全标准时，既结合本土实际，又充分考虑国际化需求，纷纷将其相关标准与国际接轨。

6.4.7 农产品质量安全认证体系日趋规范

发达国家农产品质量安全认证体系起步较早，该体系认证主要源于两方面的需求：农产品生产者与消费者的需求，该体系认证农产品贸易和市场的需求。该体系认证先后经历了三个发展阶段：①种子认证试点示范阶段（第二次世界大战以前），如美国种植的农作物品种来自世界各地，种子由农民自留，从20世纪30年代开始，美国开始关注种子质量，相应的认证机构慢慢成立，20世纪50年代以后，种子认证由单一的国内认证转向国际认证。此后，英国、加拿大、澳大利亚和新西兰也着手建立本土化的种子认证体系。②产品认证快速推进阶段（第二次世界大战至20世纪90年代），这一阶段先后经历了有机食品认证探索（第二次世界大战至20世纪70年代）、质量认证（20世纪70年代至80年代中后期）、官方标识标志认证（20世纪80年代至90年代）三个时期，该阶段的主要成效包括德国等推行的有机化认证、日本等的农林水产品包装与品质认证、美国等的认证机构建立与认证立法及标识标志认证推行等。③农产品质量安全体系认证全面推行阶段（21世纪以来）。至此，农产品种植、采购和生产加工过程中的相关认证逐渐建立，主要包括：食品质量安全体系（SQF）、良好农业规范（GAP）、危害分析和关键点控制体系（HACCP）、田间食品安全体系（On-Farm）等。纵观发达国家的农产品质量安全认证体系，主要分为三种类型：市场驱动型、政府主导型和双方共同推动型。

6.5 对我国的启示

6.5.1 加强农产品质量安全监管中的法治建设

建设法治社会，要求政府的行为必须严格按照法律法规的规定执行，必须履行法律法规明文规定的责任。根据我国农产品质量安全监管中存在的不足，结合创建服务型政府的要求，应当逐一强化政府的经济调控职能、市场监管职能、社会管理职能和公共服务职能，对农产品质量安全相关的法律进行大范围普及，保证人民群众懂法、守法、用法。具体来说，就是严格执行法治政策，使农产品质量安全监管工作依法依规进行，让农产品生产、加工和流通环节的监管均能依法进行，同时应加大处罚力度，对违规者产生震慑作用，提高其违约成本。

6.5.2 行政、司法监管之外的第三方监管

发挥第三方监管力量，促进我国农产品质量安全治理机制的完善。一些国家在质量监管上的先进性着重体现在对政府、司法之外第三方力量的重视上。包括制定法律法规在内，整个管理过程包含这样一种思路，即在行政监管和司法监管的基础上，重视私人监管。例如，国家要强化进口商的责任意识，建立相关机制涉及进出口贸易企业责任。政府不需要过度依靠强制执法，而依靠外在监管震慑、约束企业行为。相反，可以逐步把检测任务转移给专业机构，依赖第三方机构来执行，把政府从繁重的监管任务中解放出来，更好地发挥指导性作用。而完成检测任务的第三方机构则可以充分吸纳社会优势力量，第三方机构可以是一些非政府组织机构、企事业单位甚至私人，只要其具备相应的能力并能够承担起相关检测任务。此外一些国家甚至允许外国政府、外国企业作为第三方认证机构，意在建立一种长效的责任监管机制，充分发挥质量安全监管领域私人规制的力量。政府应该主动发挥其在农产品交易、流通领域的维护作用，通过相关政策和措施，鼓励更多的社会力量参与到农产品质量监管中来。首先是发挥公众监督的作用，提升消费者维护权利的意识，增强消费者的农产品质量安全意识。遇到假冒劣质产品时，要坚定态度拒绝购买，之后及时向政府监管部门反映问题，通过合法的手段保护自己的权利。其次是发挥媒体监督的作用，利用媒体对农产品质量安全的信息进行公布，对农产品质量安全的相关知识进行普及，加强行业自律，杜绝报道与农产品质量安全相关的假新闻、虚假消息。最后是发挥社会监督的作用，发挥消费者协会、行业协会等社会组织的监督协调作用，与政府部门互相配合，推动出台保护消费者权益和保障农产品质量的相关政策措施，加强自我管理，维

护行业声誉，鼓励公平竞争，为政府开展农产品质量安全监管工作提供决策依据。

6.5.3 协调监管职能，提升行政监管层次

食品安全监管内容复杂，形式多样。从产品种类上看，有农产品、水产品及肉类等划分，就同一类产品而言，分类众多。正如上文所提，美国按照种类监管，而日本按分工监管。不仅不同类产品由不同部门监管，就同一部门内部也是错综复杂，部门与部门之间、部门内部之间必然存在职责协调问题。制定与执行质量安全计划和标准，构建信息公开机制，不是单个职能部门就能完成的，需要相关部门之间的协同配合。此外，部门与部门之间还存在矛盾冲突，利益博弈，因此，学习借鉴一些国家的食品安全法规，在明确各职能部门权责划分的基础上，通过引导鼓励部门之间签订安全合作协议，推动不同监管部门之间的协调合作。

6.5.4 细化法律对权利、义务和责任的科学配置

产品质量安全法不仅是一种事后惩罚，还应该发挥事前抑制，其不仅在规定上明确相关责任人的义务，还应该在行动上促进相关权利的实现。通过细化法律对权利、义务和责任的事前配置，使公民有权利也有能力维护并享有质量安全权益。了解东西方一些国家的食品质量安全法，完善我国农产品质量安全法律体系，可以从以下几个方面考虑：第一，完善单行法律法规，在国家范围内，从宪法到一般法律关于食品安全的立法也不在少数。其中有很多从宏观上对整个食品行业的安全生产予以规范，涉及具体方面的单行法规或条例较少，因而在实际操作中，就会出现钻法律空子的不法生产者。因此，我国可以从完善农药残留、添加剂控制，或者食品检测及标准实施等方面入手强化法律责任。第二，重视食品特别是农产品科学技术的提升，促进法律法规的有效实施。来自技术上的支持不仅可以化解监管中的矛盾冲突，保障各职能机构有效运作，也是构建完善法律体系的重要手段。第三，健全激励消费者提起私人诉讼的相关制度，为私人诉讼创设便利的制度环境，进一步引入集团诉讼制度，提升诉讼效率。

6.5.5 发展非政府行为体参与农产品质量安全治理的制度体系

上述多个国家从监管制度到法规制定，无论是强化经营主体责任，还是促进公众参与，无论是培育第三方认证机构，还是完善信息公开制度，在根本主旨上，始终透露着这样一种治理理念，即邀请全社会共同参与到食品安全监管的过程中。不仅因为食品安全关系着每个人的切身利益，还因为社会共同治理是当前食品质量安全发展要求必须实现的治理模式。改变以往单一政府监管，把监管责任转移

到社会共同体上,实现从"监管中心主义"向"合作治理理念"的转变。在这一理念的指导下,推动非政府行为体参与治理,完善相关制度规定。第一,化繁为简,简化登记制度,推动各类社会团体的发展,如农业协会、农民经济合作组织等,此外可以通过奖励性政策为其发展提供政策和资金支持。第二,强化农产品生产经营主体责任意识。必须广泛教育广大生产经营主体树立强烈的责任意识,处于保障产品质量安全关键地位的生产经营者必须要明白自身担负着控制安全源的重任。因此,完善农产品生产经营主体的登记制度,同时建立生产经营主体信用档案,辅之以黑名单制度,强化对生产经营者的责任培养。第三,完善消费者参与机制。农产品质量安全社会治理的一大主体就是消费者,他们同政府和企业一样是社会共治不可或缺的一部分。消费者是个特定概念,是一种相对者关系,其由于具体的消费才会产生,是分散存在的个体集合。由于成本和信息的限制,而且消费者对法律的认识不足,加上维权意识落后,消费者通常不能充分参与到质量安全治理当中。完善信息公开制度,构建信息查询系统,及时、准确地为消费者提供科学、可靠的建议,引导他们积极参与到农产品质量安全的治理中。第四,强化农产品质量安全监管和追溯体系建设。政府要统筹协调各有关部门,形成权限明确、责权统一的农产品质量安全监管体系,确保农产品质量安全。要建立农产品质量安全监测网络,以便及时发现农业生产、流通过程中存在的问题和潜在风险。同时,通过完善相应的政策支持、获得必要的资金投入、购买先进的仪器设备等措施以建立农产品质量安全监管追溯制度,落实农产品生产地认证、市场准入认证制度,以保证农产品质量安全。第五,促进农产品质量安全信息公开。政府要让农产品质量安全监管的信息在阳光下公开,让广大社会都能知道政府监管的政策和具体措施,畅通信息渠道,通过设立公开电话、政府信箱、门户网站等途径与社会公众进行交流,接受社会监督,听取群众建议意见,及时反馈群众诉求,化解群众身边的难题。既要推进行政审批信息公开,根据农业部颁发的《深化农业行政审批制度改革的意见》,明确提出要深入推进行政审批信息公开,特别是加大行政许可决定的公开力度,及时在区政府门户网站、政务办事大厅信息查阅区公开中央指定地方实施行政许可事项汇总目录;又要推进农产品市场监管信息公开,根据《中华人民共和国农业部公告第 2600 号》,明确随机抽查事项的法律依据、抽查主体、抽查方式,涉及农产品质量安全、种子、农药、肥料、兽药、农机等领域的 15 项监督检查事项。政府可以通过门户网站及时向社会公示行政许可和行政处罚信用信息,通过多种措施着重推进农产品质量安全信息公开,强化依申请公开管理服务,建立健全制度机制,加强政策解读,积极回应社会关切。

6.6 本章小结

发达国家农产品质量安全监管体制大致可分为以下几种类型：一是以美国、日本为代表的多部门共同负责食品安全的监管体制。根据产品种类，由不同的部分负责相关安全监管工作。各部门之间相互协调，此外还有数十个辅助部门提供支持服务。二是以欧盟为代表的一个部门独立负责食品质量安全的监管体制，该部门对食品安全监管负全责，独立监管，单独负责。从规制内容看，主要是将所有与农产品质量安全相关的职能合并至一个部门，直接由该部门统领国内农产品质量安全监管工作。三是以加拿大为代表的一个部门领导、其他部门配合的监管体制，设立总的监管部门，在其下设立具体的执行部门，受其领导。

完善的法律法规体系为政府部门依法监管奠定了法制基础。而在一国的法律体系当中，通常有一个起统率作用的食品安全法，像美国的《联邦食品、药品和化妆品法》，日本的《食品安全基本法》，以及欧盟的《食品安全白皮书》等，最后形成一个金字塔框架的农产品质量安全法律法规体系。

强调从农田到餐桌的全程监管。农产品质量安全监管涉及生产、加工和销售的各个环节，将生产环节所需原料、燃料及农药等涉及农产品生产的内容都纳入监管之中。需加工包装的农产品要做好添加剂控制及标签管理。运输储藏过程中注意保质，防止假冒伪劣、以次充好、有毒有害产品因监管不力流入消费者手中。

良好操作规程体系完善。纵观西方发达国家的食品生产过程，良好农业规范、良好生产规范、全面良好的卫生操作程序、国际标准化组织（ISO）系列管理标准体系等完善而协调。

通过各种途径使生产经营主体自律。例如，政府立法、公共政策引导、标准示范、舆论宣传、非政府组织推动等，激励生产经营主体自觉履行社会责任。

社会公众参与农产品质量安全监管。由于法制健全，加之社团组织发达，消费者群体与消费者组织在农产品质量安全生产与供应的整个链条中都扮演着重要角色，监督、协调作用明显。

7　农产品质量安全社会共治的实现条件与路径构建

如前所述，从理论层面上看，鉴于农产品质量安全问题的社会性，其解决的关键在于对现行行政监管体制的突破，在于调整政府相关职能，协调多元主体的利益关系，构建农产品质量安全社会共治格局；从实践层面上看，在社会共治体制下，农产品供应链上各方主体对质量安全进行协同监管，其成效更加显著，来自不同层面的监管力量较全面地实施监管。基于此，除了重视行政监管、优化政府监管职能，同时要引导生产经营主体自觉承担其应尽的社会责任，更需要消费者主动广泛的参与，三方合力监督，形成广泛而纵深的监督体系，才能实现农产品质量安全社会共治的目标。本章主要讨论农产品质量安全从"单一监管"到"社会共治"的内涵式提升，通过对治理理念和价值目标的重新界定，打破政府作为农产品质量安全监管唯一的管理主体和单一的权力中心的格局，实现农产品安全监管中管理主体和权力中心的多元化、管理对象的参与性与管理手段的多样化，以建立政府、社会、市场等多种主体共同参与农产品质量安全社会共治，逐步形成一个以社会自治为监督基础，以消费者自身消费利益为核心，以质量安全信息系统为支撑，充分运用现代科学技术，开发各方协同治理的有效途径。

所谓农产品质量安全"社会共治"，指的是农产品质量安全不再只局限于依靠政府的主导监管职能，而是要重点突出社会监督力量的多元化参与：除政府之外，企业和其他第三方力量都可作为社会监管主体，并有义务和责任实现对农产品质量安全的全程监管。对于企业而言，为消费者提供质量安全的农产品，不但能够保障自身不会受到法律的制裁和道德的谴责，而且会因为主动承担起作为农产品质量安全责任主体的责任而极大地提升企业形象，进而提升企业在市场中的影响力和品牌效应。目前，很多西方国家都引入了企业社会责任（CSR）机制，CSR机制正逐渐成为企业提升自我监管水平的一个重要条件。而第三方力量包括对政府和企业的行为进行监督的消费者、大众媒体；为农产品质量安全提供技术支持的中立的科学研究力量；区别于政府的各种非政府组织（NGO）；为农产品质量安全提供公信力保障的第三方认证机构和检测机构等。以上提到的各种社会力量在农产品质量安全社会共治的发展历程中均扮演着重要角色，发挥着不可替代的作用。

党的十八届三中全会强调"推进国家治理体系和治理能力现代化"，2014年

《政府工作报告》中明确提出社会共治的概念。推进社会治理创新,注重运用法治方式,实行多元主体共同治理(钟欣,2015)。多元社会主体共同治理(简称社会共治)在中国特色社会主义伟大事业各个领域的成功运用,是对推进国家治理体系和治理能力现代化的理论继承和实践创新,它是新一届领导集体立足于实现中华民族伟大复兴的中国梦,进行社会主义现代化建设,顺应社会发展要求做出的重要战略决策。在2015年6月18日举办的全国食品安全宣传周主题活动中,农业部明确指出,农产品质量安全关系着每个人的切身利益,需要社会各方力量共同参与治理,或监管或保障或维护,建立农产品质量安全社会共治格局(曾特清,2008)。面对复杂的农产品生产行业业态和严峻的监管形势,农产品质量安全由过去政府的一元化"单一监管"到当前监管主体多元化"社会共治",客观地反映了在新一轮行政体制改革和政府职能转变的双重社会背景下,政府在农产品质量安全监管领域中从"简政放权"向"培育相关主体活力"的转变和尝试。

7.1 从"单一监管"到"社会共治"的内涵转换

由于农产品质量安全问题的种类众多,解决方式复杂,加上监管资源的匮乏,难以全面覆盖发生的农产品质量安全事件,因此,继续实行原来自上而下的行政管理形式已经无法满足解决日益严重的食品性安全事件的需要,从"单一监管"走向"社会共治"也就变得更加迫切。这种监管模式转变的实质就是将农产品质量安全治理由过去仅仅由上至下的运作机制变成上下相互配合的方式进行,即政府和社会共同治理的机制。也就是说,这种转变既优化了自上而下的行政监督模式,又增强了自下而上的监管力量,将社会上同样发挥作用的各种多元化力量引进农产品质量安全治理领域,真正意义上实现了对农产品质量安全监管的社会共同治理。社会共治不仅是表面上强调的形式上的共同治理,还在深层次上(首先在于内容安排上)已经显露出共治的含义,是包括理念、目标及运行机制上的转变,我们应当从其内在逻辑上深刻认识社会共治。

7.1.1 核心理念的转变

社会共治的提出是基于指导理念的转变。坚持以人为本、以民为本,应当明确社会治理的主体必须是人民。国家权力属于人民,政府代表人民行使,而不能颠倒。实行社会共治的核心在于更多地反映主体利益,反映社会需求,不使强制性管理压倒能动的治理。政府在社会治理中首先要明确治理的主体。农产品质量安全"单一监管"呈现的更多的是政府对农产品生产者和企业的要求,并没有充分体现政府全心全意为人民服务的宗旨,而"社会共治"则是将这种单向的要求发展为双向互动,优化了过去政府和公众之间简单的管理与被管理关系,并对过去农产品质量安全方面出现的问题进行了更深刻的剖析和解决,从而更好地满足人民群众对农产品的需要,维护广大人民群众的利益。罗伯特·登哈特认为,公共组织就是以服务公众利益而建立并运作的,是社会成员维护共同利益、反映共同期望的组织机构。新公共服务理论指出,政府不是营利组织,不以营利为目的,虽然希望提高效率,但是不以此为目标。谋求公共利益才是政府存在的合法性基础,任何时候都不能以手段取代这一根本目的(姜晓萍和焦艳,2015)。为社会公众服务并对其负责,是政府的天职,也是农产品质量安全监管的核心,社会共治作为一种农产品质量安全监管多主体参与体制,就是要跳出政府在农产品质量安全问题中单向管理的模式,通过重新定义政府职能,即把政府作为制度规范的制定者和服务者,以服务民众为价值取向,通过政府主导的技术优势、体制改革和服务流程再造,努力释放社会共治空间与活力,为实现公众和其他社会力量参与农产品质量安全社会共治提供支撑。

7.1.2 监管目标的转变

近年来,各级农业部门按照中央的要求,始终把农产品质量安全摆在突出位置,坚持"产出来"和"管出来"两手抓,紧紧扭住"努力确保不发生重大农产品质量安全事件"的目标,积极推进标准化生产,深入开展专项整治,强化基层监管体系建设,取得了显著成效,但是,仍然没有改变计划经济时代形成的政府管理权限宽泛的全能政府的特征,政府对农产品质量安全从生产到流通再到经营全面管控,以及长期管控农产品质量安全的所有监管工作。此外,鉴于我国处于社会转型的特定发展时期,抵御各种风险、维护社会稳定是政府必须承担起的重大责任,食品安全领域也不例外。单一的政府监管模式可以说已经达到极致,政府监管压力较大。虽然说计划经济时代,"一元治理"通过权力下放与技术相结合的路径,实现了政府过多干预的监管功能,但随着改革开放和市场经济的深入发展,社会利益多元化增长、社会组织力量成长及消费者质量安全自身意识觉醒,以及由于监管内容的发展和利益诉求的增加,传统的"一元治理"模式正逐渐丧失其合理性和合法性,简言之,单一的政府监管已经不能适应社会发展需求。马克斯·韦伯认为:只有当人们愿意承认具有权威的人的地位并服从他的命令时才能被认定为具有合法性。政府的合法性以人民的认同为基础,而人民的认同源于政府能否代表并实现人民的共同利益。在这个意义上,实现社会共治,改变单一的政府监管模式就必须要构建反映人民利益诉求的组织机制。立足于社会群体利益,使农产品质量安全监管从依靠政府的权威监管中解放出来,以保障社会各阶层利益为目标,通过构建一个组织有力、运转高效的监管机制,为社会成员提供安全、健康的农产品。

7.1.3 沟通方式的转变

治理是一种互动关系,而非一种被动的管理。治理是指上下部门之间通过合作、协商等方式管理社会公共事务,强调的是一种平等的伙伴关系(何增科,2014)。目前,"一元治理"的主要弊端体现在"政府单向管控的强化"与"多主体参与的匮乏"的矛盾而引发的监管力量不足及监管不到位。实现由"一元治理"到"社会共治"的转变,要求监管过程中实现"充分的公众参与,多元主体的加入和在权力运行上的多维多向"的协调融入与有机配合,不仅体现在政府与社会组织之间、与相关主体之间的纵向流动,还体现在社会组织之间、相关主体之间,以及社会组织与相关主体之间的横向流动。在这一逻辑下,社会组织、相关主体和政府职能部门共同拥有和行使农产品质量安全监管权力,包括企业和行业协会在内的社会组织,包括生产经营者和消费者在内的主体同政府一道履行监管职能,这样更加有优势。各个部门组织之间,各主体之间要加强合作意识,改变以往较为单一的服从意识。一方面,建立合作交流平台,激发社会主体参与治理的积极性,为发挥各方潜在监管力量准备条件;另一方面,打破公私部门间的壁垒,实现治理主体的多元化和权力运行的多向化,提升对农产品质量安全监管的潜在效率。

农产品质量安全治理水平取决于多元治理主体之间的协调配合,这种配合主要表现为自上而下、自下而上和横向互动三个维度。从无公害、绿色有机到专项整治,单一监管体制下的农产品质量安全治理,无论是全程监管还是选择性监管,其监管范围只能是点状的,不可能覆盖全面。所以,要实现从点状到网状的改变,就需建立社会调控机制,发挥政府、市场、社会组织、生产者、消费者等主体的作用,农产品要转化成绿色有机无公害产品,不是政府监管所能做到的,因为不是强制要求就能达到的结果,必须要有市场拉动。如何解决以 2.3 亿为基数的农产品生产经营者问题?第一个手段是通过组织化规模化路径,实际上就是建立合作经济组织,规模组织化监管,这样的主体再去提升时,一是减少节点、降低成本,二是组织起来进入市场后就会更加便捷。三是引导,通过消费者购买行为、价格调控等市场拉动,发挥多元主体的作用。

7.1.4　研究内容的转变

推动政府机构改革，已经不能继续单一地改革政府机构。借鉴西方发达国家公共管理改革历程，经历了部分性的机构分权、裁减，或者再设专门职能机构查缺补漏，之后他们发现需要的是一个整体统一协调的政府。从理念到目标再到运行上自觉统一协调的公共管理体制，始终统一于实现社会公共利益，这是其存在的基础，而不是为了巩固存在所使用的手段，在坚持此理念的基础上，推动各部门协调、配合，实现大众诉求。基于对上述西方发达国家公共事业管理改革的借鉴，我们国家在农产品质量安全领域推行"社会共治"，进行制度设计要以社会共治理念为指导。改革机构组织，优化各部门职能，要树立全局意识，实现政府部门之间、政府与其他参与治理组织之间的协调统一。针对我国农产品监管上出现的任务重、效率低、责任不清，要破除条块分割、职能分散的政府组织机构，但不能仅仅通过增设或裁减机构优化职能，而是在治理理念的指导下，实现政府组织各部门的有效改革，构建一个服务于农产品质量安全的协调统一的监管体系，政府与其他社会治理机构同样应该坚持这样的改革理念，推进部门之间、公私之间的协调合作，从横向和纵向完善制度设计，切实实现农产品质量安全监管的"一站式"无缝隙服务。

7.2　把握社会共治的社会需求

农产品质量安全问题日益凸显，亟待实现社会共治。推进国家治理现代化，实现从"一元治理"到"社会共治"的转变，并运用到农产品安全领域，是基于一元治理的弊端并结合当前社会发展状态提出的更优方案，同时也离不开公共政治理论提出的大背景。

7.2.1　公共行政理论演进的需要

从治理内涵的发展到提出社会共治，是在一定理论的支撑下实现的。西方公共行政学的研究奠定了社会共治的理论基础，社会共治路径是科学理论在社会实践中的运用。公共行政学在不同研究阶段以不同价值取向及所赋予治理的内涵，成为发展社会治理的可靠依据。工业革命后，人类社会面临新的治理困境，为公共行政学研究提出了新的课题，公共行政学进入"治理"的研究阶段，提出符合时代发展的治理理念。以美国罗伯特·登哈特和英国佩里·希克斯为代表，他们都认为社会治理首先要重申治理理念，以公民为中心，以服务为导向。西方公共行政学对治理价值取向的定义同我国"以人为本"的执政、管理理念存在一致性。

基于此，西方公共行政学关于社会治理所倡导的价值取向和服务目标就可以为我国社会治理模式的发展提供借鉴。反之，在我国农产品质量安全领域推行社会共治，发展新的治理理念，可以进一步推动公共行政理论的演进。

7.2.2 社会转型中多元主体的需要

随着经济体制改革和政治体制改革的双重深入发展，目前我国正处于社会转型发展的新时期。这种新形势、新常态，使我国食品质量安全监管面临一系列新问题、新情况，主要体现在以下几方面：其一，我国农产品及食品发展已经从过去只顾得上解决温饱过渡到更加重视质量安全的更高发展阶段；其二，市场经济下多元利益主体的出现，相应地造成需求多样性；其三，多元主体发展壮大，安全监管事务激增，单一的政府监管已经难以应付，加上消费者主体意识的增强，自觉维护食品安全的愿望强烈，这些都催生了新的治理模式；其四，信息技术迅速发展，赋予了目前社会以"信息社会、网络社会、舆情社会"等时代特征。这些新情况和新局势，一方面，为农产品质量安全监管提供了新的发展机遇，另一方面，也必然对农产品质量安全管理水平和模式提出了更高的要求。党的十八届三中全会通过的《中共中央关于全面深化改革若干重大问题的决定》提出，要推进国家治理能力和治理体系的现代化（赵谦和周健华，2015）。蕴含在这一命题中的治理理念开启了我国从"社会管理"向"社会治理"转变的新时期，这种转变彰显了新一届政府与社会关系的定位和理念。政府与社会不是管理与被管理的被动关系，政府不是社会事务的必然管理者，而其他机构不是永远的被管理对象，多主体、全方位的合作交流才是更为科学的社会治理机制。同样，农产品质量安全监管的社会共治取代传统的单一管理，表明农产品质量安全社会秩序构建不能仅仅依靠政府管理，特别是把保障农产品质量安全全部寄托于政府监管上，在政府之外还存在其他多元的治理主体，在监管之外有更多的治理路径，重要的是社会各主体之间的协商与合作，而不再单纯依靠政府自上而下的监管。社会现实的发展和新的改革命题的提出，都决定了从单一管理到社会共治的必然性。

7.2.3 克服单一监管弊端的需要

从古希腊开始，西方学者致力于寻找合适的政府组织形式，从柏拉图的各司其职到卢梭的契约理论，再到罗尔斯的正义论，在研究过程中都共同地揭示出政府及其权力的来源。政府是公众为实现共同的利益而组织起来的代表形式，权力来自其组成成员，政府只是作为代表行使权力。罗尔斯在正义论中更是鲜明地指出实现最大多数人的利益就是正义，政府的正义就是如此。坚持实现人民共同的利益诉求，我国社会治理中正逐渐破除单一的政府监管，鼓励其他组织团体参与社会治理，并取得了一些突破。在不改变原有农产品质量管理层级（省—市—县农业行政主管部门）的基础上，在法律及制度授权的范围内增加一些具体的监管单位。依托政府权力，将原有的管理权能直接下沉、覆盖"农产品质量安全各相关主体"。这一改革方式开拓了其他主体参与农产品质量安全治理的渠道，推动了多元主体参与治理，但其实质是依靠政府权力下沉，只是分解政府机构和职能，并没有从根本上改变自上而下的监管模式。

同时，"社会共治"也存在公民参与和农产品质量安全相关多元主体互动缺乏的问题。主要体现在两方面：一是消费者群体监管平台的缺失。消费者是最大最广泛的主体，几乎人人都是农产品的消费者。当前，在社会治理体系中，消费者参与平台的建设相对落后。公民对农产品质量安全重要性的认识不足，因而主动监督、维护质量安全的行为也就较少。另外，政府也没能在某些方面提供完备的参与平台，包括信息数据库的建设，以及相应的查询手段和平台。政府应当联合组织、社团完善平台建设，确保生产各项信息登记入库，构建一个消费主体和生产主体及管理主体积极参与、协商、互动的治理体系。二是由于社会教育、社会舆论引导薄弱，消费者等主体对农产品质量安全治理缺乏参与能力和机制，消费者对农产品质量安全治理的归属感、认同感不强，参与意识和积极性不高，多元主体对农产品质量安全监管无法形成良性互动，无法在全社会范围内对社会共治形成广泛认同，导致推进农产品质量安全社会共治阻碍重重，阻碍多元治理长效机制的建立。

7.3 加快社会共治的内涵式提升

7.3.1 转变治理理念

社会共治路径的核心在于理念的指导。从公众服务的目的出发，一切行为和活动都围绕实现这一目标，包括农产品在内的社会治理就不会偏离正确的路径。社会共治核心理念的确立也是提升共治内涵、实现从一元向多元共治转变的前提。过去的一元管理大多依靠行政命令、强制、处罚，政府的指导、引导、鼓励作用多被忽视，在社会成员中间可能形成严肃的权威管制概念。建设服务型政府，逐渐地打破原来对政府管理的僵化认识，更加要求发挥政府的服务功能，强调"以增强社会服务能力为本"社会共治的核心价值理念。这就意味着：首先，政府部门应以服务为导向、以服务消费者食品安全利益为核心，树立消费者权益至上的服务理念；其次，要破除官本位思想，拉近政府和群众的距离，心为民所系，切实解决公众"菜篮子"实际问题；最后，把握服务社会的本质，多元主体治理工作要主动出击，深入质量安全一线，每一项工作都切实还原服务本质，每一项内容都以维护公众利益为落脚点，切实提高农产品质量安全治理公共服务质量，为消费者和社会力量参与农产品质量安全治理让渡空间、释放活力。

7.3.2 拓展消费者参与渠道

推动消费者参与农产品质量安全治理不是简单地邀约，是需要依靠建立实实在在的参与机制予以保障的。很多时候，消费者怀着对质量安全的担忧而无计可施，没有用来辨别真假的知识，查询的途径有限，申诉的渠道也不够明确和充分，因此要建立健全消费者参与治理的渠道和途径，鼓励消费者参与农产品质量安全社会共治，不是随意的参与，更不能允许以消费者群体名义扰乱社会秩序，消费者权益保护应当通过法律途径予以保障。

首先，推行相关立法，提升消费者对农产品质量安全科学标准拟定过程的参与度，赋予消费者对农产品质量安全科学标准拟定的选择权与知情权。只有消费者的选择权和知情权得到保障，才能在"社会共治"的过程中真正明白什么样的农产品是符合质量安全标准的，在实际的监管中也就能够发挥应有的效能，而这一点的实现，就需要消费者切实参与到政府和企业制定农产品质量安全科学标准的实际过程中，只有当消费者认可并接受农产品质量安全科学标准时，才能推动农产品质量安全监测朝着高效性和人性化方向发展。

其次，应充分发挥消费者团体和社区组织的作用，提升消费者对农产品质量安全社会监督制度的参与度。在消费者和行业协会中间组织成员成立社会监督机构，独立运作，定期发布相关消息供各主体参考。一方面，政府要大力倡导消费者参与农产品安全"全程监控制度"，另一方面，组织部分消费者参与到政府关于农产品质量安全的调研项目中。此外，还应该充分发挥大众媒介在食品安全社会监督制度中的作用，为消费者开设农产品质量安全投诉专线和专门针对农产品质量安全的检举平台，将农产品的生产经营者置于公众的舆论监督之下，利用广大人民群众的力量，共同保障农产品的生产和经营符合质量安全科学标准，并逐步形成正确、有序的农产品质量安全认知舆论环境。

再次，强化法律救济力度，以保障消费者权益为目的完善农产品质量安全纠纷救济制度。以完善消费者合法权益诉讼渠道为基础，从诉讼、审判、执行方面构建消费者权益保障机制。消费者可以通过调节、仲裁及诉讼等渠道提出维权申请，诉讼方式上实行民事诉讼和公益诉讼相结合，另外辅助以维权热线和法律援助服务（邓刚宏，2015）。同时，要积极创新各种新型纠纷救济渠道，以人民群众能够广泛参与的形式及时追踪报道农产品质量安全热点问题等，通过电视台的市民热线、微信公共平台、微博等途径及时构建与消费者沟通的平台，为消费者参与管理提供必要空间。

最后，农产品质量安全职能部门还要保证农产品质量安全信息平台的完善，保障消费者能够及时、准确地掌握农产品质量安全方面的信息，以及某些农产品质量安全事件的相关处理信息。在欧洲影响深远的疯牛病危机给人们留下了典型教训，究其原因就是公民没有及早地参与到农产品质量安全监管中来。因此，消费者参与农产品质量安全危机处理必将大幅度提升政府处置农产品质量安全危机的绩效与公信力。

7.3.3 创新智慧化农产品质量安全信息服务网络

大数据必将为我国农产品质量安全治理工作带来新的机遇与挑战。我国正在加快研究制定大数据发展国家战略，将促进大数据发展提升为一种国家行动。因此，大数据对农产品质量安全治理具有重要的意义与价值。随着互联网时代的到来，基于海量的食品安全数据，监管方式正发生智能化变革。大数据为农产品质量安全治理提供及时准确的信息，使得农产品质量安全保障可以追根溯源，为农产品质量安全实现全方位精准追踪、预测监管提供了可能，通过及时收集分析数据为消费者消除安全隐患，同时也存在农产品质量安全标准不统一、数据分析挖掘及管理技术水平有限、大数据应用层面法律法规缺位、数据分享平台建设滞后等问题。为了充分发挥大数据在农产品质量安全社会共治中的效用，首先需要最大化地避免农产品质量安全标准不统一的问题，这就要求政府与社会各界通力合作，制定出农产品从生产到被消费过程中的种种数据化的标准，从而保证农产品在整个过程中的质量安全。其次政府还应该加强与高校、科学研究与检测机构的合作，尽快出台关于农产品质量安全在检测和认证方面的相关法律法规，提供农产品质量安全方面的信息与资源共享平台，打破各个利益主体之间对信息的独享，进而提高农产品质量安全在大数据时代的管理水平。

大数据时代赋予了农产品质量安全多元主体治理的运行管理信息化特征。智慧化的农产品质量安全信息服务网络面向农产品生产、运输、经营、消费相关主体，以大数据库为基础，以网络监管查询为平台，为农产品质量安全监管提供全方位数据支撑：首先，进行统一规划与顶层设计，实现统筹指挥协调、数据互通，实现从单兵作战型管理向协作服务型转变；其次，通过现代信息技术手段，丰富主动推送、智慧提醒、智能预警等功能，实现从被动响应型管理向主动预见型服务转型；最后，借助大数据综合服务管理信息系统，为消费者提供集查询、统计、监督、举报、资源共享于一体的网络数据平台，打造智慧化、全天候的农产品质量安全信息服务系统。

7.3.4 实现功能转换，构建多元治理新模式

农产品质量安全社会共治的本质是政府监管、行业自律、消费者三位一体的协同监督，但目前的多元化管理模式过多地依靠政府行政效能的提高和管控维稳职能的实现，淡化了多主体自治意识的培养和自治能力的提高。因此，实现多元管理从维稳平台走向基层社会自治平台，推动和提升治理功能转换，这是构建多元治理新模式亟待解决的问题。首先，突出明确自治在社会共治中的基础地位，治理核心问题应围绕消费者对质量安全农产品的需求展开，政府不是唯一"管理"主体，多元治理除了各级政府部门还应该包括生产主体、社会组织及消费者。其次，注重培养农产品质量安全自治氛围，通过完善激励机制或舆论宣传，构建社会共同治理中的自治氛围和自治主体发展的软环境。再次，厘清行政管理部门与多元共治组织的职责权限，在社会共治架构中要凸显公众自治的基础地位。可在智慧化农产品质量安全信息服务网络中，建立统筹协调和分工协作机制。最后，依托智慧化农产品质量安全信息服务网络采集的数据和资源，建立社会共治信息资源共享平台，使大数据为政府政务数据处理和主体自治资源查询提供双重数据支撑。同时，利用信息技术打破隔阂，建立跨界合作机制。在虚拟空间实现资源和数据的有效盘活，积极推动政府部门层级之间、公私内外之间、社会组织之间的纵横联合，为农产品质量安全治理提供紧密联系、协同共生的社会化网络体系，畅通自下而上的反馈渠道和多向互动的监督体系，最终构建起农产品质量安全治理的多主体、多中心、多渠道的社会共治新格局。

7.4 本章小结

实现从监管到治理的内涵式提升是顺应我国农产品质量安全现状、完善农产品质量安全治理体制和提升农产品质量安全治理水平的重要途径。通过上面的论述可以发现，这种由监管到治理的转变与提升，绝不仅仅是名词的变更和技术的升级，它要实现的是从4个维度对其内涵进行提升。首先，需要政府的治理理念实现由企业的管控者向人民的服务者转变；其次，需要政府的治理目标由过去仅仅维护社会的稳定提升到最大限度满足公众需求；再次，需要将农产品质量安全的权力运行逻辑从政府自上而下的单向维度实现向多维度平行转变；最后，在运行机制方面实现将碎片化的管理模式向整体性治理转变。此外，还要从树立服务治理理念、构建多元主体协同共治格局、创新智慧化农产品质量安全信息服务网络和构建社会共治治理模式的路径依赖，实现从监管到治理的内涵式提升。

综上所述，农产品质量安全治理从单一监管到社会共治的内涵式提升，就是通过对治理理念和价值目标的重新界定，对消费者参与和生产主体、社会组织等元素的纳入，对功能定位和运行机制的转变，构建一个以增强生产经营主体自律意识为基础；以优化自上而下的政府监管方式为保障；以加强自下而上的社会监督力量为协同，以消费者及其需求为核心，以质量安全信息综合服务管理系统为平台，以信息技术为手段的多元协同型农产品质量安全社会治理系统，以加快实现农产品质量治理能力的现代化。

8 农产品质量安全社会共治的制度设计

农产品质量安全涉及民生和人民健康，引起社会的高度关注。近年来，无论国家还是地方各级政府都始终把农产品质量安全问题放在工作的突出位置，常抓不懈，注重从多角度、多阶段强化对农产品质量安全的监管，并不断完善农产品质量安全相关制度、健全监管体系，注重及时为社会大众提供农产品质量安全信息，提高人民群众农产品质量安全意识和监管意识，以改变过去政府对农产品的单一监管模式，试图构建全民共防、共控、共治的农产品质量安全监管局面。但是，随着农业科技的发展，农产品质量安全的状况差强人意，挖掘其根本原因，应该是多方面的，尤其是过去采用的农产品质量安全单一监管模式自身的制度缺陷，是导致农产品质量安全问题多发的根源，因此，要想真正从根本上提高我国农产品质量安全的整体等级，必须要对我国农产品质量安全监管模式进行改革，充分发挥社会各界监管力量的共同作用，以最大限度地减少农产品质量安全事故的发生。

8.1 农产品质量安全社会共治的设计依据

怎样才能充分调动社会各界的力量使其参与到农产品质量安全监管的过程当中，改变过去由政府单一监管带来的弊端，是当前解决农产品质量安全问题的重中之重。近年来，即使国家及地方政府高度重视对农产品质量安全监管模式的改革，但由于现行体制自身带有的缺陷及相关法律制度的匮乏，还是给质量安全监管模式的转变和调整带来了巨大的难度。因此，我国目前的农产品安全监管模式仍然处于单一的政府监管模式水平。这种模式使政府农产品质量监管部门与农产品生产经营企业二者对立起来，限定为"管制"与"被管制"的矛盾体。在强化国家管理的同时，忽视了农产品生产过程中农户或农产品生产企业自身对农产品质量安全的控制作用。政府"全面的"产品质量安全监管职能，直接导致政府工作量巨大、人员配备不足等问题，最终引起监管力度不够或监管范围不到位等问题，同时造成其他能够发挥监管职能的社会力量置身事外。改变单一的政府监管模式，实现政府和企业的良性互动，应当设计容纳各方社会力量治理农产品质量安全的发展路径。

8.1.1 第三方监管主体严重缺失

近年来,政府在农产品质量安全监管中一直扮演着负总责的角色,这使得政府工作人员及其相关部门对涉及农产品质量安全的工作承担过多责任与义务,其他社会主体很难实际参与到监管工作中。这就要求我们必须首先搞明白,政府单一监管模式并不意味着把农产品生产加工者、消费者、市场等主体排除在监管体制之外,这些主体作为重要的监管主体,也需要对质量安全工作承担相应的责任和义务,尽管单一监管模式并没有详尽地规定其他社会主体的职责,但要想真正保障农产品的质量安全,单纯依靠政府肯定是远远不够的。要想改变当前的局面,必须从改变政府承担过多责任与义务的现实入手,这主要表现在以下两个方面:一是政府几乎承担了农产品质量安全治理的全部责任,不但要承担行政审批、执法检查及标准制定等基本职能,而且要承担农产品质量安全的风险监测、评估及农产品质量的认证、检测等许多可以委托给第三方的职能,几乎把农产品质量安全政府负总责变成了负全责。二是第三方监管主体发育严重不足,除少数检测机构属于民营外,农产品质量安全第三方监测、检测、监理等主体远没有得到培育,制约了我国农产品质量安全监管模式的转型,也为农产品质量安全风险埋下了体制上的隐患(周圆,2015)。

8.1.2 监管压力缓解难度大

农产品的生命线较长,控制农产品质量要从种植、生产、加工、检测、认证、储运、销售等各个环节入手,严格把关。而且各环节紧密相扣,每个环节都需要投入较大的人力、财力和技术支持。农产品质量监管问题的长期性、复杂性使得要实现"从土地到餐桌"的全过程监管并不容易,对大庆市XX县访谈资料进行分析,XX县农产品质量安全综合检测监管人员明显不足,XX县虽然成立了农产品质量安全检验检测站,但没有专门的监管机构,监管队伍也不健全,一人兼数职,检测仪器配置短缺,只能进行简单的分析检测,超市、生产基地农贸市场都没有建立自律监察室,监管资源的有限性也使得各方矛盾日益突出。

8.1.3 责任界定模糊

对农产品质量安全进行监管,必须从源头着手。农产品生产者主要负责农产品的生产环节,他们是农产品生命周期的开端,因此需要严格从源头上消除出现农产品质量安全问题的可能性。但是,从当前的制度设计来看,并没有对农产品生产者如何诚信生产、怎样保证生产出来的农产品符合质量安全要求等责任进行明确的划分，而且除缺乏对农产品生产者的内部制度约束外，也没有从外部规定其他社会主体如何对农产品生产者进行监管，农产品生产者与经营者之间通过什么形式建立起联系紧密的衔接制度。由此可见，这种单纯依靠政府监管的模式，一旦在某些方面出现极小的失误都可能会导致一系列影响较大的后果。从近年来多起农产品质量安全事件来看，其发生多数是由于缺乏对农产品生产过程的质量控制以及多方位及时有效的监督。因此，要想提高农产品的质量安全，就必须对质量安全监管工作进行科学的规划，以厘清农产品生产各环节负责人的责任和法律义务，清晰界定法律责任。

8.2 农产品质量安全社会共治制度的初步设想

我国农产品质量安全社会共治制度本质上指的是通过政府和社会的共同努力，实现对农产品质量安全的治理和监管工作，政府作为权力主体可以自上而下地对农产品整个生命周期内的质量安全进行有效监管，社会各界的力量作为权利主体，可以通过自下而上的方式保障农产品的质量安全，通过权力主体和权利主体的双向配合，实现由单一监管向社会共治的转变。农产品质量安全社会共治是针对原有的政府监管单一的弊端，重新构建的一种科学规划的社会共治体系，这就要求从科学的角度，重新厘定实现共治所应当包含的各方主体、行为及责任。

8.2.1 农产品质量安全社会共治的主体构成

在我国，农产品质量安全社会共治将是一个全新的制度体系，其理论研究还需不断充实和完善提升，农产品质量安全社会共治需要在法律的视角下重新思考，其中法律关系主体是整个社会共治制度建立的逻辑源点（周圆，2015），这主要体现在两个方面：一是涉及质量安全的主体那么多，哪些主体能够真正被看作社会共治的主体。二是社会共治主体一旦确立，这些主体在农产量质量安全监管工作中又将承担哪些责任。根据弗里曼提出的利益相关者理论，从农产品生命线所经历的所有环节分析，涉及的主体主要包括"生产经营者、政府、农产品质量安全监管部门、第三方认证和检测机构、行业协会、媒体、消费者及农产品专家等八个方面"（周圆，2015）。

农产品质量安全八大主体被确定后，接下来就是要对这些主体在质量安全监管工作中扮演的角色进行划分，其中：①政府监管是社会共治的主导力量。与其他治理主体相比，政府具有更高的权威，能够调动更多的资源开展这项工作，而且我国政府能够广泛代表人民群众的利益，其政策也更加被人民所信任，所以说政府应当承担主要的责任，发挥社会治理的主导作用。但是在社会共治中，作为主导型的治理主体，政府并不"天生"具有相应的治理能力，加强政府的治理能力应当完善其权力配置，严格其执法的责任。可借鉴各地有益探索，在中央和地方层面均成立市场和质量监管综合部门，具体履行相应的职责。同时，政府在农产品安全监管中做到依法监管与严格执法，大力提高政府在农产品质量安全监管中的权威性、法制性、公正性和有效性，使监管公信力成为农产品社会共治的推动力。②生产经营者是社会共治的市场力量。农产品的生产经营者作为农产品生命周期的开端，必须在农产品质量安全监管工作中承担起第一责任人的职责。加强这一主体的自律是解决问题的关键所在。农产品生产经营者自觉地加强自律意识及责任，不仅能够维护农产品安全，而且由于其生产经营的农产品被消费者信赖从而获得竞争优势，自身在市场竞争中发展壮大，进而这种良性的竞争也促进行业健康发展。因此，要加强生产经营者的自律意识，并使相应的从业道德要求成为工作人员的行为准则，是农产品安全社会共治的重要内容。一方面，企业有责任建立对员工的约束制度，同时要加强员工的从业道德教育。最终，依靠制度约束和道德约束实现生产安全农产品这一目标，另一方面，应完善企业社会责任制度建设的相关法律，以法律为保障加强对企业日常的道德教化，增强企业的社会责任感。③行业协会是社会共治的社会力量。治理农产品质量安全问题，一方面要提高行政部门的监管能力，另一方面就是要加强市场的调节能力。行业协会等由生产经营者组成的社会团体，对其成员具有非强制的约束力，能够在政府监管的"空地"引导其成员承担社会责任，开展良性竞争。充分发挥行业协会组织的作用，既能减轻政府监管压力，减少行政成本，又能推动市场健康发展，提高市场调节能力。但是，目前我国行业协会组织发育并不健全，仍需要为其营造良好的成长环境，同时用制度明确其职能。在措施上，要加快简政放权，为行业协会提供成长空间；提高非强制性约束能力，促进农产品产业健康发展；提高宣传普及农产品安全知识的能力，增强与公众的互动。④社会公众是社会共治的基础力量。与政府监管相比，公众具有明显的优势。行为人违法生产经营的最终目的是获取高额利润，其有可能隐蔽其违法行为而逃避政府监管，但是当公众将问题农产品的线索传递给监管部门，这就为监管部门提供了违法信息来源，加强了政府的监管能力，避免违法行为逍遥法外。同时，公众也可以形成对监管部门的监督，当监管部门行政不作为或乱作为时，公众可以将其违法行为向监督机关反映，促使其依法执法。此外，当公众面对自身利益受不法侵害时，采取维权措施制约生产经营者的违法行为。当公众选择安全的农产品时，又通过市场调节机制促进那些信誉良好的企业发展。因此，社会公众是农产品安全社会共治的基础性力量，既能弥补政府监管的不足，又可对政府和企业的行为形成制约。现阶段，农产品安全社会共治在我国刚起步，农产品质量安全社会共治多元主体没有完全到位，与真正实现农产品安全综合治理仍有相当大的差距。首先，我国农产品安全检验检测主要由行政主管部门完成，由于监管队伍人员严重不足、专业性不够强，排查农产品安全风险力度不大，监管效率需要进一步提高。需要引入社会资本，加快培育第三方检测机构，更好地提高检验检测水平，有效解决农产品安全问题。其次，农产品企业诚信自律意识较为薄弱，缺乏有效的行业自律，影响了消费者的健康安全，扰乱了经济秩序，更是严重破坏了社会道德基础。这些需要行业协会督促企业落实主体责任，规范经营主体行为，使产品指标控制在规定的范围内。再次，由于部分媒体片面追求经济利益、盲目跟风炒作、传媒机构评价机制不科学等，在农产品安全报道中存在报道失实、忽视企业的合法权益、引导舆论方向偏颇，造成群众恐慌心理等，没有起到正面宣传引导的作用。最后，对新媒体利用不足，没有发挥新媒体在农产品安全中的信息传播、社会监督等重要作用。

8.2.2 农产品质量安全社会共治的政府行为

在我国以往对农产品质量安全的监管中，政府主要承担的是行政职责，对于引导和规范其他社会共治主体承担责任等方面还有更多的规划空间，要想改变过去单一监管模式的单向监管，实现向社会共治的双向互动转变，必须首先改变政府现有的行为模式，着重处理好政府、社会、市场之间的关系。要想实现这一改变，可以将完善政府行政委托、授权行为等与强化社会主体在农产品质量安全监管中的主体地位相结合，逐渐明确如何规范、引领如生产经营者、消费者等其他社会主体参与到社会共治制度中来。所以，除强调以往的政府行政执法行为外，还要增加政府的倡导、引领和鼓励性行为等。例如，可以加强各级政府同其他社会群体的互动和联系，鼓励更多的社会群体在农产品质量安全共治中承担部分责任。政府在农产品质量安全社会共治中处于主导地位，并非事事亲力亲为，应转变当下单一型政府监管模式，建立政府主导、协调统一、各方共治主体有效联动的模式。政府简政放权，转变职能，由监管向监督、协调统一、信息披露等方面转变（石庆红，2016）。政府在推行强制性行政管制的同时，要注意行政委托、指导的运用，通过颁布一些奖励性、补贴性的政策，引导和鼓励生产经营者、消费者及其他社会力量参与农产品安全治理。

8.2.3 农产品质量安全社会共治的责任确定

社会共治中的责任体系处于农产品质量安全社会共治体系中的核心地位，因此，首先要划分各方主体的责任和义务，搞清楚政府、社会和市场在整个监管体系中处于什么地位；其次要分别搞清楚不同社会主体享有哪些权利，需要承担什么义务。具体表述为如下两个方面。

(1) 厘定政府责任。不管是单一监管模式还是社会共治体制，政府在农产品质量安全监管过程中始终是总舵手，但由于监管资源和力量的有限性，以及监管压力巨大，各级政府在实际开展工作时难免会出现不能面面俱到的时候，因此，这就充分说明总舵手的工作职责并不是承担过多责任与义务，而是在农产品质量安全监管工作中发挥主导作用，实现对农产品质量安全的监管、审批、引导和规范的有机结合和统一。此外，政府还应当承担培育社会公众公共精神的责任。所谓公共精神是指以利他的方式关心社会公共事务，并愿意承担责任的一种思想境界和行为态度（赵振宇，2010）。在农产品质量安全共治的进程中，共治主体缺乏独立意识，带有很强的盲从性，他们会因为某些人对政府监管的片面评价而对政府行为进行指责，也会因为被一些负面消息主导而失去判断，因此，培养起监管主体的独立精神和公众精神，对于保障共治主体的监管效果具有重要作用。政府可以通过两个重要途径来承担自身责任，发挥自身作用：一是政府可以通过培养共治主体的公众精神，加强各监管主体工作之间的协调和配合，这样既能缓解政府巨大的监管压力，又能保障农产品在各个环节的质量安全；二是政府可以在监管主体与消费者之间搭建良好的沟通、互动平台，一方面，监管主体可以通过该平台为消费者提供关于农产品质量安全的有效信息，便于消费者进行选择和判断，另一方面，消费者可以透过该平台揭发检举损害农产品质量安全的行为，便于监管主体开展工作。

(2) 厘定包括农产品经营者在内的其他社会共治主体的法律责任。就目前我国已经出台的法律法规而言，并没有对农产品社会共治主体的责任进行明确的规定和划分，有的也仅仅是涉及部分主体，如在《农产品质量安全法》中，将农产品质量安全侵权赔偿主体由消费者扩大为受害人；农产品质量网络交易第三方平台提供者未履行法定义务，导致质量安全事故发生的，不宜采用先行赔付原则，而宜要求其与农产品质量生产经营者承担民事连带责任；构建虚假广告代言人过错连带责任和无过错有限责任制度（周圆，2015）。

8.3 农产品质量安全社会共治的制度构成

一个较为科学的农产品质量安全社会共治体系，必须要经过实践的检验，并能够解决实践中的实际问题。主要如下：一是缓解政府在食品质量安全方面的执法、监管压力，成功引进第三方监管体系、平台或行业协会等。二是有效协调各共治主体之间的关系，实现政府在食品质量安全方面的监管模式的转变。三是厘清所有农产品质量安全社会共治主体的法律责任、权利、义务，协调好各自的利益。四是能够通过法律或软性手段在制度上实现农产品质量安全社会共治的新局面，并可以有序推进和逐步完善相关规定，最终实现我国农产品质量的相对安全。

8.3.1 农产品质量安全社会共治的运行管理制度

农产品质量安全社会共治必须有制度的保障才能正常运行，否则，所有的理论与研究都将是纸上谈兵，因为制度可以使农产品质量安全社会共治更加法制化、规范化，甚至是社会共治推行的有力保障。具体包括以下几个方面：一是政府有效的立法、执法和监管控制，协调各方力量的协调治理机制。这一方面作为我国政府原有做法，本书作者将不做探讨。二是农产品生产经营主体质量安全控制制度。三是农产品质量信息公开制度。四是农产品质量安全公众参与制度。具体介绍如下。

农产品生产经营主体质量安全控制制度。只有从源头上控制了质量安全，才有意义谈监管和共治的意义。我国法律也规定了农产品生产者为产品安全供给的责任主体。只有在最大限度上保证了生产环节的质量安全，才能真正保证消费者的利益，大大降低政府监管、执法的压力，更有利于社会公共精神的建立。这也是农产品质量安全良性循环的开始，有助于树立生产者自身的品牌形象，为生产经营主体赢得良好的信誉，从而得到社会公众的信任。但是，从某种程度上，农产品生产经营主体在保证产品质量的同时必然会增加社会必要劳动时间，从而增加生产成本，这部分价值由谁来买单？这将直接引起利益矛盾。所以，就农产品生产经营主体而言，不可能自发、自觉地提高农产品质量安全意识，需要市场甚至比市场更强大的外在规则力量来保证。我国政府目前依靠的力量主要来自法律、法规，通过硬性手段进行控制，这也是最直接有效的方式方法，但法律往往具有后置性，甚至在出现安全事件后才健全相关的规定。因此，构建一种有助于政府掌握农产品生产信息的自律体系无疑是有效途径（刘哲，2012）。近年来，食品安全问题引起社会公众的高度重视，从而在市场的需求下，部分农产品逐渐产生了质量追溯体系，可以提供农产品生产链的所有信息。当然，只是部分品牌、部分企业的尝试性做法，但从理论角度深层次分析，具有革命性意义，这种产品质量追溯体系正是农产品生产信息的自律体系的一部分。随着时代的进步、市场需求的调节、政府的监管，这种农产品生产信息的自律体系必将逐渐地完善。

农产品质量信息公开制度。农产品质量信息公开制度并不是一种全新的提法，《中华人民共和国政府信息公开条例》规定，行政机关对符合下列基本要求之一的政府信息应当主动公开：（一）涉及公民、法人或者其他组织切身利益的；（二）需要社会公众广泛知晓或者参与的……（刘哲，2012）。以往做法中政府承担着公开产品信息的主要角色，但随着信息时代的发展，政府不应该也不是唯一能够提供农产品信息的主体，更应该将农产品生产者推向公开产品信息的最前沿，承担起农产品质量生产者应尽的责任。农产品质量信息公开制度，将是开启农产品社会共治模式中最重要的一环。只有农产品质量信息公开，才会使消费者的知情权获得保证，从而使市场真正起到调节作用，进而对农产品进行优胜劣汰的选择；只有农产品质量信息公开，才会使农产品生产者倍感压力，自然而然走向诚信经营的安全模式；只有农产品质量信息公开，才会使社会其他群体充分获取农产品质量安全信息，保证社会其他群体能够更好地参与到农产品质量安全治理的过程中来。由此可见，要想实现其他社会群体对农产品质量安全的监管，首先要做的是完善农产品质量安全信息公开制度。与之相关，要引导企业加强对食品信息全程追溯制度的建设，使生产经营企业在信息体系建设中发挥重要的作用。第一，以食品为信息载体，通过强制在食品上标记生产商、销售商，严格食品生产与销售信息标记缺失的责任追究以保障其全面性和正确性。第二，鼓励企业开展食品追溯工作，使企业将食源性农产品到加工企业或运输部门，再到零售商的各个环节信息记录在食品信息中，对于建立该制度并落实的企业给予减免税收等政策优待。第三，建立可供社会公众查询的信息平台，信息平台的建设要方便群众，如网站、电话等形式，使群众能够通过信息平台了解食品的真伪及从生产者到自己手中的全部环节信息，改变公众不对称信息地位，维护公众的食品安全信息权。

农产品质量安全公众参与制度。在农产品质量安全问题中，政府与农产品生产者理应为责任承担主体，在农产品流通中却成为"过客"，而社会公众才是农产品的真正消费者和最终"归宿"，也是最关心农产品质量安全的群体，如果缺少社会公众参与农产品质量安全监管，那么如同农产品缺少了"实践检验"的环节，因此社会公众的力量才是农产品质量"革命"应该依靠的主要力量。所以，在农产品社会共治的过程中，必不可少需要公众的参与，建立、健全农产品质量安全公众参与制度非常必要，主要可采取以下几种途径来保障公众的参与：首先，完善相关法律法规保障公众的参与。公众对农产品质量安全监管工作参与度较低的一个重要原因是缺乏责任意识，有的人认为自己并没有义务参与到这一监管过程中，但是如果通过制定相关法律法规明确公众参与质量安全监管的权利和义务，就可以在一定程度上增强公众的责任感和参与意识。其次，为公众参与质量安全监管提供有效的途径和形式。在人民群众能够及时准确地掌握关于农产量质量安全的信息后，才能充分行使自己的表达权和监督权，因此，这就要求政府相关部门既要保证将农产品质量安全信息传递给社会大众，又要为公众提供一条切实有效的信息反馈渠道，使监管主体及时掌握群众观点，指导监管工作的开展。最后，注重发挥社会公众中的群体作用，从而达到维护农产品市场健康秩序的目的。

8.3.2 农产品质量安全社会共治的服务保障制度

（1）农产品质量安全举报奖励制度。农产品要想实现社会共治，必须引用科学管理中的奖励制度，对农产品质量安全举报的个体或群体进行行政性的奖励，在物质上对关心和支持农产品质量安全的公众给予回报，这样有利于调动全社会关心支持农产品质量安全的监管工作，及时防范、有效化解、妥善处置农产品质量安全的事件或事故。奖励制度的制定可以根据《农产品质量安全法》《国务院关于加强食品等产品安全监督管理的特别规定》等相关法律规定，并结合当地的经济情况，制定适合地域特色的举报奖励制度。对于举报奖励制度的制定，不能搞"一刀切"，本着解决当地实际问题，各级地方政府可以根据需要制定个性化举报奖励制度，在农产品质量安全举报奖励制度中，可列出举报范围、举报奖励条件、奖励金额、举报途径及保密措施等。笔者经调查研究，目前我国大部分地方政府也在不同水平上制定了农产品举报奖励制度，但是也存在一些问题，突出表现在以下三个方面：一是举报渠道不畅通。几乎所有事关农产品质量安全的监管部门都设有举报电话，公民也可以通过传真、信函等形式进行举报，特别是当前信息技术的快速发展，使得网络平台的举报更加便捷和高效，但是由于当前监管主体的职责划分并不清晰，尽管公众参与举报的方法多样，但真正能够将举报切实落实到实处的情况少之又少，这种监管部门职权职责不够清晰的现象给举报工作带来了巨大难度。二是奖励金额过少。奖励金额必须根据当地经济条件进行科学的制定，有助于调动公众参加举报的积极性，达到激励的效果。举例说明：我国县级人民政府对农产品质量安全违法举报奖励的金额在100~300元，而且奖励条件非常苛刻。三是对举报人信息保密力度不够。举报人的安全是举报人进行举报的重要考量因素，但从以往的一些举报事件来看，举报人的安全利益根本无法得到保证，如果举报人的安全存在隐患，那么将引发更多的人民内部矛盾。例如，当前的举报制度一般采用实名制，在领取举报奖励之前，举报人要出面配合相关部门进行现场调查，这不仅增加了举报人的曝光率，还占用了他们较长的时间和精力，很多人在综合考量之后还是决定不给自己找麻烦。因此，如何扫清阻挠群众举报的各种障碍，为群众提供恰如其分的举报奖励，同时保护好举报人的信息，是完善举报制度需要综合考量的因素。具体来讲，健全群众有奖举报制度，可以从以下三方面实现：一是完善食品安全有奖举报的奖金标准制度。在确定奖金数额时应该从三个因素来权衡，即举报人因举报需要承担的人身安全风险、违法行为的危害程度及政府的监管成本，奖金数额与上述三个因素呈正相关，举报人的人身安全风险越大、违法行为危害越大及政府对该违法行为的监管成本越高，那么奖金数额也就越大。但是，获取奖励的前提应当是举报信息真实存在。同时，政府应当尽量明确奖金的多少。在制定奖金标准时,要采用奖金有最少数额但上不封顶的原则,尽可能避免举报者因举报行为不仅没有获得奖励反而损失自身利益的情况发生。二是建立健全食品安全举报人保护制度。在制度设计时,一方面在落实实名举报制度的同时,注重匿名举报工作。实名举报能够使监管部门获得举报人的真实信息及联系方式,便于政府查处违法行为。同时,实名举报也更能保证信息的真实性。但是,公众出于自身安全的考虑,有时不愿以个人信息作为举报成本,如果单一实行实名举报制度将会造成政府部门获得的举报减少,不利于公众参与食品安全治理。所以,匿名与实名举报互为补充,是两种重要的举报方式。另一方面要严格保密举报人的信息,建立相应保护制度。如果政府将举报人的信息泄露,致使举报人的人身或财产遭受损失,政府部门相关负责人要承担相应的行政责任,并连带承担民事责任。同时法律需明确规定保护程序,在举报者受到威胁时,受理部门应当立即调查认定并做出是否对举报者特殊保护的意见,如果需要保护应当明确有关形式、级别、时限等内容。此外,法律也应加强对报复行为的惩罚,进而免除举报者的忧虑。三是完善举报程序制度。首先,受理机构应当依据无例外即受理的原则工作,只要举报内容包括时间、地点、违法行为等要素齐全即予受理。其次,成立县、区级受理平台,如网站、电子邮箱及电话。当受理部门接到举报后,要严格对举报人的信息保密,同时将违法生产经营信息在规定的工作日内转递给执法部门,执法部门也应该在规定的工作日内查处违法行为。同时,举报制度也要严格限定信息转接时间和案件查处时间,如果因为客观因素导致案件不能在时限内完结则应告知举报者。在案件查处之后,受理机构要及时给予举报者奖金并反馈给举报人。如果举报案件并不属实,受理机构应当将相关情况告知举报人。

(2)农产品召回制度。实行农产品召回制度,一方面可以增强农产品生产经营者的责任感,保障他们坚持诚信经营,生产符合质量安全标准的农产品;另一方面消费者在充分感受到切身利益得到保障后,便会更加自觉、积极地投入对农产品质量安全的监管工作中,从而加快社会共治的实现进程。农产品召回是指生产者或者销售者在其生产、销售或者进口的农产品存在系统性缺陷,可能或者已经危害消费者的人身、财产安全时,依法向主管机构报告并及时通知消费者,通过撤回、换货、退货、销毁、补充或修正消费说明等方式,有效预防、控制和消除缺陷农产品可能导致损害的活动(张曼等,2014)。建立健全农产品召回制度非常必要,首先,健全了我国现有法律的规定,我国《农产品质量安全法》并未明确规定农产品召回,只是在地方性法规中有所涉猎,这样在全国范围甚至国际范围内无法建立起售后弥补措施和环节,大大损害了消费者的利益。其次,增加了农产品生产企业的违法成本,农产品召回制度将在很大程度上制约农产品生产企业的违规操作和违法经营行为,需要对农产品生命线"终身负责",这意味着农产品不是销售出去生产企业就可以获利,需要有后续的跟踪服务。农产品召回制度在农产品行业属于新的行政和商业行为,而在其他商品行业早有规定,如汽车行业的召回制度,发展到今天已经相对成熟,所以在农产品的召回制度上可以借鉴汽车行业的一些做法,但不可以全部抄袭,因为不同产品有其特殊性,汽车作为工具使用,而农产品最终需要在餐桌上体现价值,涉及百姓的健康安全问题,因此,召回制度的制定将更加严格。要建立起明确农产品召回的主体、召回的范围、召回的环节、召回的方式、召回的赔偿问题等农产品召回制度。

(3)农产品生产主体黑名单制度。建立黑名单制度是加强企业自律,进行农产品质量安全监管的重要内容(张帆,2015),我国是农业大国,也是人口大国,所以近年来农产品质量安全事件频发,违法生产、经营企业屡禁不绝,分析其主要原因,即企业违法成本较低。建立农产品黑名单制度就是要增加生产主体的违法信用成本,对违法生产主体加强信息披露,消费者及其他社会公众对其共同声讨,进行优劣的自然选择,最终不得不退出市场。农产品生产主体黑名单制度在我国现阶段还处于初试阶段,最先是在药品行业进行试点,紧接着是各级地方政府对于农产品生产主体建立了黑名单制度,有些地方规定凡具有违法违规使用禁用农药、兽药、渔药或非法添加其他禁用物质生产农产品或生产、经营禁用农药、兽药、渔药或其他禁用添加物质等农业投入品,造成农产品质量安全事件,被追究刑事责任的;违法违规出售、贩运、经营及处置病死、死因不明或者检验检疫不合格畜、禽、兽、水产动物及其肉类、肉类制品等违法违规行为的,都将被列入"黑名单"。另外还规定了被列入"黑名单"企业的惩罚措施,例如,在规定黑名单年限方面,规定在年限内企业行为需要受到限制,不能享受政府相关扶持政策、不能获得相应的奖励和荣誉等、不能享受政府相关补贴、不能申报政府项目或投标等。这样,通过种种限制性措施,在多重重拳出击下,增大了农产品生产经营者的违法成本,确保了农产品生产、经营企业诚实守信,安全生产。

(4)行业协会信用档案制度。行业协会对于企业的生产经营行为具有更多的知情权,由行业协会建立企业诚信档案,这是发挥行业协会治理作用的有效方式。行业协会建立企业的诚信档案:一是要将企业的工商营业资格、农产品卫生检测结果、企业的声誉及所受的行政处罚等内容整理为企业诚信档案并予以公布,督促农产品生产经营单位珍爱自身信誉,使道德败坏、信誉不佳的生产经营者被市场淘汰;二是消费者协会要建立企业投诉记录信息平台,将消费者对农产品生产经营企业的投诉农产品、农产品问题、是否解决及如何解决等信息记录在案,并通过信息平台对外公布,使消费者能够及时了解农产品及农产品生产经营者的相关信息,从而维护消费者的合法权益。

8.3.3 农产品质量安全社会共治的法律责任制度

（1）责任追究制度。农产品质量安全责任追究制度包括监管主体的责任追究制度和生产者的责任追究制度。首先，根据行政主体的行为内容，适用行政责任或刑事责任。对于行政主体的失职、渎职行为，给予相应的行政处罚、党政党纪的处罚，以及撤职或开除。如果行政主体的监管执法行为已经触犯法律，对社会造成重大损失，就要依法给予相关人员以刑事处罚。对生产者的责任追究，包含民事责任和刑事责任的追究。生产、出售劣质产品、有毒有害产品的不法分子，逾越道德和法律界限，铤而走险，无非是由于利欲熏心，受到非法利益的驱使。杜绝违法犯罪行为，不仅要在道德上教化他们，及时遏制，还需要在法律上严格打击，提高违法成本，以十倍或数十倍制定惩罚性措施，以震慑心存侥幸意图违法的生产者。同时，应明确民事责任的实现手段，鼓励生产者参加产品责任保险等。

（2）公益诉讼制度。依据消费者公益诉讼制度建立农产品质量安全公益诉讼制度。消费者公益诉讼制度是指由经营者的违法经营造成社会商业秩序和消费者利益受到损害时，法律允许消费者因消费者公众利益向法院提起诉讼。公益诉讼制度同普通的侵权救济诉讼方式相比，有其优势。首先，诉讼是基于社会公众利益提起诉讼，因此不会损害原告的个人利益，基于这一原则，首先消除了诉讼意愿人的后顾之忧。其次，公益诉讼并不要求必须有损害事实的出现，只要有损害社会公益的潜在可能，即可提起诉讼，把违法行为消灭于萌芽状态。基于农产品行业的特殊性和质量安全问题的重要性，建立农产品质量安全公益诉讼制度是十分必要的。首先，无救济，便无权利。社会正义的底线需要公正的司法才能够得到保障，农产品质量安全这一公共利益如果没有司法救济，也就没有最后的保障。其次，生产经营有害食品的行为不但威胁到某一个体的生命健康权利及财产权利，而且已对公共利益构成威胁，所以原告不需要发生直接损害亦可以向法院起诉，达到维护公共利益的目的，这也符合制定公益诉讼制度的目的。在美国食品安全的公益诉讼实践中，原告并不是直接发生了损害才能起诉，而是只要有现实损害的可能存在即可。同时，美国食品公益诉讼的举证责任也是有利于原告的，这样便于公众参与到食品安全治理中。美国法律规定，如果原告在公益诉讼中获胜则对其给予 20%左右的奖励，同时在举证责任分配上也有利于原告。

我们可以借鉴美国农产品安全公益诉讼制度，在立法时从以下几个方面进行考量。

第一，关于原告资格。改变以往无直接利害关系就无诉讼权的规定，允许任何组织就社会公益提起诉讼。考虑到消费者权益组织在人力、财力、物力及信息方面的优势，可以设立公益诉讼的常设机构。同时，不排除个人的诉讼权利。具体来讲，具有公益诉讼的主体应该有：一是公民。农产品安全事关每一位公民的切身利益，也是每一位公民的基本诉求，每一位公民都可依据法律规定，管理社会事务，这是我国宪法对公民权利的规定。二是检察机关。一些行政执法部门执法力量不强、行政执法存在盲点，检察机关作为国家的司法监督机关，拥有监督国家行政机关依法行政的权力。所以，检察机关代表着更为广泛的公共利益，具有发起公益诉讼的资格。三是行业协会。与个体消费者相比，行业协会具备专业的维权能力来开展调查、取证、指证。因此，消费者维权团体及农产品企业行业协会应当具有发起公益诉讼的资格。

第二，关于举证责任。"谁主张谁举证"一定程度上制约了广大消费者的诉讼意愿，为了弥补原告的弱势地位，平衡原被告双方力量，应当规定主要证据由被告提供。

在农产品的交易过程中，农产品交易在买卖双方之间往往是相对随意的口头表述，同时销售者比普通公众拥有更全面的农产品辨别知识与能力。在某些情况下，一些消费者只有在购买食用甚至发生损害身体时才发现购买到问题农产品。在诉讼过程中，公众由于无法证实危害农产品与身体损害之间的联系而最后难以获得赔偿，一些违法的生产经营者也可能因为不合理的举证责任分配而逍遥法外。因此，建立举证责任倒置原则，可减少公众诉讼成本，极大地方便社会公众维权。在诉讼过程中，消费者协会等专门机构作为诉讼的原告。消费者协会可以基于自身的优势，广泛地收集同一农产品企业生产的农产品导致的相似的危害后果，进而提供更为有力的侵权证据。此外，检察机关是权力机关，可由专业的鉴定部门进行损害鉴定，进而证实损害与问题农产品存在因果联系。如果被告农产品生产经营者不认同存在因果联系，则由其来证实损害与其农产品之间不存在因果联系。

第三，承担公益诉讼费用及对原告进行奖励。为了促进广大群众积极参与农产品质量安全社会共治，推动消费者严格监督、积极维权，针对公益诉讼产生的费用可以这样执行：事先不缴纳诉讼费用，根据诉讼结果，做出不同安排。胜诉之后不仅不需要缴纳诉讼费，还可以获得一些奖励，即使败诉也只需缴纳很小一部分费用。

第四，关于经营者的惩罚性赔偿制度。目前，法律对惩罚性赔偿均有相关规定，在处罚生产、经营不符合安全标准农产品的违法行为上，处罚结果是相同的，然而处罚的前提是明显不同的。只要生产者有违法生产的事实就可以进行惩罚性赔偿，但是销售者的责任并不相同，即只有销售者明显知道所售农产品存在问题时，才能够对其进行惩罚性赔偿。这一规定表明，在认定主观恶性时，生产者和经营者的认定依据并不相同，生产不安全农产品的事实本身就已经可以认定其主观恶性，而经营者只需提供供货商的资质及其经营农产品的合格证即可主张其无过错。虽然这一规定存在一定的合理性，但是我们应当认识到作为主观意识的表达，在很大程度上我们是基于推测得出的。因此，我们可以适当效仿欧盟关于销售者的法律规定，制定更明确的推定和形式要件证明标准来严格规定农产品经营者的责任，使经营者成为农产品流通环节中的重要守护者。

（3）媒体监管法律责任制度。媒体作为农产品质量安全社会共治的重要监管力量之一，必须赋予其进行法律层面的权力与义务，从法的角度进行全新的责任划分，构建一套科学合理的媒体监管法律责任制度非常必要。其实，我国政府早已意识到媒体力量在控制我国食品安全方面的作用，如每年的 3.15 晚会，基本都会包含对食品行业的曝光；国家工商行政管理总局（现组建为中华人民共和国国家市场监督管理总局）近日发布《食品广告监管制度》，从严厉打击、加强监测、定期曝光等方面，为食品广告加上了紧箍咒。当然，我们并不能完全排除有些媒体的不作为行为，他们为了提高阅读量和点击率，利用夸张的标题和字眼进行恶意报道，这种违反执业道德的行为加剧了公众的恐慌，因此，制定媒体监管法律责任制度，规范媒体行为成为必然。在赋予媒体在农产品质量安全社会共治中权力的同时，也要对媒体违规操作行为进行约束和限制，而与此同时，媒体监督作为众多监督方式之一，也必须在法律许可的范围内开展。基于社会公众对媒体有较高的依赖性和信任度，目前中国食品安全问题受媒体舆论导向的影响较大，这就要求媒体的报道必须符合客观事实，进行公正的报道，不能有立场的倾向性和个人观点。农产品质量安全是一个十分严肃的问题，媒体舆论监督只有做到真实、客观、有效，才能和国家一同致力于食品安全的监督保障（许文苹，2011）。另外，随着时代的发展，媒体技术也在不断地变革，除报纸、电视等传统媒体外，新媒体发展也很快，网络时代、自媒体时代、微时代不断改变着人们接受新闻的渠道，所以在制定媒体监管法律责任制度的过程中，必须厘定媒体的概念。总之，在制定媒体监管法律责任制度中一定要详细规定媒体编造、散布虚假信息所应承担的行政责任和民事责任。

8.4 本章小结

通过本章的讨论，总体上认为：推进和实现农产品质量安全社会共治的整体思路就是由政府负总责，转变过去职权与责任过于宽泛的状况，充分发挥政府在农产品质量安全监管工作中的主导作用，在转变政府监管职能的同时，将社会各治理主体纳入农产品质量安全社会共治的范围内，在明确政府行为的同时，清晰界定各主体责任。在此基础上，设计农产品质量安全社会共治制度，确保各主体各司其职，相互配合，建立一个农产品质量安全社会共治的运行机制。

9 农产品质量安全社会共治的保障措施

转变单一政府监管模式，进行社会共治是当前农产品质量安全的最佳选择。上一章从总体上对农产品质量安全社会共治进行把握，包括主体定位、政府行为认识及各主体责任界定，针对社会共治的整个过程进行制度设计，而各项制度的顺利推行需要相应的保障性措施予以推进，政府、企业及包括行业协会、消费者、媒体等第三方力量予以保障，将各项制度转化为实际的治理力量。

9.1 优化政府监管职能

我国农产品质量安全的治理工作，以往主要依靠的是发挥政府的作用，而仅仅依靠政府的单一监管模式，不仅不能保障农产品的质量安全，这种模式的弊端也随着其在实际工作中的运用而逐渐暴露。例如，把全部监管责任落到政府身上，在增加治理成本的同时出现效率低下的现象，而且政府把治理的重点放在审批工作和外部监管上，这就可能忽视了消费者、媒体等第三方力量在农产品质量安全治理和监管工作中的作用。这样，只注重源头监管，难以触及农产品质量安全工作的本质和全程的治理，长此以往，农产品质量安全单一治理的矛盾越发突出，社会共治就成为不可逆转的趋势。而要想真正实现这一转变，就必须从政府这一环节入手，逐渐实现对政府监管职能的转变，发挥行政委托、行政奖励和行政指导等职能作用，充分调动社会各界的力量，使社会各界力量参与到农产品质量安全治理工作当中，此外，政府也可以通过完善法律法规和加强教育引导实现监管职能。

9.1.1 转变政府监管职能，进行行政委托

在以往的监管模式中，所有工作都由政府承担，监管力量的不足使得政府背负了巨大的压力，常常觉得力不从心，而在决策中的定位不准确也会使政府出现决策错位甚至于越位的状况。因此，政府应当首先简政放权，转变对职能的管理理念。一方面，政府可以将检测任务委托给第三方检测机构执行，把农产品质量安全的评估、检测工作交给更科学、更权威和更专业的第三方机构执行，政府只把第三方机构提供的结果进行公布，以便帮助农产品生产经营者和消费者进行查询，这首先会在很大程度上缓解政府在农产品质量安全工作中的压力，同时也增加了第三方机构的参与度，使农产品质量安全工作更加公开和透明。但就目前实

际来看，由于第三方机构整体性的资源不足问题，农产品质量安全评估和检测工作仍由政府相关部门负责，这就要求政府尽最大努力扶持第三方机构，将相关的设备和技术人员向第三方机构倾斜，以尽快实现这种转变。另一方面，政府可以通过行政委托购买服务的方式将部分监管职能授权给其他社会主体，以追求监管效率的最大化。例如，对农产品生产经营者的资格审查、签发证照等工作以往属于政府职能范围，现在可以委托给农产品行业协会，这不但能够在很大程度上激发农产品行业协会的积极性，而且能有效地降低政府的监管压力，推动农产品质量安全社会共治格局的形成。

政府将部分农产品质量安全监管权力委托给其他社会主体并不是草率做出的行为，这种行政委托对委托对象有严格的要求。就农产品质量安全行业协会而言，它在我国已经发展得比较成熟，作为一个中立的社会组织，它能够公平、公正地承担起规范农产品行业的行为、提供农产品行业服务、保障农产品行业公平竞争等职能，此外，这一社会组织在农产品行业的生产技术、产品品质和销售管理等方面占有绝对优势，具有得天独厚的条件，因此，政府将一部分监管权力委托给农产品行业协会是符合社会公益的选择，只有在高度重视行业协会的前提下，政府才能不断地协助加强对农产品行业协会内部监管机制的建设。政府行政委托农产品行业协会具体指的是政府部门购买行业协会的服务，将自身一部分监管权力委托给农产品行业协会，从而保证行业协会对农产品监管工作的合法性，而行业协会也要逐渐建立起本行业的协会章程，明确本行业本地区的行业规范和奖惩制度，并开通专门的网络平台和曝光平台，将农产品的相关信息及时公布，把农产品质量安全事件予以曝光，对做得好的企业和个人给予奖励。

9.1.2 完善法律法规，加强行政指导

自改革开放以来，我国已颁布许多法律法规来保障农产品生产，可以说已经形成了较完备的法律体系。同时，我们也应当看到以解决温饱为出发点构建的法律体系，在安全问题上并不突出，也不够完备和系统。建设一个完备的食品安全法律体系，是保障各个主体、各项工作顺利开展的前提。政府要想从繁重低效的监管事务中抽离出来，更好地推进农产品质量安全治理，首先要指导组织建立起完备的法律法规体系，为各项事务的顺利开展提供依据。第一，出台地方法规，规范农产品质量安全监管的执法方式。建议监管部门应加快转变执法方式，完善网格化管理，强化执法责任。食品安全监管可以借鉴国外经验，将执法重点更多地投入生产领域，强化网格长与驻厂监督员的监管责任。具体来说，监管部门对农产品质量安全进行区域划分，设置网格长，并将执法人员直接派驻到企业、农场，驻厂（场）人员对生产过程进行常规检查，并承担相

应的执法责任。驻厂人员按照分工和法律要求，签发检验证书，对于出现的问题有一定的现场执法权（周圆，2015）。第二，通过立法，有了明确的法律规定，这会在很大程度上督促企业进行农产品生产经营的自我管理和控制，而且企业之间的相互监督作用也会加强，特别是下游企业对上游企业质量安全的监督效果会有明显提升，这样整个行业的质量安全控制体系也将逐步建立和完善。对于立法工作，必须对以下两个方面做出明确规定：首先，立法必须覆盖农产品的生产领域，这是降低农产品质量安全问题的源头保障，对农产品生产者的工作提出全面细致的要求，便于加强对企业的管理和监督；其次，立法必须覆盖农产品的流通领域，对农产品在分配、销售等过程和环节做出具体规定，特别是突出强化下游企业对上游企业产品的检测工作，对违反法律规定的行为进行严惩，使其承担必要的法律责任。第三，政府依靠现有法律制度，指引其他社会组织参与农产品安全治理工作，发挥行政指导作用。政府要充分发挥在农产品质量监管中的职能，通过行政指导，利用手中掌握的信息，积极地为农产品的生产经营者和消费者服务。对于农产品的生产经营者，政府可以在日常的监管中，通过教育、建议、沟通等方式，引导经营者合法合理地进入市场或退出市场，规劝其进行依法生产和经营，并帮助建立和完善相关的管理制度；对于农产品消费者，政府可以通过公布农产品质量安全的有效信息，以及对农产品质量安全事件的处理办法，帮助消费者形成正确的消费观念、养成科学合理的消费行为和习惯。行政指导是指行政主体在其职权或事项范围内，基于国家的政策、法律规定做出的，引导行政相对人自愿采取一定的作为或不作为的一种非强制的行为。在当今服务理念主导的社会背景下，行政指导具有广泛的实践意义。一是指导消费者协会依法发挥社会监督功能；二是指导群众性自治组织发挥宣传、教育功能；三是指导中小学校开展农产品安全教育课程（赵振宇，2010）。

9.1.3 加强农产品安全教育，推行行政奖励

人类社会发展经历了从低级到高级的发展过程，从原始野蛮到现代文明，从食不果腹到生活富足。正是在这一过程中，人类对生活的追求实现了从数量安全到质量安全的转变。同生活水平相一致，早期物质财富极其匮乏的年代，人们尚不能也不会提出高质量要求。随着生产发展，生活水平的提高，人们在实现温饱并生活较富足之后，就会关注质量问题。目前，人们尚没有在全社会形成普遍的安全理念，从政府到生产者都存在消极被动甚至违法违规的行为，或者监管不力，或者听之放任；生产者生产假冒伪劣、有毒有害产品，因此树立安全理念，加强安全教育势在必行。从生产者、经营者到消费者都要树立食品安全理念，安全生

产、安全经营、安全享用。针对农产品质量安全治理问题，首先，可以组织开展大型专题讲座，宣传普及农产品安全知识，教会人们正确区分优劣品，识别有毒有害品。其次，政府通过对重大违法案件的披露、查处，警示生产者安全生产、合法经营。最后，借助新闻媒体的力量，在揭露产品安全违法案件的同时，用真相教育广大消费者重视质量安全。

在全社会树立安全理念，加强安全教育，可以通过一些奖励性和鼓励性政策引导各个社会主体参与到农产品质量安全社会共治的行动当中。农产品质量安全治理问题具有一定的"负外部性"，政府有必要通过行政奖励、补贴行为，规范引导其他社会主体尤其是消费者及经营者参与到农产品质量安全社会共治的体系中来（周圆，2015）。奖励性和鼓励性政策主要面向以下三个主体：首先，政府应该对那些严抓农产品质量安全的生产经营者进行奖励。只有当农产品的生产质量得到保障，才能从源头上降低农产品质量安全问题的发生概率，因此，对在农产品生产经营方面一贯表现良好的企业进行表彰奖励是必要的。在政府的宣传表彰过程中，无形中提升了企业形象，帮助企业在消费者中树立品牌意识，从而帮助企业提升了生产业绩和营业额，而当某个企业的模范带头作用得到发挥，整个行业的企业便会竞相学习，从而提高农产品的质量安全水平。其次，政府应该对参与农产品质量安全治理工作并有明显贡献的社会个体进行表彰。每一个公民在农产品质量安全的监管过程中，都拥有知情权、参与权、表达权和监督权，当他们真正行使这些权利时，对于农产品质量安全工作必然会有较大的推动作用，因此，政府要对社会上做出过巨大贡献的个人予以奖励，从而带动全民参与到农产品质量安全的监管工作中。最后，政府要对如实报道农产品质量安全问题的新闻媒体进行奖励。新闻媒体在曝光农产品质量安全问题中发挥着不可替代的宣传作用，特别是随着现代科技的广泛应用，新闻媒体更是广泛地渗透到人们生活的方方面面，正是由于传媒的存在，各种不法行为更加透明地暴露在人们的视野中，为了维护自身利益和公众的舆论压力，事关农产品质量安全的各个主体和参与者都会严格控制自身行为，因此，政府应当对维护农产品质量安全并做出突出贡献的新闻媒体进行奖励。

9.2　强化生产者主体责任

不论是哪一行业产品生产，其生产者是保障产品质量安全的重要主体。不论依靠何种力量，采取何种方式，最根本的是生产者合法生产、合法经营，保障产品质量安全。因此，作为主体的生产者，强化其主体责任意识是保障质量安全的必要前提。一方面可以通过构建新型农业经营主体，净化市场环境，另一方面建立相应的主体登记制度，完善追溯体系，落实主体责任。辅之以全社会的信用机制保障，将生产者责任意识转化为产品质量安全生产。

9.2.1 明确农产品生产主体责任，构建新型农业经营主体

在目前的农产品质量安全监管中，政府部门仍然扮演着主要角色，未能切实调动农产品生产经营者的积极性，因此，绝大多数生产主体依旧是被动地参与农产品质量安全监管的，政府部门主要采取处罚的方式加强对生产经营主体的约束，这种管理与被管理的单向监管模式依旧影响深远。农产品质量安全监管必须改变过于依赖行政监管的弊病，实现从行政监管到产品责任理念的转变。加强生产经营者的责任意识，确保落实生产经营者的农产品质量安全责任。农民是初级农产品的直接生产者，他们处于初级农产品生产经营的核心地位，不会因为自身文化素质不高及生产技术的匮乏而发生任何变化，在现有土地制度下的家庭承包户是保障农产品质量安全的主导力量，作为最小的生产单位，他们的劳动积极性和对待劳动的态度也影响着农产品的质量安全。无论是农产品规范化生产技术的推广还是规范化经营市场的维护，都需要农户的积极配合和参与，只有当农户以主人翁的姿态参与到农产品生产和流通过程中，才能保障农产品的质量水平取得大幅度的提升（房建恩，2016）。而且，当农户由被动接受监管转变为主动参与治理时，这种转变实现的监督与自我监督将会大大降低政府对初级农产品市场的治理成本，增强市场的规范化程度。

明确农产品生产主体，并强化其主体责任。目前，市场上的家庭经营主体主要是小型、分散经营的家庭承包户。普通农产品属于低产值产品，农户作为生产者往往采取简易包装，甚至没有包装，增加了农产品质量安全追溯制度的实施难度。分散经营生产的农产品无法提供统一的产品质量，政府监管部门也不能展开全面的监督管理，农产品市场中劣质农产品难以绝对禁止。尽管在路径构想上已明确家庭承包户的重要的主体责任，但由于其分散经营的落后性，责任还是难以真正落实。以家庭分散经营为主的农产品生产结构导致农产品质量结构难以监管。总的来说，以家庭承包经营为主的农产品生产方式严重地制约着农产品生产环节的质量控制和政府监管。加强生产主体责任机制建设毫无疑问，关键在于如何实施有效监管落实生产责任。我国农业生产者众多，家庭分散经营，缺乏统一的管理和规范性的生产，无论是对普通农户的监管，还是对一般生产者的监管，都面临因成本巨大而不能实现的困境。

为摆脱因家庭分散经营所带来的农产品质量安全监督难的困境，必须通过标准化的生产和规模化的经营来保障质量安全。能够进行适度规模化经营、执行标准化生产的家庭农场将会是未来农业经营主体的重要组成部分。家庭农场作为法人主体，其内部经营和外部管理都会更加规范，易于监管。家庭农场克服了传统

家庭分散经营的弊端，使农产品生产更好地融入社会组织管理中，推动农产品质量安全监管从生产到监督都能有效进行。同时，实行家庭农场经营，推动产品质量安全从政府监管向产品质量控制转变，通过对经营主体的有效追溯，建立其完善的信用机制、约束机制和监控机制，将产品质量安全责任意识内化为每个生产主体的意识。

9.2.2 完善主体登记制度，强化追溯体系

要实现从外部监管到内部责任的转变，落实农产品生产经营主体责任，也需要相应的制度保障落实。层出不穷的生产经营者违法活动，或者由于监管不力，大部分违法活动难以追究到底，责任到人。分散的家庭经营主体没有系统全面登记在册，无法查询，无法管理，更无法追究。强化生产经营者责任意识，落实农产品质量安全责任，必须建立完善的主体登记制度。所有从事农产品生产、收购、贮藏、运输的经营者都需要进行登记。通过发展新型经营主体，规范农产品生产经营市场，有序生产，有序管理。提高农产品生产和经营的组织化程度，建立生产者和经营者的利益联结机制，相互制约，便于追溯。

在建立主体登记制度的基础上，要强化追溯。质量安全责任追溯主要通过流通中的标识制度和购销台账制度来实现。所有农产品从被生产到被使用的整个过程都要严格按照要求进行登记，注明来源和流向，并将登记记录保留一定的期限，以便进行查询和追溯。此外，针对目前比较集中的农产品流通体制，有关部门可以要求规模经营的主体对进入市场的农产品进行生产者证明的检查，确保在规模化经营和流通中仍能保证农产品的来源（李淑文和任大鹏，2011）。最后，应当建立农产品质量安全追溯信息平台，创建提供食品生产档案，以及产品条形码信息的质量安全信息录入和查询系统，供消费者查询，发挥监督作用。

9.2.3 构建农产品质量安全信用体系，强化行业责任意识

《农产品质量安全法》明确规定，企业是承担农产品质量安全的第一责任人。为了能够承担起第一责任人的重担，农产品生产企业必须从多角度和多方面入手确保农产品的质量安全（高秦伟和谢寄博，2014）。例如，严格按照规范化的生产流程进行科学生产，增强员工对所生产产品的质量安全意识，加强企业管理等。质量安全是生产经营主体的生命线，消费者的信任是生产经营主体的发展源泉，一定要把诚信视为生产经营主体的根基所在，建立相应的社会诚信机制。现阶段的农产品生产虽然拥有规范化的生产程序和步骤，但安全隐患仍然随处可见，例如，为了保障农产品主体登记制度的实施，张贴在商品上的标签、条形码等常常

出现乱用、混用的现象，出现这种问题的原因，一方面是部分生产者为了投机获得不法利润，另一方面则是诚信出现了问题，诚信的缺失既有可能是企业的诚信问题，又有可能是受雇用的劳动者的诚信问题，因此，为了避免诚信缺失造成的损失，需要构建农产品质量行业诚信与信用制度。农产品生产经营主体作为社会共治的主体之一，必须加强对其诚信的法律约束和道德引导，以建立农产品企业信用档案为基础，以建立守信褒奖和失信惩戒机制为手段，以健全农产品行业信用制度为保障，着力推进农产品信用信息系统平台建设和共享机制建设，着力推进农产品生产经营主体分级分类监管，着力强化生产主体的农产品质量安全第一责任，营造守信褒奖、失信惩戒、诚信自律的行业氛围，初步建立农产品生产经营主体诚信管理体系、农产品生产经营主体诚信信息征集体系、农产品生产经营主体诚信评价体系和政府部门协同推动、行业协会组织实施、农产品生产经营主体积极参与、诚信责任有效落实的农产品生产经营主体诚信体系运行机制。

强化农产品生产经营主体的责任意识，构建行业乃至社会的诚信机制，一方面要使生产经营主体真切地意识到自身担负的农产品质量安全责任，并能够主动为社会提供关于农产品生产经营的真实信息，通过增加生产经营的透明度重拾公众对农产品生产经营者的信任（李军超，2015）；另一方面要明确其他社会共治主体定位。其他参与农产品质量安全社会共治的主体依法享有监管的责任，同样必须承担作为主体的责任，我国农产品质量安全法只是从总体上对农产品质量安全共治主体的责任进行了规定，但并没有进行细致的划分，因此，要想增强社会共治的实际效果，就必须尽快对共治主体的法律责任进行更加科学、明确、具体的设计，使其尽快发挥应有的效能。

9.3　加强第三方监管

农产品质量安全社会共治的主体不仅包括政府、企业，还包括其他第三方力量。这些众多的社会力量贯穿于农产品生产经营的全过程，依靠第三方检测机构进行质量安全检测，更加可靠、公正。此外，发挥行业协会的约束作用，同时重视科研机构，能够提供技术支持和帮助。监管不仅仅是政府的责任，消费者和媒体应当同政府一道发挥监督作用，促进农产品质量安全治理。

9.3.1　培育第三方独立认证和检测机构

作为农产品质量安全社会共治不可或缺的主体，第三方认证和检测机构在保障农产品质量安全工作中发挥着重要的作用，其一，作为中立、公正的农产品质量安全认证和检测机构，它不会受到自身利益的驱使做出破坏质量安全的行为；

其二，第三方独立认证和检测机构参与到农产品质量安全监管体系后，能够有效地推动实现农产品质量安全检测的社会化和市场化，从而在一定程度上缓解政府的监管压力。但是，就当前的农产品质量安全检测机构而言，绝大多数还是隶属于政府的监管范围，第三方独立认证和检测机构的数量较少，这没有降低政府在质量安全中的投入成本和监管压力，甚至不能保证检测数据的公正性和独立性。因此，逐步推行现有农产品检测机构的改制，培育第三方独立认证和检测机构，从而实现农产品质量检测的市场化和社会化，这成为一种不可阻挡的趋势。

从现阶段农产品质量安全监管的实际来看，监管需求不断增长，监管资源供给不足，这种监管的供需矛盾，急需引进其他的监管主体进行解决。认证机构一般是得到政府或者政府监管部门认可的私营部门，它们被授权可以替代政府对农产品质量安全进行直接的监督。这种市场化的监管手段依赖的是高度可靠的认证信息，这也就要求被监管者必须向认证机构做出自觉服从监管的承诺，基于第三方独立认证和检测机构的实际效能，这种监管手段得到了广泛的认可，可以被运用于许多领域。相比于传统监管手段的低效率，第三方独立认证和检测机构以公私合作治理的新型治理形式为人们提供了一种可供选择的监管手段。第三方独立认证和检测机构可以将手中掌握的私有资源投入监管过程，以促进被监管者更加自觉地遵守监管规定，而且政府还可以通过变革已有监管结构的方式与第三方独立认证和检测机构建立公私伙伴关系，这也是当前在国际上被成功运用的一种监管形式，在过去几十年间，第三方独立认证和检测机构体系被国际社会由私营部门实施监督引入公共监管服务领域，从而开辟了一种公私合作监管的新模式（胡剑锋和黄祖辉，2004）。

此外，第三方独立认证和检测机构还具有以下优点：其一，第三方独立认证和检测机构能够掌握更多的监管信息，这对于新型监管框架的运行至关重要；其二，第三方独立认证和检测机构通过将监管成本转移到被监管企业的方式，大大降低了包括政府监管在内的各种社会性监管成本。当然，第三方独立认证和检测机构作为监管途径的新尝试，也会存在多种问题，如如何处理公共和私营部门的问责制，认证机构的能力是否能够保障等，这有待被逐渐解决。

9.3.2 推动第三方组织介入保障

首先，行业协会作为一种独立的社会中介组织，能够对本行业的生产经营活动进行有效的调节，农业行业协会在农产品质量安全监管体系中发挥着不可替代的监管和自律作用。

农业行业协会是独立于农民和政府的中介组织，能够将农民、农产品生产经营企业和其他农业组织结合起来，形成良性的互动，不仅能够克服分散经营的局限性，还能够进行适度的集约化生产和规模经营，提高农产品生产加工效率，为农民、农产品生产经营者和其他农业组织带来更高的收益，从而为农产品质量安全提供重要的保障（胡剑锋，2006）。发挥农业行业协会的作用，必须赋予它所能行使的职权，当前农业行业协会的绝大多数职能行使权归属于政府，农业行业协会除行业统计、行业调查等工作外，基本没有其他职权，在加快政府机构改革的进程中，应将某些原本由政府承担的行业管理职能逐渐让渡给农业行业协会。

其次，专家与科研机构作为实现农产品质量安全的重要主体之一，为社会共治新格局提供了强大的技术支持。农产品质量安全涉及的领域比较广泛，无论是农产品生产经营，还是企业管理和制度建设，每一项工作都对工作人员提出了很强的专业要求。政府工作人员作为公职人员，熟悉的是本职范围内的业务，但对于专业性较强的领域毕竟了解较少，他们同样需要专业人员和科研机构的协助，一味地强调什么工作都要政府的参与，不仅增加了政府的工作压力，而且也不一定能保证获得满意的结果，所以，农产品质量安全工作可以充分提高专家和相关科研机构的参与度，这样既可以提高监管和决策的科学性，又能在一定程度上缓解政府监管资源不足的状况。

但是，原本应该专心致力于科学研究工作的科技工作者和科研人员，以及某些新的科研成果在逐渐成为质量安全的新的隐患。以瘦肉精为例，盐酸克伦特罗是科研人员最早从国外引进的，禁了盐酸克伦特罗，科研人员又引来莱克多巴胺；禁了莱克多巴胺，又冒出苯乙醇胺 A；禁了苯乙醇胺 A，瘦肉精还会不会弄出别的变种？没有人知道。在目前农业农村部禁用的瘦肉精目录里，同类药品有十几种之多，不少都经过科研—推广使用—检测发现—禁用的过程。由此可见，科技是一把双刃剑，没有科研人员的努力和新型科技成果的发现，就没有现代农业生产、加工技术的发展，但也正是在新科技的帮助下，许多不法生产者和商家才有了可乘之机。对当前许多食品安全事件的处理，人们往往只关注到诚信危机、利益驱使等因素，没有从科技发明和创新方面寻找根源，也就不会发现制度层面的缺陷，因此，科技工作者的失职也就在一定程度上被忽略了。针对当前科技在农产品质量安全问题上的不正当应用，有关部门应该及早地反思并推进科研改革的力度，只有抓好食品生产研发和质量保障的这一关键环节，才能重新唤起科技工作者的职业道德，树立正确的科研态度，承担对社会大众的责任。

最后，要逐步建立食品安全新技术的源头审查制度和责任追究制度。食品安全科研上下游的连续性必须在制度上得到足够重视。例如，在水产养殖领域，一些保证成活率和提高产量的新技术，已成为危害环境和人体健康的重大隐患。技术发明人、引进人、推广人必须确保其技术是健康安全的。如果发现所推广的技术含有危害公众健康的隐患，尤其是故意隐瞒副作用的，应对其追究法律和经济责任（周新军，2007）。

9.3.3 发挥媒体舆论监督治理作用

媒体的治理作用主要是将治理理念运用到媒体监督的过程中，使得媒体监督作为一种新型的治理手段发挥重要的作用。当今社会，随着科学技术的发展，新兴媒体成为公众参与社会生活的首要途径，如近几年兴起的微信、微博，都是群众参与度极高的新媒体形式。发挥媒体的监督作用能够在最大程度公开透明的条件下，保障农产品的质量安全。而新媒体的监督可以分为以下几部分：其一，对政府相关职能部门的监督。过去农产品质量安全工作由政府负责，单一监管模式存在许多弊端，监管权力的高度集中也使得个别地方出现了行政主体及其工作人员不履行或拖延履行法定职责的现象，而现在新媒体的运用，可以通过有奖举报等方式，提供一种公众参与监督的途径，这在很大程度上调动了政府部门的工作积极性。其二，对农产品生产经营者的监督。农产品生产经营者进行生产经营的目的是最大限度地获得利润，虽然绝大多数企业能够进行合法经营，但不能排除有的企业通过采取易于隐藏的形式进行不法经营，以谋取不法收益，媒体的监督作用在此时就显现出来。媒体可以通过社会新闻的形式，报道一些农产品质量安全事件，给想打擦边球的生产经营者提醒，现在许多电视台的市民热线和民生直通车等节目也是媒体监督的重要方式。当不法企业的不法生产经营行为被曝光后，企业形象会大大降低，如某企业添加三聚氰胺事件被媒体广泛报道后，对该企业的生产经营造成了重创，相信绝大多数企业会从长远发展考虑做出明智的判断和选择。其三，媒体的监督还可以为消费者提供及时有效的信息，告诉消费者当前农产品质量安全领域发生了什么，而且消费者也可以追踪某些事件的跟踪报道，转变过去媒体单向传递信息的功能，变为媒体和消费者双向互动的新方式。

9.3.4 消费者举报监督

消费者是保障农产品质量安全的中坚力量，他们的监督作用在农产品质量安全社会共治中占有重要地位。消费者作为市场买卖的重要参与者，他们的市场选择对农产品生产经营者的行为具有重要影响，尤其是组织力量强大的消费者群体，他们的影响作用更大。针对近年来逐渐曝光的农产品质量安全问题，单纯从农产品生产者这一源头出发进行控制，还不能彻底解决这一问题，它需要多方面的力量共同努力。而且当发生农产品质量安全问题时，处于农产品终端环节的消费者始终处于被动地位，属于被保护的弱势群体。消费者自身的特性决定了他们不应该仅仅是被保护者，相反，他们不仅能够采取主动方式保护自我，还能够对农产品社会共治格局的形成起到较大的推动作用。这是因为：一方面，消费者具有导向性。他们能够通过自身的市场选择为农产品提供更加广阔的发展空间，引导农产品生产者转变投资取向，以获得更大的利润。另一方面，消费者能够发挥监督功能。没有消费者的认可，任何生产者都不能获得预期的经济效应，消费者在购买产品时，可以对农产品生产者进行安全意识的监督，对于合法经营符合农产品生产质量安全要求的企业给予肯定，对于不达标的农产品生产者提出质疑，而一旦农产品的质量安全受到消费者的质疑必将影响其销售，所以，注重培养消费者的农产品质量安全意识，有利于发挥其对市场的监督作用。另外，消费者能够发挥动力作用。任何扩大市场占有率的农产品都势必会给农产品的生产经营者带来巨大经济效益，而这一目标的实现，依赖于消费者对农产品的安全感，只有能够提供质量过关的优质农产品，才能获得消费者信赖，也只有生产符合质量安全标准的优质品牌，才能将消费者的安全意识转化为动力，推动安全农产品的发展。

9.4 本章小结

通过本章的讨论，旨在确定政府、生产者及第三方治理主体在农产品质量安全社会共治中可以或者应当提供的保障措施。转变以往单一的政府监管，引导社会共治，其本质意义在于将外部监管转化为对产品质量的关注，而不是一味地依靠强制性的行政或法律监管达到质量安全的目的。基于此，强化生产者的责任意识，完善责任追溯是实现社会共治的第一步，也是有力的保障措施。此外，转变政府职能，缩小政府监管范围，将一些监管责任及相应的权利转移给其他社会组织，使第三方组织更好地发挥优势力量，不仅为各项制度运行提供保障，也将是农产品质量安全治理的最佳路径。

10 结　　论

10.1　主要研究结论

自 20 世纪 90 年代开始，我国政府高度重视农产品质量安全工作，明确提出发展高产、优质、高效、生态、安全农业的目标，也连续出台和实施了一系列政策法规及措施，开创了数量安全与质量安全并重的农业发展新阶段，经过多年的探索和实践，我国在农产品质量安全领域已经取得很大进展，但问题依然很严重，其根本原因之一是农产品质量安全监管失灵，通过制度建设引导相关主体共同参与是建立农产品质量安全高效监管体系的保障。在对农产品质量安全监管问题的讨论中，监管体制一直是讨论的核心，如何协调好食品安全与农产品质量安全监管的关系及确立适合我国国情的监管体制是解决农产品质量安全的关键。由于农产品生产环节较多、链条较长，加之经营主体数量庞大又分散，监管难度很大，监管能力也显得相对薄弱，总结农产品质量安全监管难的原因，归根结底在于监管体制单一导致制度制定及落实的不完善。确保农产品质量安全，一方面需要社会他律和行业自律形成合力，另一方面需要自发的利益导向和市场机制共同发挥有效作用，同时还需要各主体承担生产经营责任和各级政府承担监管责任共同来实现，最终形成社会各主体有序参与、良性互动、理性制衡、有力监督的社会共治格局，不断消除农产品质量安全的深层次制约因素，建立有效的社会共治的法律保障机制，构建政府、社会、市场联动机制确保农产品质量安全。

本文通过梳理相关基本理论，分析了我国农产品质量安全监管的现状、存在的问题，提出了完善监管体制的建议，厘清了社会共治的理论逻辑、现实需求，探讨了建立、健全我国农产品质量安全社会共治制度的主要内容与实现路径。

（1）社会共治强调的是充分强化社会各主体的责任意识，突出政府和社会对农产品质量安全的协同治理。概括起来，社会共治的主体主要有生产经营主体、政府与第三方监管力量三种，其中第三方监管力量也称为社会监管力量，独立于农产品质量安全保证主体，包括媒体、消费者、科研机构和非政府组织等。在社会共治的框架下，政府、生产经营主体及各种社会力量共同构成统一有序的监管网络体系，从而全方位确保农产品质量安全。从顶层制度设计来看，一方面要加强自下而上的社会监督力量，另一方面要增强生产经营主体的自律意识，同时最为重要的是优化政府自上而下的监管方式。

（2）梳理我国农产品质量安全监管体制演进的过程及经验教训，通过比较研究，总结提炼了发达国家食品安全监管的成功经验：一是强调并重视从"农田到餐桌"的全程监管。农产品质量安全监管涉及生产、加工、销售各个环节，将生产环节所需原料、燃料及农药等涉及农产品生产的内容都纳入监管之中。需加工包装的农产品，要做好添加剂控制及标签管理。运输储藏过程注意保质，防止假冒伪劣、以次充好、有毒有害产品因监管不力流入消费者手中。二是完善良好操作规程体系。纵观西方发达国家的食品生产过程，良好农业规范、良好生产规范、良好卫生操作程序、ISO系列管理标准体系等完善而协调。三是通过各种途径使生产经营主体自律。例如，政府立法、公共政策引导、标准示范、舆论宣传、非政府组织推动等，激励生产经营主体自觉履行社会责任。四是社会公众参与农产品质量安全监管。由于法制健全加之社团组织发达，消费者群体与消费者组织在农产品质量安全生产与供应的整个链条中都扮演着重要角色，监督、协调作用明显。

（3）运用网络分析方法，通过对农产品质量安全监管体制的主导因素、相关因素及其关系进行梳理，提高了对监管体制调整和部门设置的认识，更加明晰了社会共治监管体制的结构、作用。农产品质量安全监管体制"大部制"改革首要的是完成机构的整合和职能的划转，而问题的解决，必须有与之相配套的一系列制度。体制突破的根本途径在于协调好多元主体的利益关系，进一步调整和转变政府相关职能，重视客体导向原则在农产品质量安全关系调整中的作用，确定基于各方利益协调的农产品质量安全目标，进而推进农产品质量安全监管体制的转变，构建农产品质量安全社会共治格局。

（4）从农产品质量安全社会共治现实需求的视角下对我国农产品质量安全的监管形态进行了分析。通过博弈支付矩阵和成本效益模型分析了不同监管形态在不同监管体制中呈现出的不同的绩效和协同需求。研究认为，在以政府监管部门为主体的单一监管体制下，农产品质量安全主要监管形态各自相对独立地发挥作用，缺乏有机结合，监管低效。在向社会共治转型期，农产品生产、加工及流通环节相关主体共同参与、相互监督，从根本上改变了原监管体制下各形态之间的关系，进而对质量协同提出了全新的迫切需求，这种需求使两者进行有效协同，从而提升监管效果。

（5）基于黑龙江省5个地区10个典型农业生产县的440组调查数据，运用贝叶斯分类推理方法分析了农产品质量安全监管中政府及相关主体对种植户农药施用行为的作用机制，并对政府与相关主体在农产品质量安全监管中的职能及其行为效果进行了识别。研究发现，政府组织施药培训、对农产品农药残留进行检测、处罚违规施药行为、对生物农药施用给予补贴等政策措施，对于种植户是否施用农药、是否考虑施药安全间隔期及是否重视农药残留有较好的引导作用，但在控制种植户过量施药行为上作用较为有限。而社会组织、市场、消费者、媒体等主体在普及用药知识、控制过量施用农药行为等方面的确发挥了积极的作用。对此，实现农产品质量安全社会共治是弥补政府监管行为有限性的重要途径，可以提高政策法规自身的适用性和执行过程的有效性。

（6）实现从单一监管到社会共治的内涵式提升是顺应我国农产品质量安全现状、完善农产品质量安全治理体制和提升农产品质量安全治理水平的重要途径。社会共治通过调整治理理念和价值目标，纳入生产经营主体、社会组织、消费者等元素，重新定位功能和转变运行机制，构建以增强生产、经营主体自律意识为基础，以加强社会监督力量为协同，以优化政府监管方式为保障，以质量安全信息综合服务管理系统为平台，以消费者及其需求为核心，以信息技术为手段的多元协同型农产品质量社会共治系统，加快实现治理能力的现代化。

（7）推进我国农产品质量安全社会共治的基本思路。突出发挥政府在监管中的主导作用，培育、规范、引导其他各主体的监管意识，履行监管责任，核心是政府监管部门简政放权，一方面强化执法责任，另一方面积极引入社会力量对农产品质量安全进行全程监管。农产品质量安全监管体制的演进具有过程性及渐进性，实现社会共治要面临的问题也会很多，其中实现政府监管行为、监管方式的全新转变，规范监管过程中的行政委托、行政授权行为，进一步培育社会监管主体，规范、引导消费者、经营者积极加入体系，明确社会共治各主体的法律责任，逐步完善以行业诚信与信用制度、质量安全控制制度、媒体监管法律责任制度、公众参与制度、黑名单制度、召回制度等为内容的农产品质量安全社会共治制度，是实现农产品质量安全监管模式转换及制度支撑必须解决的问题。

10.2 进一步研究方向

由于农产品质量安全监管研究比较复杂，本文的讨论和建议只是初步成果，存在诸多不足，如理论分析框架不够清楚、对既往及现有成果的梳理不够全面、对社会共治中各相关主体的特性及治理优势分析欠缺等。未来还需要在以下层面进行进一步讨论。

（1）在农产品质量安全监管难归因于监管体制的同时，应立足于深厚精准的学理性分析，还应将视角扩展至"非正式制度"，关注非正式制度在多部门监管转变到两部门监管结构中所产生的影响。

（2）探讨农产品质量安全社会共治，应深入分析社会共治中各相关主体的自身特性，以及治理优势、特点与不足，并进行比较，社会共治应是政府主导下各主体共同治理的互补性表现。

（3）农产品质量安全多元主体共同治理作为一种通过社会多方力量来共同保障食品安全的公共治理活动，消费者的参与及作用至关重要，食品兼具社会性和保障性两大属性，这两大属性共同决定了消费者参与是农产品质量安全社会共治的应有之义，应从消费者多重身份的视角深入探讨消费者选择行为对农产品质量安全监管的影响。

参 考 文 献

埃莉诺·奥斯特罗姆, 拉里·施罗德和苏珊·温. 2000. 制度激励与可持续发展. 余逊达译. 上海: 上海三联书店.
陈熔, 俞彤. 2017. 基于APP的农产品质量安全监管平台的设计与开发. 江苏农业科学, 45(12): 171-173.
陈松, 谢军, 李杨. 2009. 农产品质量安全追溯体系的建设状况及对策刍议. 农业质量标准, (8): 20-21.
陈小霖. 2007. 供应链环境下的农产品质量安全保障研究. 南京理工大学博士学位论文.
陈彦彦. 2008a. 论政府在农产品质量安全监管中的职能定位. 中国行政管理, (5): 68-72.
陈彦彦. 2008b. 农产品质量安全法律制度研究. 北京: 中国农业大学出版社.
陈毅. 2013. 中国转型社会的国家治理有效性——基于国家自主性的视角. 社会科学, (1): 38-47.
陈竹. 2013. 农产品质量安全治理研究. 复旦大学博士学位论文.
程恩富, 胡乐明. 2005. 新制度主义经济学. 北京: 经济日报出版社.
程琥. 2015. 运动式执法的司法规制与政府有效治理. 行政法学研究, (1): 75-81.
程鹏. 2014. 我国食品安全监管研究. 云南财经大学硕士学位论文.
程涛, 徐冬寅, 白红武, 等. 2017. 基于移动互联的农产品质量安全监管执法系统. 黑龙江畜牧兽医, (4): 254-256.
程言清. 2006. 食品安全问题及其治理的制度分析. 生产力研究, (1): 52-54, 90.
崔莹, 董雪, 闫立萍, 等. 2018. 辽宁省农产品质量安全政府监管满意度评价研究. 农业经济, (5): 120-122.
崔卓兰, 宋慧宇. 2011. 中国食品安全监管方式研究. 社会科学战线, (2): 151-157.
邓刚宏. 2015. 构建食品安全社会共治模式的法治逻辑与路径. 南京社会科学, (2): 97-102.
邓正来. 1999. 社会秩序规则二元观——哈耶克法律理论的研究. 北大法律评论, (2): 395-445.
丁煌, 孙文. 2014. 从行政监管到社会共治: 食品安全监管的体制突破. 江苏行政学院学报, (1): 109-115.
杜国明, 江华. 2009. 论《农产品质量安全法》的性质及适用范围. 行政与法, (6): 56-58.
杜辉, 郭珺. 2015. 我国建立环境私主体治理体系的意义与进路. 环境保护, 43(22): 57-58.
樊纲. 1995. 市场机制与经济效率. 上海: 上海人民出版社.
范娜, 王忙生, 吕玉卓, 等. 2013. 农产品质量安全追溯体系的探析. 农业环境与生态安全——第五届全国农业环境科学学术研讨会论文集, (4): 941-944.
房建恩. 2016. 完善农产品质量安全法律责任制度的若干思考——以法律实施机制转型为视角. 农村经济, (7): 106-111.
费孝通. 2007. 乡土中国. 上海: 上海世纪出版集团, 上海人民出版社.
付杨. 2017. 农产品质量安全监管信息平台的构建: 基于国内外的经验. 世界农业, (12): 31-36, 259.
高秦伟, 谢寄博. 2014. 论食品安全规制中的企业主体责任——以日韩食品安全监督员为例. 科技与法律, (2): 54-56.

顾昕, 王旭. 2005. 从国家主义到法团主义——中国市场转型过程中国家与专业团体关系的演变. 社会学研究, (2): 155-175.

韩永红. 2014. 美国食品安全法律治理的新发展及其对我国的启示——以美国《食品安全现代化法》为视角. 法学评论, (3): 92-101.

何晓, 郭春华, 余德贵. 2014. "大部制"改革后的农产品质量安全监管体制审视: 改革的特点和缺失. 市场周刊(理论研究), (2): 67-69.

何增科. 2014. 怎么理解国家治理及其现代化. 时事报告, (1): 20-21.

胡剑锋. 2006. 中国农业组织的产生、演变及协调互动机制研究. 浙江大学博士学位论文.

胡剑锋, 黄祖辉. 2004. 建立我国农业行业协会的思路与方案研究. 浙江学刊, (1): 192-195.

华园静, 闵丹. 2015. 论我国食品安全的社会共治之路. 法制与社会, (3): 185-186.

华振国, 陈素华. 2005. 浅谈产品质量监管职能分工的瑕疵及建议. 中国工商管理研究, (9): 49-50.

黄芳, 余捷, 寇春雨. 2014. 垦区农产品质量追溯系统分析与设计——以查哈阳农场绿色水稻质量追溯系统构建为例. 农场经济管理, (5): 21-24.

江永清, 徐辉. 2009. 共生态困境: 政府、市场双重失灵的治理——兼对三鹿婴儿奶粉事件多维剖析. 武汉大学学报(哲学社会科学版), (1): 118-122.

姜晓萍, 焦艳. 2015. 从"网格化管理"到"网格化治理"的内涵式提升. 理论探讨, (6): 139-143.

莱斯特·M.萨拉蒙. 2008. 公共服务中的伙伴——现代福利国家中政府与非营利组织的关系. 田凯译. 北京: 商务印书馆.

赖永波, 徐学荣. 2016. 农产品质量安全监管绩效影响因素实证分析. 福建论坛(人文社会科学版), (8): 33-39.

蓝伟彬. 2012. 运动式治理何以常态化——以"瘦肉精"专项整治为例. 特区经济, (11): 250-253.

雷百战, 郑玉燕, 肖广江. 2008. 我国农产品质量安全监管存在的问题及对策. 现代农业科技, (12): 361-362.

李昌麒. 1995. 产品质量法学研究. 成都: 四川人民出版社: 220.

李长健. 2011. 完善我国农产品质量安全政府监管的对策建议——以服务型政府理念为理论基础. 中共四川省党校学报, (1): 57-61.

李佳洁, 李楠, 任雅楠, 等. 2016.《食品安全法》对《农产品质量安全法》修订的启示. 食品科学, (2): 68-72.

李井平, 李光德. 2005. 我国食品质量政府管制的制度经济学分析. 生产力研究, (3): 33-34, 52.

李军超. 2015. 基于第三方认证的社会性规制: 一个合作治理的视角. 江西社会科学, (7): 237-243.

李淑文, 任大鹏. 2011. "三位一体"农产品质量安全制度保障体系构建. 中国流通经济, (6): 64-68.

李太平, 祝文峰. 2017. 生鲜农产品质量安全监管力度研究——以蔬菜农药残留为例. 江苏社会科学, (2): 84-91.

李想, 石磊. 2014. 行业信任危机的一个经济学解释: 以食品安全为例. 经济研究, (1): 169-181.

李新春, 陈斌. 2013. 企业群体性败德行为与管制失效——对产品质量安全与监管的制度分析. 经济研究, (10): 98-111.

李迎宾. 2011. 对《农产品质量安全法》有关问题的再思考. 农产品质量与安全, (3): 11-13.

李莹, 杨伟民, 张侃, 等. 2011. 农民专业合作社参与"农超对接"的影响因素分析. 农业技术经济, (5): 65-71.

李姿姿. 2008. 国家与社会互动理论研究述评. 学术界, (1): 270-277.

梁慧星. 2001. 中国产品责任法——兼论假冒伪劣之根源和对策. 法学, (6): 38-44.

刘成, 郑晓冬, 李姣媛, 等. 2017. 农产品质量安全监管信息化的经济分析和经验借鉴——基于信息化监管平台建设的视角. 农林经济管理学报, 16(3): 362-368.

刘飞, 孙中伟. 2015. 食品安全社会共治: 何以可能与何以可为. 江海学刊, (3): 227-233.

刘录民, 侯军岐, 董银果. 2009. 论我国食品标准体系改革与食品技术法规建设. 西北农林科技大学学报(社会科学版), 9(4): 49-52, 72.

刘小峰, 陈国华, 盛昭瀚. 2010. 不同供需关系下的食品安全与政府监管策略分析. 中国管理科学, 18(2): 143-150.

刘亚平. 2011. 中国式"监管国家"的问题与反思: 以食品安全为例. 政治学研究, (2): 69-79.

刘哲. 2012. 新农村建设中的农产品召回法律探索. 云南财经大学学报(社会科学版), (6): 134-138.

刘哲. 2013. 新农村建设中的农产品召回法律探索. 理论导刊, (3): 93-97.

刘振伟. 2002. 关于农产品质量安全管理问题. 中国食物与营养, (1): 15-16.

卢代富. 1996. 农产品致人损害的民事法律责任制度探讨. 现代法学, (6): 52-56.

卢良恕. 2003. 加强农产品质量安全体系建设 确保新时期中国食物安全. 农业质量标准, (2): 44-46.

鲁敏. 2017. 国外农产品质量安全监管及启示. 世界农业, (4): 103-106.

罗斌. 2006. 日本、韩国农产品质量安全管理模式及现状. 广东农业科学, (1): 72-75.

吕婕, 吕青, 李成德. 2009. 良好农业规范(GAP)的现状及应用研究. 安徽农业科学, 37(12): 5812-5813, 5816.

马士华, 林勇, 陈志祥. 2000. 供应链管理. 北京: 机械工业出版社.

马懿, 林靖, 李晨, 等. 2011. 国内外农产品溯源系统研究现状综述. 科技资讯, (9): 158.

梅星星. 2017. 中国食用农产品质量安全政府监管制度变迁轨迹. 世界农业, (2): 184-189.

潘慧明. 2016. 公共治理理论视域下的食品安全监管研究. 商业经济研究, (13): 147-148.

彭瑞庭, 杜一新, 林凤鸣, 等. 2012. 农产品质量安全监管工作现状与对策. 农技服务, (12): 1344-1345.

彭亚拉. 2014. 论食品安全的社会共治. 食品工业科技, (2): 18-22.

乔光华, 辛盛鹏. 2002. 加拿大食品安全管理与HACCP系统的运用. 农业经济问题, (S1): 106-110.

秦富, 张莉琴. 2003. 从国际看中国农业国内支持体系构想. 科学决策, (1): 19-24.

沈亚平, 王骚. 2006. 公共管理案例分析. 天津: 天津人民版社.

石庆红. 2016. 论食品安全治理中的公众参与. 江汉大学学报(社会科学版), (7): 62-67.

思拉恩·埃格特森. 2004. 经济行为与制度. 北京: 商务印书馆.

宋华琳. 2008. 论技术标准的法律性质——从行政法规范体系的角度定位. 行政法学评论, (3): 36-42.

宋晓波, 问清泓. 2008. 完善我国产品质量监督制度之构想. 中国社会科学院研究生院学报, (6): 138.

苏昕, 张辉, 周升师. 2018. 农产品质量安全监管中消费者参与意愿和行为研究——基于调查数据的实证分析. 经济问题, (4): 62-69.

孙波. 2003. 《产品质量法》立法缺陷之补救. 前沿, (1): 97-101.

孙法军. 2004. 政府在农产品质量安全管理中的职能定位研究. 中国农业大学硕士学位论文.

孙伟, 张正竹. 2011. 中国食品安全监管面临的挑战及对策. 北京工商大学学报(自然科学版), (3): 59-62.

唐胜军. 2010. 新疆农产品质量安全政府管理研究. 新疆农业大学博士学位论文.
唐贤兴. 2009. 中国治理困境下政策工具的选择——对"运动式执法"的一种解释. 探索与争鸣, (2): 31-35.
涂传清, 王爱虎. 2011. 我国农产品质量安全追溯体系建设中存在的问题与对策. 农机化研究, (3): 16-20.
王波, 王顺喜, 李军国, 等. 2007. 农产品和食品领域可追溯系统的研究现状. 中国安全科学学报, (10): 108-113.
王芳, 钱永忠, 陈松. 2010. 发达国家农产品质量安全监管模式及经验分析. 农产品质量与安全, (6): 52-54.
王建华, 刘茁, 李俏. 2015. 农产品安全风险治理中政府行为选择及其路径优化——以农产品生产过程中的农药施用为例. 中国农村经济, (11): 54-76.
王可山, 郭英立, 李秉龙. 2007. 北京市消费者质量安全畜产食品消费行为的实证研究. 农业技术经济, (3): 50-55.
王可山, 王芳. 2012. 发达国家农产品质量安全保障体系及其借鉴. 食品工业科技, (1): 413-418.
王敏. 2006. 美国农产品质量安全管理的考察与启示. 农业质量标准, (1): 40-43.
王名, 李健. 2014. 社会共治制度初探. 行政论坛, (5): 68-72.
王生. 2010. 农产品质量安全追溯制度建设研究. 农产品质量与安全, (2): 43-45.
王怡, 宋宗宇. 2011. 日本食品安全委员会的运行机制及其对我国的启示. 现代日本经济, (5): 57-63.
王永发. 2007. 加强政府对农产品质量安全的监管和控制. 安徽农业科学, 35(5): 1499-1501.
王永强, 管金平. 2014. 精准规制: 大数据时代市场规制法的新发展——兼论《中华人民共和国食品安全法(修订草案)》的完善. 法商研究, (6): 55-62.
王玉环, 徐恩波. 2005. 论政府在农产品质量安全供给中的职能. 农业经济问题, (3): 53-57.
王中亮. 2007. 食品安全监管体制的比较及其启示. 上海经济研究, (12): 19-25.
卫龙宝, 王恒彦. 2005. 安全果蔬生产者的生产行为分析——对浙江省嘉兴市无公害生产基地的实证研究. 农业技术经济, (11): 68-79.
温婧璐. 2015. 龙江千余种农产品质量可追溯. http://news.my399.com/local/conent/2015-10/14/conent_1668475.html[2015-6-19].
吴素浓, 章海亮. 2011. 基于本体的农产品供应链可追溯系统研究. 湖北农业科学, (4): 1476-1479.
吴元元. 2012. 信息基础、声誉机制与执法优化——食品安全治理的新视野. 中国社会科学, (6): 115-133.
武胜男, 靳东林. 2016. 复混肥料生产企业的困境与出路. 北京农业, (1): 38-40.
希强. 1996. 论日本《产品责任法》的特点. 外国经济与管理, (5): 41-43.
谢康, 赖金天, 肖静华. 2015. 食品安全社会共治下供应链质量协同特征与制度需求. 管理评论, (2): 158-165.
徐景和. 2013. 科学把握食品安全法修订中的若干关系. 法学家, (6): 47-51.
徐银桂, 周樱, 曹琼. 2003. 试论"严打"政策的法理依据及其对策. 南京社会科学, (2): 74-77.
许文苹. 2011. 我国地理标志初级农产品协同管理模式研究. 天津大学博士学位论文.
薛建良, 李培武. 2015. 我国乡镇农产品质量安全监管机构建设研究. 现代农业科技, (9): 303-304.
薛思蒙, 邓金香, 裴昕, 等. 2017. 不同模式下的发达国家农产品质量安全监管经验与启示. 世界农业, (6): 4-11.

闫碧玮. 2015. 国外农产品(食品)质量安全管理实践及其启示. 世界农业, (10): 77-82.

颜波, 王欣妮. 2016. 基于物联网的农产品质量安全监管体系研究. 中国科技论坛, (8): 122-129.

颜海娜, 聂勇浩. 2009. 制度选择的逻辑——我国食品安全监管体制的演变. 公共管理学报, (3): 12-24.

颜廷锐. 2004. 中国行政体制改革问题报告. 北京: 中国发展出版社.

杨扬, 范馨. 2012. 我国农村食品安全监管中的政府职能. 安徽农业科学, 40(1): 490-491, 529.

俞可平. 2000. 治理和善治. 北京: 社会科学文献出版社.

袁园, 吴金玉. 2015. 实探美国食品及农产品可追溯体系. 世界农业, (9): 185-187, 195.

曾特清. 2008. 公共利益: 公共治理的价值取向. 福建行政学院学报, (8): 20-25.

张帆. 2015. 食品安全中媒体法律责任承担问题探究. 法制与社会, (10): 55-56.

张立雪. 2012. 我国食品安全监管体制的问题与对策研究. 东北大学硕士学位论文.

张曼, 唐晓纯, 普蓂喆, 等. 2013. 食品安全社会共治: 企业、政府与第三方监管力量. 食品科学, (13): 286-292.

张曼, 王旭, 乔慧, 等. 2014. 食品安全"黑名单"制度存在的问题及建议. 农产品质量与安全, (4): 87-89.

张士云, 江激宇, 栾敬东, 等. 2014. 美国和日本农业规模化经营进程分析及启示. 农业经济问题, (1): 101-109.

张忠根, 史清华. 2001. 农地生产率变化及不同规模农户农地生产率比较研究——浙江省农村固定观察点农户农地经营状况分析. 中国农村经济, (1): 67-73.

赵翠萍. 2012. 食品安全治理进程中的共同责任监管、自律与觉醒. 农村经济, (8): 16-19.

赵谦, 周健华. 2015. 消费者参与食品安全社会共治的逻辑诠释. 湖北警官学院学报, (3): 54-57.

赵燕, 刘国燕, 史贤明. 2006. 美国食品安全管理法规与举措. 食品科技, (9): 1-4.

赵振宇. 2010. 严格问责制 确保政府信息公开有效实施. 民主与科学, (12): 51-54.

郑策, 夏慧, 黎桂宏, 等. 2015. 社会共治视角下新媒体与食品安全——作用与机制. 食品工业, 36(1): 232-237.

郑风田, 赵阳. 2003. 我国农产品质量安全问题与对策. 中国软科学, (2): 16-19.

郑国龙, 陈美珠. 2007. 构建农产品质量安全体系的实践与路径. 农业质量标准, (3): 17-19.

钟欣. 2015. 农产品质量安全需要社会共治. http://szb.farmer.com.cn/nmrb/html/2015-06/19/nw.D110000nmrb_20150619_1-02.htm?div=-1[2015-6-19].

周德翼, 杨海娟. 2002. 食物质量安全管理中的信息不对称与政府监管机制. 中国农村经济, (6): 29-35, 52.

周峰, 徐翔. 2008. 无公害蔬菜生产者农药使用行为研究——以南京为例. 经济问题, (1): 94-96.

周开宁, 黄永涛. 2010. 农产品质量安全问题中的市场失灵与政府干预. 中共福建省委党校学报, (9): 63-67.

周荣荣. 2003. 美国农产品质量安全控制管理体系的考察与思考. 农业技术经济, (4): 60-63.

周新军. 2007. 产品责任立法中的利益衡平. 广州: 中山大学出版社.

周圆. 2015. 食品安全社会共治模式下政府的定位思考. 法制博览, (3): 252-253.

朱淀, 孔霞, 顾建平. 2014. 农户过量施用农药的非理性均衡: 来自中国苏南地区农户的证据. 中国农村经济, (8): 17-29, 41.

朱立龙, 郭鹏菲. 2017. 政府约束机制下农产品质量安全监管三方演化博弈及仿真分析. 系统工程, 35(12): 75-80.

邹子奇. 2013. 公共治理视阈下食品安全监管探析. 内蒙古大学博士学位论文.

Abhilash P C, Singh N. 2009. Pesticide use and application: an Indian scenario. Journal of Hazardous Materials, 165(1-3): 1-12.

Ajzen I. 2005. Attitudes, Personality and Behavior Berkshire: Open University Press.

Ansell C, Gash A. 2008. Collaborative governance in theory and practice. Journal of Public Administration Research and Theory, 18(4): 543-571.

Antle J M. 1995. Choice and Efficiency in Food Safety Policy. Washington DC: The AEI Press.

Barling D, Lang T. 2003. The politics of food. Political Quarterly, 74(1): 4-7.

Beekman V. 2008. Consumer rights to informed choice on the food market. Ethic Theory Moral Prac, (11): 61-72.

Brewer M S, Rojas M. 2008. Consumer attitudes toward issues in food safety. Journal of Food Safety, 28(1): 1-22.

Bringezu S, Potočnik J, Schandl H, et al. 2016. Multi-scale governance of sustainable natural resource use—challenges and opportunities for monitoring and institutional development at the national and global level. Sustainability, 8(8): 778.

Carica M M, Feame A, Caswell J A, et al. 2007. Co-regulation as a possible model for food safety governance: opportunities for public-private partnerships. Food Policy, 32(3): 299-314.

Caswell J A. 1998. How labeling of safety and process attributes affects markets for food. Agricultural and Resource Economics Review, 27(2): 151-158.

Cooper J, Dobson H. 2007. The benefits of pesticides to mankind and the environment. Crop Protection, (26): 1337-1348.

Dasgupta S, Meisner C, Huq M. 2007. A pinch or a pint evidence of pesticide overuse in Bangladesh. Journal of Agricultural Economics, 58(1): 91-114.

Fairman R, Yapp C. 2005. Enforced self‐regulation, prescription, and conceptions of compliance within small businesses: the impact of enforcement. Law & Policy, 27(4): 491-519.

Gachukia M K W. 2016. Value chain governance and governmentality of horticultural exporters by developing economies: a perspective of Kenya's fresh fruits and vegetable export sector. International Journal on Food System Dynamics, 7(1): 14-23.

Henson S, Heasman M. 2004. Food safety regulation and the firm: understanding the compliance process. Food Policy, 23(1): 9-23.

Holleran E, Bredahl M E, Zaibet L. 1999. Private incentives for adopting food safety and quality assurance. Food Policy, 24(6): 669-683.

Hooghe L, Marks G. 2003. Unravelling the central state, but how to types of multi-level governance. American Political Science Review, 97: 233-243.

Hrabrin B. 2016. Sustainability of farming enterprise—governance and evaluation. MPRA Paper 69734, University Library of Munich, Germany.

Keener L, Nicholson-Keener S M, Koutchma T. 2014. Harmonization of legislation and regulations to achieve food safety: US and Canada perspective. Journal of the Science of Food and Agriculture, 94(10): 1947-1953.

Khalid S M N. 2016. Food safety and quality management regulatory systems in Afghanistan: policy gaps, governance and barriers to success. Food Control, (68): 192-199.

Khan M, Mahmood H Z, Damalas C A. 2015. Pesticide use and risk perceptions among farmers in the cotton belt of Punjab, Pakistan. Crop Protection, 67(1): 184-190.

Larry, Sophia M, Nicholson-Keener, T. 2014. Koutchma: Harmonization og Legislation and

Regulations to Achieve Food Safety: US and Canada Perspective. Journal of the Science of Food and Agriculture, 94 (10): 1947-1953.

Matsuo M. 2013. Restructuring Japanese food safety governance: institutional changes and future challenges. European Food and Feed Law Review, 8(4): 250-258.

Niall P, Tariq A, Thomas M, et al. 2005. Retinal vascular image analysis as a potential screening tool for cerebrovascular disease: a rationale based on homology between cerebral and retinal microvasculatures. Journal of Anatomy, 206 (4): 319-348.

Ntow W J, Gijzen H J, Peter K, et al. 2006. Farmer perceptions and pesticide use practices in vegetable production in Ghana. Pest Management Science, 62(4): 356-365.

Patton N, Aslam T, Macgillivray T, et al. 2005. Retinal vascular image analysis as a potential screening tool for cerebrovascular disease: a rationale based on homology between cerebral and retinal microvasculatures. Journal of Anatomy, 206(4): 319-348.

Puskur R, Park S, Hollows E, et al. 2016. Futures of inland aquatic agricultural systems and implications for fish agri-food systems in southern Africa. Cgiar Research Program on Aquatic Agricultural Systems. Program Report: AAS-2016-01.

Reardon T, Berdegue J. 2010. The rapid rise of supermarkets in Latin America: challenges and opportunities for development. Development Policy Review, 20(4): 371-388.

Ritson C, Mai L W. 1998. The economics of food safety. Nutrition & Food Science, 98(5): 253-259.

Schmitter P C. 1974. Still the century of corporation? The Review of Politics, 36(1): 85-131.

Schmitter P C. 1979. Still the century of corporation? *In*: Schmitter P C, Lehmbruch G. Trends Toward Corporatist Intermediation. Beverly Hills: Sag: 7-52.

Schneider M. 2016. Dragon Head Enterprises and the State of Agribusiness in China [J]. Journal of Agrarian Change, 31 March 2016.

Skelcher C, Mathur N, Smith M. 2005. The public governance of collaborative spaces: discourse, design and democracy. Public Administration, 83(3): 573-596.

Starbird S A. 2000. Designing food safety regulations: the effect of inspection policy and penalties for noncompliance on food processor behavior. Journal of Agricultural and Resource Economics, 25(2): 616-635.

Stoker G. 2002. Governance as theory: five propositions. International Social Science Journal, 50(155): 17-28.

Stoker G. 2006. Public value management a new narrative for net worked governance. American Review of Public Administration, (36): 41-57.

Unnevehr L J, Jensen H H. 1996. HACCP as a regulatory innovation to improve food safety in the meat industry. American Journal of Agricultural Economics, 78(3): 764-769.

Wakeford J J, Lagrange S M, Kelly C. 2016. Managing the energy-food-water nexus in developing countries: case studies of transition governance. Qgrl Working Paper.

Whittle P. 1954. Optimum preventative sampling. Journal of the Operations Research Society of America, (2): 197-203.

Wilson C, Tisdell C. 2001. Why farmers continue to use pesticides despite environmental, health and sustainability costs. Ecological Economics, 39(3): 449-462.

Xiong X P, Tian J, Ruan H X. 2011. A DEA-model evaluation of the efficiency of peasant household credit investigation system in rural credit cooperatives: a positive research in Hubei Province, China. China Agricultural Economic Review, 3(1): 54-66.

附 录

编号：

种植户的农药施用及制约因素调查问卷

调查地点：_____县_____乡（镇）_____村　　调查员：_____　　调查日期：

尊敬的朋友：

这是一份关于种植户农药施用及制约因素的调查问卷。问卷中各问题的选项答案无对错之分。对您填答的所有资料，仅供学术研究使用，绝不外传。请您按照实际情况或者想法进行选择，非常感谢您的合作与参与！

一、种植户特征

1. 您的家庭人口为（　）人；其中从事农业生产的男性（　）人，女性（　）人
2. 户主的文化程度：
   A. 小学及小学以下　B. 初中　C. 高中　D. 大专及大专以上
3. 您种植的主要作物是（　）
4. 您家共种了（　）亩地，其中能够销售出去所占的比重（　%）。
5. 您家全年总收入：
   A. 1万～2万　B. 2万～3万　C. 3万～5万　D. 5万以上
6. 主要收入来源：
   A. 农业　B. 非农业
7. 种植农产品收入占家庭总收入的比重为（　%）

二、种植户生产过程的农药施用管理

1. 您在生产过程中是否施用农药？
   A. 是　B. 否
2. 您在购买农药时关心毒性高低和安全性吗？

A. 是 B. 否

3. 你是否了解生产过程禁止使用的农药品种和名称？

A. 是 B. 否

4. 您在生产过程中施用农药时，是否考虑农药安全间隔期？

A. 是 B. 否

5. 你是否考虑过农药残留会引发农产品安全风险？

A. 是 B. 否

6. 农药施用时考虑用量大小吗？

A. 是 B. 否

7. 您是否了解生产中违规施用农药会受到处罚？

A. 是 B. 否

三、政府、市场、合作社等对种植户农药施用的影响

1. 政府部门经常组织开展农药施用培训

A. 是 B. 否

2. 政府部门经常组织对农产品农药残留进行检测

A. 是 B. 否

3. 政府部门采用多种方式宣传农药正确施用方法

A. 是 B. 否

4. 政府部门会对违规施药行为进行严格处罚

A. 是 B. 否

5. 政府部门会对生物农药施用的种植户给予补贴

A. 是 B. 否

6. 您是否参加了农业产业化组织（行业协会或合作社等）？

A. 是 B. 否

如果参加了，它对指导生产中正确施用农药有作用吗？

A. 是 B. 否

7. 您是否关注政府发放的农药施用标准？

A. 是 B. 否

8. 您是从农业技术指导人员处获得农药施用知识的吗？

A. 是 B. 否

9. 您经常能从电视、网络上了解到安全施用农药信息吗？

A. 是 B. 否

10. 您知道什么是安全农产品吗？

A. 是　B. 否

11. 是不是农产品质量等级越高价格就越高？

A. 是　B. 否

12. 因生产成本高，承担不起，所以很难保证按标准施药

A. 是　B. 否

13. 如果有补贴，您是否会选择生产安全农产品？

A. 是　B. 否

14. 如果安全农产品销售价格有保证，您是否选择按操作规程施药？

A. 是　B. 否

15. 您是否担心自己购买的农产品的农药残留状况？

A. 是　B. 否

16. 您认为农药残留检测设备和技术是否需加强？

A. 是　B. 否

17. 在购买的农产品存在质量问题时，您是否会谴责或追究生产者、销售者的责任？

A. 是　B. 否

后　记

2003 年的春天，是一个不同寻常的季节，"非典"疫情集中暴发，学校停课。在圆明园西路 2 号的中国农业大学西区家属区，开始了我的硕士学位论文选题工作，从关注"质量缺陷农产品的法律规制问题"，到 2005 年完成硕士学位论文，再到 2008 年学术著作《农产品质量安全法律制度研究》的出版，作为农产品消费者，我需要为家人的健康祈祷，作为农业经济理论与政策领域的科研工作者，我更需要为农产品的质量安全承担自己必须承担的责任。

对农产品质量安全监管问题的关注从最初的"市场准入监管"到后期的"社会共治监管"，我完成了从硕士到博士的学术研究历程，也很庆幸自己能够始终坚定最初也是最终的目标——通过完善制度设计，确保我国的农产品质量符合安全性要求，让每一个消费者，不再受质量缺陷农产品的困扰。

在书稿写作过程中，得到了我的导师东北农业大学范亚东教授、中国农业大学任大鹏教授的悉心指导，他们对农业法治领域理论前沿的精准见地与卓识，使我受益良多，在此深表感谢和敬意。

感谢科学出版社编辑，在书稿提交的每个阶段都能够给我精准的提示和帮助，并提出了一系列宝贵的修改建议。

前人对农产品质量安全问题的研究成果为本研究得以顺利进行提供了坚实的基础，在本书成稿过程中，借鉴了大量既有研究文献，在此一并表示感谢。

本书出版之际，正值中华人民共和国 70 周年华诞，愿以此书作为绵薄之礼，也以此书见证我的"知天命"之年，愿勉力前行并乐而忘忧，收藏每一个不曾辜负的时段。

陈彦彦
2019 年夏于黑龙江八一农垦大学